Martina Keller
Ausgeschlachtet

Martina Keller

AUSGESCHLACHTET

Die menschliche Leiche als Rohstoff

Econ

Econ ist ein Verlag der Ullstein Buchverlage GmbH

ISBN 978-3-430-20040-0
© Ullstein Buchverlage GmbH, Berlin 2008
Alle Rechte vorbehalten
Redaktionsschluss: 22. August 2008
Gesetzt aus der Janson
bei LVD GmbH, Berlin
Druck und Bindung: CPI – Clausen & Bosse, Leck
Printed in Germany

Inhalt

Einführung

Besitzen Sie einen Organspendeausweis? Wissen Sie auch, was auf der Rückseite steht, in der Vertikalen am Rand, so dass man es leicht übersehen kann? *Erklärung zur Organ- und Gewebespende* steht dort, jedenfalls bei Ausweisen, die ab April 2008 gedruckt wurden. Ebenfalls auf der Rückseite, kleingedruckt, kann man die Entnahme von *Organen/Geweben* generell gestatten oder ihr widersprechen, man kann bestimmte Organe/Gewebe von der Entnahme ausschließen oder sie nur bei bestimmten Organen/Geweben erlauben. Sie wissen gar nicht, dass es die Gewebespende gibt? Welche Gewebe im Einzelnen gespendet werden können? Wofür man sie verwendet? Dann geht es Ihnen wie den meisten Bundesbürgern. Von der Organspende hat jeder schon mal gehört, von der Gewebespende eher nicht. Es gibt bislang keine Aufklärungskampagnen, keine Fernsehspots, wenig Informationsmaterial.

Dabei hat die Gewebespende die Organspende längst an Bedeutung überholt. Nur rund 4500 Menschen bekommen in Deutschland jährlich Organe eines lebenden oder verstorbenen Spenders verpflanzt. Hingegen wird mehreren Zehntausend Gewebe transplantiert. Gebrauchen lässt sich fast alles von einer Leiche: Gehörknöchelchen und Augenhornhäute, Herzklappen, Gefäße und Leberzellen, auch Sehnen, Knochen, Knorpel, Muskelhüllen und Haut. Der tote menschliche Körper ist von Kopf bis Fuß ein wertvoller Rohstofflieferant für die moderne Medizin. Anders als Organe werden Gewebe selten unmittelbar verpflanzt, sondern in der Regel mehr oder weniger aufwändig bearbeitet. Die fertigen Transplantate gelten in Deutschland als Arzneimittel, ein Teil davon darf gehandelt werden wie die Pillen der Pharmaindustrie.

Die Gewebetransplantation ist ein Medizinsektor mit starken Zuwachsraten. Die Zahl der Anwendungen wächst ständig: Hornhäute verhelfen zu neuer Sehkraft, Menschen mit einer lebensgefährlichen Entzündung der Herzinnenhaut können durch gespendete Herzklappen geheilt werden, bei manchem Fußballstar werden gerissene Bänder mit Transplantaten geflickt, Chirurgen füllen Wirbelsäulendefekte mit Knochenmaterial von Leichen auf. Nach schweren Unfällen oder bestimmten Tumorerkrankungen werden sogar komplette Knochen transplantiert, um zu verhindern, dass ein Arm oder ein Bein amputiert werden muss. Chronische Wunden heilen dank azellulärer Haut – bei diesem Produkt wurden sämtliche Zellen des Spenders entfernt, so dass nur eine Kollagenmatrix übrig bleibt. Ein Markt der Zukunft ist zudem das Tissue Engineering, das aus menschlichem Rohmaterial biotechnologisch verarbeitete Produkte entwickelt.

Neben Anwendungen, die Patienten zu einer besseren Lebensqualität verhelfen oder ihnen – selten – sogar das Leben retten, gibt es allerdings auch solche, die Gewebebanken, Hersteller und Vertreiber auf ihren Webseiten lieber verschweigen: Die plastische Chirugie etwa benutzt in großem Umfang Transplantate aus Fascia lata, der Muskelhülle des Oberschenkels. Sie werden in der Hals-Nasen-Ohren-Chirurgie verwandt, um beispielsweise den Nasensattel aufzupolstern. Von Zellen befreite menschliche Haut wird in zerkleinerter und injizierbarer Form eingesetzt, um Falten zu unterfüttern oder Lippen aufzupumpen. Auch der Penisumfang lässt sich mit Hautlappen vergrößern. Große Wachstumschancen bietet die Zahnimplantologie. Bei Patienten, die sich für Implantate statt Gebiss entscheiden, muss häufig zunächst der Kieferknochen aufgebaut werden. Dazu verwenden Implantologen unter anderem Knochenersatz von Toten.

Von all dem wissen die meisten Menschen erstaunlich wenig, und das hat seinen Grund: Sie wurden und werden nicht informiert. Der Nutzen einer Gewebespende lässt sich weniger leicht kommunizieren als der einer Organspende. Letztere ist spektakulär, sie entscheidet häufig über Leben oder Tod, und der kommerzielle Handel mit Organen ist verboten. Gewebe hingegen sind meist nicht lebensrettend. Die aus einem einzigen Spender gewonnenen Transplantate verteilen sich statt auf wenige Empfänger mitunter auf 60 Personen und mehr. Womöglich werden sie in verschiedenen Ländern verkauft. Denn anders als mit Organen lässt sich mit Geweben ganz legal viel Geld verdienen. In den USA, wo es besonders viele kommerzielle Firmen gibt, wird der Wert aller menschlichen Körperteile aus einer Leiche auf 250 000 Dollar und mehr geschätzt. In Deutschland ist der Gewebesektor überwiegend gemeinnützig organisiert. Das heißt allerdings nicht, dass Gewinnstreben in jedem Fall ausgeschlossen sein muss.

Dabei sind die Grenzen des Wachstums offensichtlich. Sie liegen in der beschränkten Verfügbarkeit von Leichen. Bis in die 1990er Jahre haben Rechtsmediziner und Sektionsgehilfen von der Leiche einfach genommen, was Gewebebanken und kommerzielle Firmen brauchen konnten, oft ohne das Wissen und die Einwilligung von Angehörigen. Seit das Transplantationsgesetz 1997 in Kraft getreten ist, muss die Zustimmung des Verstorbenen zu Lebzeiten oder nach seinem Tod stellvertretend die der Angehörigen vorliegen, bevor Gewebe entnommen werden darf. Diese Einwilligung ist keineswegs selbstverständlich, die Zustimmungsquoten zur Gewebespende liegen deutlich unter denen zur Organspende. Drückt sich darin ein Unbehagen gegen die umfassende Verwertung des toten Körpers aus? Wirken jahrhundertealte Traditionen im Umgang mit der Leiche fort? Hat dies mit unserem Menschenbild zu tun, das auch dem Leichnam Würde zuerkennt? Oder handelt es sich um eine unaufgeklärte, archaische Haltung, die sich mit wissenschaftlicher Rationalität und genügend Aufklärung leicht überwinden lässt?

Der Markt für Gewebeprodukte ist international. Manche Hersteller und Kliniken bedienen sich im Ausland, um ihren Bedarf an Rohstoffen und fertigen Transplantaten zu befriedigen. Bis vor kurzem wurden Gewebe teils ohne Kontrolle der zuständigen Behörden importiert. Was bedeutet dies für die Sicherheit der Patienten, denen die Transplantate hierzulande eingepflanzt wurden? Wie werden die Persönlichkeitsrechte der Verstorbenen in den exportierenden Ländern geachtet? Treibt Fürsorge für Patienten oder der Wunsch nach ökonomischer Expansion die Gewebeverarbeiter an? In den USA kam es bei der Gewebebeschaffung zu kriminellen Handlungen, die an einen schlechten Horrorfilm erinnern: Die Gebeine von teils krebskranken und hochbetagten Verstorbenen wurden häufig ohne das Wissen der Angehörigen entnommen und mitunter mit gefälschten Dokumenten für mehrere tausend Dollar pro Leiche an Verarbeitungsfirmen weitergegeben. Die zweifelhaften Produkte gelangten auch nach Europa, zum Beispiel in die Schweiz und nach England.

Die Gewebespende gilt als sehr sicher, doch wie sicher ist sie wirklich? Es gibt keine verlässlichen Statistiken darüber, wie oft Patienten geschädigt wurden. Bislang wurden unerwünschte Nebenwirkungen nicht einmal systematisch dokumentiert. Experten gehen von einer hohen Dunkelziffer aus. Der wohl folgenreichste Gewebeskandal verbindet sich ausgerechnet mit dem Namen einer deutschen Firma. Weit über hundert Patienten weltweit erkrankten an der tödlichen Creutzfeldt-Jakob-Krankheit, nachdem sie Transplantate aus Dura mater, der harten Hirnhaut, der Firma B. Braun Melsungen transplantiert bekommen hatten.

Auch nach der Verpflanzung von Knochen, Sehnen, Herzklappen und Augenhornhäuten wurden Infektionen dokumentiert. Da die Gewebetransplantation ein relativ junger Medizinsektor ist, war sie lange Zeit kaum reguliert, die Standards uneinheitlich, die Behördenkontrolle lückenhaft. 2004 hat der Europäische Gesetzgeber eine Gewebe-Richtlinie erlassen, die für mehr Sicherheit, Qualität und Transparenz sorgen und den Handel über Ländergrenzen hinweg erleichtern soll.

In Deutschland wurde die Richtlinie erst 2007 mit über einem Jahr Verspätung umgesetzt. Nun ordnet sich die Gewebebranche neu. Strengere Auflagen und Kontrollen erhöhen die Sicherheit für die Patienten. Viele Fragen sind aber weiterhin offen: Welche Einrichtungen organisieren hierzulande die Gewebespende? Arbeiten sie in Konkurrenz zueinander oder kooperieren sie? Soll künftig möglichst jeder Mensch, auch wenn er zu Hause stirbt, für die Gewebespende erfasst werden, wie es das Institit für Rechtsmedizin der Hamburger Universitätsklinik anstrebt? Wie wird die Gewebeentnahme an der Schnittstelle zur Organspende organisiert? Die Leiche gilt als Schatz des 21. Jahrhunderts, sie wird nicht nur zu Zwecken der Transplantation genutzt. Auch Forscher und

Bioingenieure stillen ihren Wissensdrang an Gewebe, und bislang ist nur äußerst lückenhaft geregelt, unter welchen Bedingungen sie darauf zugreifen dürfen. Wie umfassend werden Angehörige von Verstorbenen künftig über die Gewebespende aufgeklärt? Erfahren Patienten in jedem Fall davon, wenn ihnen Leichengewebe verpflanzt werden soll? Informiert man sie über Behandlungsalternativen?

Gewebeeinrichtungen versichern oft, dass es an Gewebe mangele und der Bedarf durch mehr Spenden gedeckt werden müsse. Auffällig häufig unternahmen Mediziner, Ökonomen, Politiker und selbst der Nationale Ethikrat in jüngster Zeit Vorstöße zugunsten einer sogenannten Widerspruchslösung. Diese bedeutet verkürzt: Wer nicht widerspricht – dem dürfen Organe und Gewebe genommen werden. Schweigen bedeutet Zustimmung. Kritiker sehen darin einen Angriff auf das verfassungsmäßig garantierte Recht auf Selbstbestimmung. Will die Gesellschaft die Verwertung der Leiche um diesen Preis? Und wie groß ist der Bedarf an Geweben und Organen tatsächlich? Kann man den Mangel auch als Ausdruck einer Wachstumskrise der Transplantationsmedizin begreifen? Gemeint ist damit dies: Selbst wenn die Zahl der Spenden zunimmt, werden leere Wartelisten immer eine Illusion bleiben. Gewebe- wie Organmangel ist auch ein strukturelles Problem. Je erfolgreicher die Transplantationsmedizin ist, umso größer wird der Personenkreis, dem geholfen werden soll. Solange es Krankheit und Tod gibt, wird es immer ein endgültig versagendes Organ, ein zugrunde gegangenes Gewebe geben, dessen Ersatz die Medizin anstrebt.

Leichen in die Produktion:
Der Markt der Möglichkeiten

Eine 90-Jährige auf dem Sektionstisch:
Gewebeentnahme in der Rechtsmedizin

Im Institut für Rechtsmedizin der Hamburger Universitätsklinik wird selbst am zweiten Weihnachtstag gearbeitet. Auf dem Sektionstisch liegt die Leiche einer 90-jährigen Frau. Sie ist nackt, nur Kopf und Rumpf sind mit Tüchern abgedeckt. Die Haut der Frau ist für ihr Alter erstaunlich glatt und sieht gelblich aus, weil sie mit Desinfektionsmitteln eingerieben wurde. Am Sektionstisch stehen Christian Braun, ein junger Rechtsmediziner, und der Präparator Jürgen Brillinger, beide in sterile Kittel gehüllt.

Die Arbeit beginnt: Vom Beckenkamm bis zum Innenknöchel zieht Braun einen Schnitt über das linke Bein der Frau. Mit einem kaum hörbaren Geräusch dringt das Skalpell durch die Haut der Verstorbenen. Dann präpariert der Arzt schichtweise die Haut und das Unterhautfettgewebe weg, bis er den Muskel erreicht. Unterdessen ist Brillinger bereits bis zum linken Oberarmknochen der Frau vorgedrungen. Der Präparator arbeitet etwas schneller als Braun, da er schon mehrere tausend Leichen seziert hat.

An diesem Tag allerdings geht es nicht um Sektion, wie die innere Leichenschau in der Medizinersprache heißt. Braun und Brillinger entnehmen Gewebe, das verarbeitet und für medizinische Zwecke genutzt werden soll. Ein Produzent aus Berlin, das gemeinnützige Deutsche Institut für Zell- und Gewebeersatz, wird aus dem Rohmaterial Transplantate herstellen, die anders als Organe bis zur Verpflanzung Monate oder sogar Jahre gelagert werden können.

»Wenn diese Dame jetzt jünger wäre, dann müsste ich auch hier an der Außenseite vom Oberschenkel sehr aufpassen, weil wir dann auch die sogenannte Fascia lata noch entnehmen würden«, sagt

Braun.[1] Die Fascia lata ist eine feste Bindegewebsplatte, die den Oberschenkel umhüllt. Sie wird beispielsweise in der Kiefer- und Gesichtschirurgie benutzt. Bei einem älteren Menschen ist sie zu verbraucht, um noch nützlich zu sein. Knochen hingegen können, als Chips oder zermahlen und zu Paste verarbeitet, nahezu unbegrenzt verwendet werden – selbst 99-Jährige kommen noch als Gewebespender infrage.

Braun ist jetzt bis zum Oberschenkelschaft vorgedrungen, das Beinfleisch klafft auseinander. Allerdings fließt kein Blut, weil das Herz still steht und damit auch das Blut in den Adern.

Die 90-jährige Frau wurde am ersten Weihnachtstag tot in der Wohnung gefunden. Da der Hausarzt über die Feiertage nicht zu erreichen war, um einen natürlichen Tod zu bescheinigen, brachte man sie in das Hamburger Institut für Rechtsmedizin – das Leichenschauhaus der Region. Bis zu 3500 Verstorbene werden hier jährlich untersucht: Opfer eines Gewaltverbrechens, Menschen, die sich selbst getötet haben, Verstorbene mit unklarer Todesursache, Unfallopfer, aber auch Menschen, die zu Hause oder im Rettungsdienst gestorben sind (s. Seite 153ff.). Ein Bereitschaftsteam prüft rund um die Uhr, ob eine Leiche für die Gewebeentnahme geeignet ist.

Bei der 90-Jährigen sind die Bedingungen günstig: Der tote Körper wurde schnell gekühlt, die äußere Leichenschau ergibt keine Hinweise auf ansteckende Krankheiten. Braun übernimmt die schwierige Aufgabe, mit einem Verwandten der Verstorbenen zu telefonieren und ihn auf die Möglichkeit einer Gewebeentnahme anzusprechen. Die Mutter habe der Organspende positiv gegenüber gestanden, erinnert sich der Angehörige und stimmt der Explantation zu. Daraufhin geht Braun einen umfangreichen Fragenkatalog mit ihm durch, der den Zweck hat, von Krankheiten oder Risikofaktoren zu erfahren, die eine Gewebespende ausschließen würden. Beispielsweise wird bei jüngeren Männern nach der sexuellen Orientierung gefragt, um Personen zu erfassen, die

1   Martina Keller: Über Leichen. Von der Gewinnung und Verwertung menschlicher Überreste. WDR/ORF/SR 2007. Erstsendung am 30.9. 2007 in WDR 5

ein erhöhtes Risiko für eine HIV-Infektion haben. Auch bei Krebs oder Hepatitis wäre eine Gewebespende unmöglich.

Im Falle der 90-Jährigen liefert die Befragung keine Anhaltspunkte für Risiken. An Vorerkrankungen sind nur Alzheimer und ein Lungenleiden bekannt. Da auch Polizei und Staatsanwaltschaft keine Einwände haben, ist der Weg für die Gewebeentnahme frei. Die Rechtsmediziner müssen sie spätestens 36 Stunden nach Todeseintritt abschließen[2], damit das Leichengewebe frisch genug ist.

Wegen des Alters der Verstorbenen beschränken sich Braun und sein Helfer allerdings auf ein Minimalprogramm: Oberarmknochen, Oberschenkelknochen, Schienbeine, Teile des Fußknochens, ein Stück vom Beckenkamm rechts und links. Läge ein verunglückter junger Motorradfahrer auf dem Sektionstisch, hätten die Männer mehr Arbeit. Dann würden noch mehr Knochen und außerdem Haut, Sehnen, Bänder und womöglich die Augenhornhäute gewonnen.

Eine Gewebeentnahme am Hamburger Institut für Rechtsmedizin dauert je nach Aufwand zwischen drei und fünf Stunden. Die beiden Männer am Sektionstisch arbeiten sich langsam voran. Braun öffnet den linken Kniegelenkspalt der Verstorbenen und durchtrennt anschließend das vordere und hintere Kreuzband. Nun gilt es, den Oberschenkelknochen herauszulösen. Zunächst befreit Braun ihn von Muskelgewebe, dann fährt er mit dem Skalpell möglichst eng am Knochen entlang, immer bemüht, die Knochenhaut nicht zu verletzen, um das Eindringen von Keimen zu verhindern. Zuletzt präpariert er den Oberschenkelkopf aus der Hüftpfanne heraus. »Das ist immer ein bisschen tricky, das ist ein sehr stabiles Gelenk«, sagt der Arzt.

Während Brillinger am zweiten Bein der Frau arbeitet, versucht Braun aus den offen liegenden Beinvenen Blut in ein Röhrchen zu saugen. Es ist ein Geduldsspiel, weil die alte Frau offenbar an Blutarmut litt. »Notfalls müssen wir gucken, dass wir noch ein bisschen Herzblut bekommen«, sagt Braun. Die Blutprobe wird später im Labor auf Krankheiten wie Hepatitis oder HIV untersucht, eine

---

2 Bei Augenhornhäuten bleiben 48 bis 72 Stunden Zeit; Herzklappen und Gefäße sollten wenige Stunden nach dem Tod entnommen werden

zusätzliche Sicherheitsmaßnahme, die verhindern soll, dass Patienten verseuchte Transplantate eingepflanzt bekommen.

Nach anderthalb Stunden sind Braun und Brillinger am kniffligsten Punkt ihrer Arbeit angelangt. Sie wollen rechts und links je ein Stück Beckenkamm der 90-Jährigen heraussägen. Der Präparator ist im Umgang mit der Spezialsäge aus scharfem Draht geübt, für den jungen Rechtsmediziner ist die Technik neu. Erst nach mehreren Anläufen glückt der Versuch. Die Ausbeute des Tages liegt nun zu den Füßen der Toten auf dem Tisch: zwei Oberarmknochen, zwei Oberschenkelknochen, zwei Schienbeine, zwei Fußknochen mit jeweils einem Stück Achillessehne und je ein Stück vom Beckenkamm rechts und links.

Wie bei einer Marionette lassen sich die Gliedmaßen der 90-Jährigen nun in alle Richtungen drehen. Präparator Jürgen Brillinger hat die Aufgabe, den Leichnam der Verstorbenen wiederherzurichten. »Das gehört zu den Dingen, die selbstverständlich sein sollten«, sagt Klaus Püschel, Direktor am Institut für Rechtsmedizin. Zwar werde der Körper durch die Gewebeentnahme verändert, aber man versuche, ihn oberflächlich wiederherzustellen. Eine Sicherheit könne man den Angehörigen zudem geben: »Die Gesichtszüge sind nicht verändert.«

Brillinger beginnt mit dem rechten Bein. Als Knochenersatz verwendet er Rundhölzer aus dem Baumarkt. Peggy Perfect Konus Besenstiel steht auf einem Aufkleber. Die Hamburger Rechtsmediziner haben mit verschiedenen Prothesen experimentiert, doch die einfachste Lösung stellte sich am Ende als die beste heraus. Holz hat gegenüber Kunststoff zudem den Vorteil, dass es biologisch abbaubar ist.

Brillinger hat die Hölzer zuvor auf die Maße der nur 1,52 Meter großen Verstorbenen zurechtgeschnitten. Nun legt er eines als Ersatz für den Oberschenkelknochen in die Hüftgelenksschale und ein weiteres anstelle des Schienbeins in das klaffende Fleisch oberhalb des Fußgelenks. Dann stopft er Zellstoff rechts und links daneben: »Das wird reingepackt zur Polsterung und damit keine Flüssigkeit austritt, denn es sieht nicht schön aus, wenn sie nachher angezogen wird, und dann kommt Blut nach.«

Dort, wo das Kniegelenk war, wickelt er Kreppband zunächst

um das untere Holzstück, und dann, ohne die Verbindung zu kappen, um das obere. Schließlich sind beide Enden lose miteinander verbunden – ein provisorisches Gelenk. Der Präparator greift zu einer der Nadeln, die er schon vor der Gewebeentnahme aufgezogen und in ein Kissen gesteckt hat. An der Fußfläche beginnend, näht er die Haut über den Holzprothesen zusammen. Hier und da füllt er Zellstoff nach, um die Form zu modellieren. Auf diese Weise werden alle Gliedmaßen der Verstorbenen hergerichtet. Am Ende wickelt Brillinger noch Krepp wie einen Verband um die beiden Unterschenkel, weil die Haut dort rissig ist.

Nun kann die Leiche gesäubert werden. Brillinger entfernt die Tücher, die Kopf und Rumpf der Verstorbenen während der Gewebeentnahme verdeckt haben, damit die Männer möglichst keimfrei arbeiten konnten. Erstmals ist das Gesicht der Toten zu sehen, der Mund leicht geöffnet, die Augen geschlossen, die Haare zu feucht wirkenden grauen Löckchen geringelt. Brillinger dreht den Wasserhahn auf, der am unteren Ende des Seziertischs über einem Becken angebracht ist, und beginnt den Körper mit einem Schwamm von Blutresten und Desinfektionsmitteln zu säubern. Als er fertig ist, schiebt er die Leiche auf eine fahrbare Trage und transportiert sie in ein Kühlfach auf dem Flur. Ein Bestatter wird die Verstorbene ankleiden. Dann können die Angehörigen am offenen Sarg Abschied nehmen, falls sie das wünschen.

Unterdessen macht sich Braun an die Verpackung der entnommenen Gewebe, die nach festen Regeln vor sich geht. Jeder Knochen kommt in eine Plastiktüte, die mit Spenderkennung und Knochenbezeichnung versehen wird. Diese Tüte wird in einen ebenfalls gekennzeichneten Baumwollstrumpf gelegt, dieser kommt in eine weitere gekennzeichnete Plastiktüte. So gepolstert werden die Knochen in eine Kühltruhe gepackt, wo bei minus 80 Grad schon anderes Material lagert. Es wird demnächst auf Trockeneis zum Hersteller nach Berlin transportiert.

Mit Bandsäge und Wasserstrahl:
Knochenproduktion im Gewerbegebiet

Innovationspark Wuhlheide in Berlin-Köpenick. In dem 32 Hektar großen Gewerbegebiet haben sich rund 140 Unternehmen angesiedelt, darunter zahlreiche Biotechfirmen. In Haus 42 hat das Deutsche Institut für Zell- und Gewebeersatz (DIZG) seinen Sitz. »Zutritt nur für befugtes Personal«, steht an einer Tür, die über einen kleinen Vorraum in den eigentlichen Präparationsraum führt. Dieser ist etwa 15 Quadratmeter groß, Decke und Wände sind mit abwaschbaren Plexiglasscheiben verkleidet. Am Eingang bauscht sich ein durchsichtiger Plastikvorhang – in dem Raum wird mit Überdruck gearbeitet, damit keine Keime von draußen eindringen können. An der Bandsäge steht ein junger Mann, vermummt wie ein Chirurg im Operationssaal. Über grüner OP-Kleidung trägt er einen sterilen weißen Einmalanzug aus Plastik, seine Füße stecken in weißen Gummistiefeln, der Kopf ist in eine grüne Haube gehüllt. Kreischend frisst sich die Bandsäge durch das Material, das der Mann mit nur zwei Zentimetern Abstand zur vibrierenden Schneidefläche langsam vorwärts schiebt. Vorsichtshalber stecken seine Hände in Kettenhandschuhen aus Edelstahl. Ein Visier aus Plexiglas schirmt sein Gesicht gegen Gewebefetzen und Knochensplitter ab.

Das Rohmaterial, das hier zurechtgeschnitten wird, sind menschliche Knochen von Oberschenkel, Unterschenkel und Becken. Die Gebeine von Spender Nummer 4010700053 werden von dem gemeinnützigen DIZG zu Produkten verarbeitet, die beim Paul-Ehrlich-Institut wie x-beliebige Medikamente zugelassen werden. Die Behörde im hessischen Langen ist außer für Gewebe auch für Impfstoffe, Gentherapeutika oder Blutprodukte zuständig.

Eine so intensive Verarbeitung wie bei Knochen ist nicht bei allen Geweben möglich. Dennoch ist das Aufarbeiten, in der Fachsprache Prozessieren genannt, ein wichtiger Unterschied zwischen Gewebe- und Organspende. Kaum ein Gewebe wird unverarbeitet transplantiert, während Organe lebendfrisch entnommen und möglichst umgehend wieder eingepflanzt werden. Die Bearbeitungsverfahren für Gewebe sind so verschieden wie die Körperteile selbst: Herzklappen werden anders prozessiert als Augenhornhäute, Leberzellen anders als Sehnen oder Bänder, Blutgefäße anders als Haut oder Knorpel. Manche Gewebe können nach dem Prozessieren über Wochen oder Monate gelagert werden, andere mehrere Jahre. Einige Gewebe sind am Ende der Bearbeitungskette vollkommen steril, andere, etwa Augenhornhäute, können es gar nicht sein, weil sie dann nicht mehr als Transplantat taugen würden.

In Haus 42 stellt der junge Mann mit den Kettenhandschuhen die motorbetriebene Edelstahlbürste an, um Knochenhaut und Gewebereste von einem Stück Knochen zu entfernen. Dann nimmt er einen Femurkopf zur Hand, so heißt die Verdickung am Ende des Oberschenkelknochens. Zunächst trennt er mit der Bandsäge die Knochenrinde ab, dann schneidet er das schwammartige Innere des Knochens in Quader. Unterdessen reinigt eine Kollegin zurechtgeschnittene Knochenscheiben, indem sie Blut und Gewebereste mit einem Wasserstrahl aus dem Knochen spült.

Das Zerschneiden der Knochen und die mechanische Reinigung sind nur die ersten Schritte der aufwändigen Produktionskette. Als Nächstes wird das innere Knochengewebe entfettet, dies geschieht beim DIZG ausschließlich mit physikalischen Mitteln – Wasser, Temperatur und Druck. Die gereinigten und entfetteten Knochenwürfel gibt man in einprozentige Peressigsäure, um sie zu sterilisieren – dieser Prozess dauert weitere vier Stunden. Anschließend wird die Chemikalie in einer Serie von bis zu zehn Waschungen wieder entfernt. Danach sind die Transplantate steril. Um die Sterilität zu prüfen, wird beim Verpacken eine durch das Europäische Arzneibuch vorgegebene Anzahl von Gewebeproben entnommen, ins Labor gegeben und mit Nährmedien bebrütet. Falls noch Keime enthalten sind, wachsen sie unter diesen Bedingungen. Das Transplantat muß in diesem Fall verworfen werden. Sind nach 14 Tagen keine Keime nachweisbar, gilt die Sterilität als belegt, und die Produkte kommen ins Lager. Gefriergetrocknete Transplantate sind fünf Jahre haltbar.

Es gibt auch andere Verfahren, um mögliche Keime in Knochen

abzutöten. Zum Beispiel unterziehen Knochenbanken an Kliniken ihr Rohmaterial in der Regel der sogenannten Thermodesinfektion – dabei werden die Knochen 15 Minuten lang auf 82,5 Grad erwärmt. Solche chemischen oder physikalischen Verfahren sind Teil eines mehrstufigen Sicherheitskonzepts, zu dem auch die sorgfältige Auswahl des Spenders und Labortests seines Bluts zählen. Verschiedene Knochenprodukte werden unterschiedlich prozessiert: Chips, Dübel oder Blöcke sind hochverarbeitet und am Ende völlig steril. Wenn jedoch bei einem Patienten der gesamte Oberarmknochen ersetzt werden muss, bleibt ein geringes Restrisiko, dass Keime auf ihn übertragen werden – ein massiver Knochen kann nicht sterilisiert werden, weil er sonst nicht einwachsen würde.

Augen im Glas

Zu den Geweben, die nach der Aufarbeitung nicht keimfrei sind, zählt auch die Augenhornhaut. Allerdings hat man Bearbeitungsverfahren entwickelt, die das Infektionsrisiko stark vermindern. Jürgen Bednarz, Leiter der Hamburger Augenhornhautbank, schneidet mit einer kleinen Schere Gewebereste von einem Auge. Es ist groß wie ein Tischtennisball und rundherum weiß bis auf die grau-blaue Iris. Auf der gegenüberliegenden Seite der Iris ist der weiße Stummel des Sehnervs zu sehen. Das Auge, das hier bearbeitet wird, gehörte einem 43-Jährigen, der an einem Schlaganfall gestorben ist. Mit der Pinzette fasst Bednarz das Präparat und lässt es in ein Glas mit Jodlösung sinken, in dem es vier Minuten ruhen muß. Dann spült er es sorgfältig mit steriler Kochsalzlösung ab und legt es auf eine sterile Arbeitsfläche. Die Fläche ist durch eine weit heruntergezogene Plexiglasscheibe abgeschirmt, so dass Bednarz mit seinen Händen daruntergreifen muss. Hinter der Scheibe herrscht Überdruck, um Keime von außen möglichst fernzuhalten. »Wir arbeiten unter sterilen Bedingungen«, sagt Bednarz. »Allerdings ist ein Auge stets mit Bakterien besiedelt, weil es direkten Kontakt zur Außenwelt hat. Man kann die Hornhaut nicht vollständig dekontaminieren, weil sie zu zart ist für die üblichen Sterilisierungsverfahren.«

Vorsichtig schneidet Bednarz die Hornhaut mitsamt einem kleinen weißen Rand heraus, einem Teil der sogenannten Lederhaut. An diesem Rand fasst er das Präparat mit der Pinzette, um es nicht zu beschädigen, und legt es in eine Kulturschale mit Nährlösung. Diese Kulturschale wiederum stellt er unter ein Mikroskop. Was darunter zu sehen ist, kann man auf einem danebenstehenden Computer-Monitor verfolgen. Bednarz, von Haus aus Biologe, begutachtet die sogenannte Endothelschicht des Auges – sie ist dafür verantwortlich, dass die Hornhaut durchsichtig bleibt, statt sich einzutrüben. Sie sollte eine Dichte von mindestens 2000 Zellen pro Quadratmillimeter aufweisen. Wenn die Hornhaut einem älteren Verstorbenen entnommen wurde, ist die Zahl der Zellen manchmal zu gering, weil sie mit den Jahren abnimmt – ein natürlicher Abbauprozess. Bednarz zählt die Zellen seines Präparats aus und kommt zu dem Ergebnis, dass es für die Transplantation taugt. Nun spannt er die Hornhaut auf eine Halterung und versenkt diese in ein kleines Gefäß mit rötlicher Nährflüssigkeit, die mit Antibiotika versetzt ist. Bei 37° Celsius, also Körpertemperatur, kann die Hornhaut nun vier bis sechs Wochen in einem Kulturschrank aufbewahrt werden, bevor sie verpflanzt wird.

Herzklappen im Hochsicherheitstrakt

Prozessierte Herzklappen hingegen werden kryokonserviert, das heißt, man bewahrt sie in großen Tanks auf, die mit flüssigem Stickstoff gefüllt sind.

Um sie zu gewinnen, nutzt man verschiedene Quellen: Patienten, die in einem Transplantationszentrum ein neues Herz erhalten, sind in der Regel damit einverstanden, dass die Herzklappen ihres explantierten Herzens als Gewebespende verwandt werden. Man nutzt auch Herzen von Organspendern, die ursprünglich als Ganzes transplantiert werden sollten, sich aber als ungeeignet erwiesen. Mitunter steht bei einem Multiorganspender von vornherein fest, dass sein Herz nicht transplantiert werden kann – auch dann wird es entnommen, um die Klappen zu gewinnen. Grundsätzlich kann man auch Herzklappen von Leichen verwenden, die

in einem pathologischen oder rechtsmedizinischen Institut angeliefert wurden – dies wird zum Beispiel in München praktiziert.

Herzklappen werden unter keimfreien Bedingungen prozessiert. Mitarbeiter der Herzklappenbank des Deutschen Herzzentrums Berlin passieren deshalb drei Schleusen, die nicht per Hand
geöffnet werden, sondern indem man mit dem Fuß die automati-
sche Türöffnung betätigt. Hinter jeder Tür müssen sie eine weitere Schutzhülle überstreifen – Kunststoffschuhe, blaue Rein-
raumkleidung, einen sterilen Überzug. Dann erst erreichen sie den
sogenannten Reinraum, in dem die Herzklappen keimfrei bearbeitet werden.

Die Anforderungen an die Qualität der Gewebezubereitungen
sind hoch. Von 100 Herzklappen schaffen es in Berlin nur 42 bis in
die Stickstofftanks, in denen sie tiefgefroren gelagert werden. Die
geringe Quote hängt vor allem damit zusammen, dass Spender in
Berlin – wie überall in Deutschland – häufig schon sehr alt sind: Im
Laufe eines Lebens kommt es zu anatomischen Veränderungen der
Herzklappen, sie verlieren an Elastizität oder es bilden sich Ablagerungen, Fachleute reden von Arteriosklerose. Diese Veränderungen führen dazu, dass eine Klappe mechanisch nicht mehr rich-
tig schließt und aussortiert werden muss. »Wir müssen viele
Messungen und Kontrollen durchführen, um bedeutsame Fehler
herauszufiltern«, sagt Rudolf Meyer, der Leiter der 1993 offiziell
gegründeten Klappenbank. Das gilt auch für mögliche Verunreinigungen der Herzklappen mit Keimen. Als Erstes wird die Trans-
portlösung auf Viren, Bakterien und Pilze untersucht. Falls dabei
Keime nachgewiesen werden, entscheiden die Mitarbeiter der
Herzklappenbank je nach deren Charakter, ob die Herzklappen
sofort verworfen werden müssen. Falls keine oder nur harmlose
Keime entdeckt wurden, lagert man die Herzklappen 24 Stunden
in einem Antibiotika-Cocktail. Danach werden sie nochmals geprüft. Nur wenn beim letzten Test keine Keime mehr gefunden
werden, kühlt man die prozessierten Herzklappen computer-
gesteuert in einer Gefrierschutzlösung langsam auf minus 80° Celsius. Nach 80 Minuten werden die Präparate bei etwa minus
190 °C in dem flüssigen Stickstoff gelagert. In diesem Milieu sind
sie mindestens fünf Jahre haltbar.

Vom Patellarsehnenersatz zur Penisvergrößerung: Gewebetransplantation in der Praxis

Die Beine eines Spitzenfußballers sind ein Vermögen wert. In den Gliedmaßen mancher Stars allerdings stecken Werte spezieller Art. Rund 2500 Dollar kostet beispielsweise eine Ersatzsehne wie die, die das rechte Knie des britischen Fußballnationalspielers Michael Owen stabilisiert. Das Transplantat stammt von einer Leiche, mit großer Wahrscheinlichkeit einem sportlichen jungen Mann wie Owen selbst. Der Stürmerstar von Newcastle United bekam die Sehne verpflanzt, nachdem er sich 2006 während der Weltmeisterschaft in Deutschland verletzt hatte. Keine zwei Minuten war Owen seinerzeit im Spiel gegen Schweden auf dem Platz, als bei einer Kniedrehung sein Kreuzband riss. Auch der Knorpel war beschädigt. Dem damals 26-Jährigen drohte das Karriereende.

Ein Fall für Richard Steadman in Colorado, USA. Der Kniespezialist operiert seit drei Jahrzehnten prominente Sportler aus aller Welt. Zu seinen Kunden zählten Tennisstar Martina Navratilova, Skirennfahrer Marc Girardelli oder Schwergewichtsboxer Vitali Klitschko. Auch viele Spieler der Fußballbundesliga lagen bei Steadman auf dem Operationstisch, Stars des FC Bayern München beispielsweise oder der frühere Leverkusener Verteidiger Jens Nowotny. Der 48-malige Nationalspieler erlitt in seiner Laufbahn vier Kreuzbandrisse. Beim ersten Mal 1991 wurde das Band noch geklebt, bei den folgenden bekam Nowotny jeweils eine körpereigene Sehne verpflanzt. Fremdtransplantate sind nach einem Sehnenriss keinesfalls die Therapie erster Wahl (s. Seite 227ff.), doch die Verletzung von Owen war so schwer, dass Steadman dem Patienten dazu riet. Als der Brite im April 2007 nach zehn Monaten Verletzungspause vor dem Comeback stand, bewies die britische Internetzeitung *This is London* schwarzen Humor. »Owen – The dead man walking« überschrieb sie ihren Bericht über die Wiederherstellung des Patienten.[3]

---

3   http://www.thisislondon.co.uk/sport/article-23394195-details/Owen +-+The+dead+man+walking/article.do

Sehnen sind nur eine von vielen Möglichkeiten der Gewebe-transplantation. Die gesamte Leiche ist zu einem wertvollen me-dizinischen Rohstoff geworden. Längst hat die Gewebespende die Organtransplantation an Bedeutung überholt. Mehr als 4000 Patienten erhielten 2007 in Deutschland neue Herzen, Nieren, Lebern, Lungen oder andere Organe[4], doch mehrere Zehntau-send profitierten von der Verpflanzung kleiner oder großer Kör-perteile.

Ein Verstorbener versorgt nach Schätzungen bis zu 60 Patien-ten mit Gewebeersatz. Der tote Körper ist von Kopf bis Fuß zum potentiellen Ersatzteillager geworden. Verpflanzt werden neben Sehnen und Bändern auch Knochen, Menisken und anderes Knor-pelgewebe, Muskelhüllen, die sogenannten Faszien, Gehörknö-chelchen, Augenhornhäute, Augäpfel und die Lederhaut des Auges; ferner Herzklappen, Herzbeutelgewebe, Arterien, Venen, Haut und Leberzellen. Früher war auch sogenannte Dura mater, harte Hirnhaut, im Angebot. Die Produktion wurde allerdings eingestellt, weil sich fast 200 Patienten weltweit mit der Creutz-feldt-Jakob-Krankheit infizierten (s. Seite 108ff.). Teils werden Gewebetransplantate von gemeinnützigen Einrichtungen gegen Aufwandsentschädigung abgegeben, teils von kommerziellen Her-stellern zu Marktpreisen verkauft.

Kicken mit dem Meniskus eines Toten

Den größten Anteil an Geweberverpflanzungen machen Kno-chenprodukte verschiedener Größe und Zubereitung aus. Nach Schätzungen werden in Deutschland jährlich mehr als 30 000 Transplantationen durchgeführt. Ein pharmazeutischer Herstel-ler wie die kommerzielle Firma Tutogen Medical GmbH in Neun-kirchen am Brand hat mehrere Hundert verschiedene Artikel auf Lager, die international vertrieben werden.

---

4 Pressemitteilung der Deutschen Stiftung Organtransplantation vom 17.1.2008

Grundsätzlich unterscheidet man:
– kompakte Knochentransplantate von Arm, Bein oder Becken,
– Blöcke, Späne oder Granulat aus Knochenrinde oder der sogenannten Spongiosa, dem schwammartigen Inneren von Knochen,
– demineralisierte Knochenmatrix, ein Füllstoff aus zermahlenem
  Knochen, der in verschiedenen Zubereitungen angeboten wird.

Kompakte Arm-, Bein- oder Beckenknochen werden zum Beispiel
verpflanzt, wenn einem Patienten ansonsten die Amputation
droht. Ein Motorradfahrer, dessen Schienbein bei einem Unfall
zertrümmert wurde, kann durch ein Transplantat vor dem Verlust
des Beins bewahrt werden. Ebenso ein Patient mit Knochenkrebs,
dessen Tumor großflächig herausgeschnitten wurde. Ein Schien-
beinknochen kostet laut Preisliste der kommerziellen amerikanischen Vertriebsfirma Shilog Medical Supply 5182 Dollar.[5]
   Wenn bei einem Sportler der Meniskus kaputt ist, wird ihm mitunter ein neuer eingepflanzt. Der Bundesligafußballer Christian
Wück verletzte sich im März 1998 nach einem Foul an seinem bereits mehrfach operierten linken Knie. Wücks Karriere schien beendet, doch der behandelnde Arzt sah noch eine Chance, wenn er
sich den Meniskus eines Toten transplantieren ließe. Über ein Jahr
später stand Wück tatsächlich wieder auf dem Platz, das Transplantat war angewachsen. Er habe mit dem gespendeten Knorpel
in seinem Knie bis heute keine Probleme, berichtet der frühere
Mittelfeldspieler.[6] Wück, damals beim Karlsruher SC unter Vertrag, spielte anschließend noch ein Jahr beim VFL Wolfsburg in
der ersten Liga und wechselte dann für zwei Jahre zum Zweitligis-
ten Arminia Bielefeld. 2002 musste er seine Karriere allerdings als
Sportinvalide beenden. Die Belastung für das vorgeschädigte und
mehrfach operierte Knie sei insgesamt zu hoch gewesen. Wück
trainiert heute den Fußball-Zweitligisten Rot Weiß Ahlen. Ein
Meniskusstück kostet gemäß der Preisliste von Shilog Medical
Supply 3193 Dollar.[7]

5 http://shilog.com/Store/Pages/1804.html, Stand 3.8.2008
6 Telefonische Auskunft von Christian Wück am 10.6.2008
7 http://shilog.com/Store/Pages/1813.html, Stand 3.8.2008

Sogenannte Hüftgelenksrevisionen sind ein weiteres Einsatzgebiet für Knochentransplantate: Bei Patienten mit künstlichem Hüftgelenk lockert sich nach rund 25 Jahren die Prothese. Oft ist dann auch ein Teil des Beckenknochens zerstört. Um eine neue Prothese befestigen zu können, muss der Defekt mit Knochenmaterial, zum Beispiel mit Spongiosablöcken, aufgefüllt werden. Die Alternativen sind Amputation, Rollstuhl oder künstlicher Knochenzement, der weniger gut einheilt. Die Firma Tutogen Medical GmbH verkauft einen Tutoplast Spongiosa Block von vier Kubikzentimeter Volumen für 596 Euro.[8]

Eine ganze Palette von Produkten kommt in der Wirbelsäulenchirurgie zum Einsatz: von Blöcken und Spänen über passgenau angefertigte Transplantate bis zu Knochengranulat oder -paste. Wenn beispielsweise ein Wirbelkörper zusammengebrochen ist, drückt der Knochen auf die Bandscheibe und der Patient hat extreme Schmerzen. Man kann dieses Problem behandeln, indem man ein Knochengranulat in ein Netz drückt, das im Wirbelkörper platziert ist und ihn so wieder aufrichtet. Knochenpaste kann für eine Vielzahl von Anwendungen genutzt werden, wenn Hohlräume in Knochen aufgefüllt werden sollen.

Ein Kubikzentimer Grafton Plus DBM Paste der kommerziellen Firma Osteotech, gebrauchsfertig in einer Spritze abgefüllt, kostet laut Preisliste der Vertriebsfirma Shilog Medical Supply 231 Dollar.[9]

In der Zahnchirurgie wird Knochenmaterial gebraucht, um Kieferdefekte zu beseitigen oder Knochen wiederaufzubauen. Ein geringer Teil der Eingriffe ist ausschließlich medizinisch begründet, etwa nach Unfällen, Tumoroperationen oder wenn eine Kieferzyste entfernt wurde. Weitaus häufiger verwenden Zahnmediziner Blöcke oder Granulat für Zwecke, die zumindest teilweise kosmetisch sind: Nach einem Zahnverlust wünschen viele Patienten Implantate anstelle eines Gebisses. Die Implantologie entwickelt sich rasant. Nach neuesten Schätzungen der Deutschen Gesellschaft für Implantologie werden 2008 knapp eine Million Implan-

---

8   Tutogen Bestellformular vom 8.3.2007, Preis zzgl. Mehrwertsteuer
9   http://shilog.com/Store/Pages/1822.html, Stand 3.8.2008

tate gesetzt, 350 000 mehr als vor zwei Jahren.[10] Wenn die Patienten nicht genug Kieferknochen haben, um die Implantate sicher zu verankern, muss der Kiefer vor der Implantation neu aufgebaut werden. Nach Schätzung von Hendrik Terheyden, Vizepräsident der Deutschen Gesellschaft für Implantologie, kommt dies in etwa der Hälfte der Fälle vor.[11] Neben anderen Materialien verwenden Zahnmediziner dafür Leichenknochen (s. Seite 231f.). Das Produkt Tutoplast Spongiosa Block des Herstellers Tutogen Medical GmbH mit zwei Kubikzentimeter Volumen kostet 452 Euro.[12]

Patienten, die trotz Brille oder Kontaktlinsen kaum noch etwas sehen, können durch eine Hornhauttransplantation einen Teil ihrer Sehkraft zurückgewinnen. In Deutschland sind laut einem zentralen Melderegister rund 5000 Menschen für eine Hornhauttransplantation gelistet. Ganz ohne Sehhilfe kommen die Patienten allerdings auch nach der Transplantation nicht aus. Oft muss eine Fehlsichtigkeit von drei bis sechs Dioptrien mit Brille oder Kontaktlinsen ausgeglichen werden, mitunter auch eine von 12 bis 14 Dioptrien. »Das hängt mit dem Einheilverhalten zusammen«, sagt Thomas Reinhard, Ärztlicher Direktor der Universitäts-Augenklinik Freiburg. »Es kann zum Beispiel zu ›Verziehungen‹ – Astigmatismus – im Transplantat kommen. Das kann so ausgeprägt sein, dass Mikroinzisionen im Transplantat nötig werden.« Mikroinzisionen sind winzige Schnitte, durch die in diesem Fall die Hornhautverkrümmung korrigiert wird. Die Hornhautverpflanzung gilt als die erfolgreichste Gewebetransplantation. Bei Patienten ohne besondere Risiken sind nach fünf Jahren noch 95 Prozent der Transplantate klar. Bei Risikopatienten liegt die Quote unter Umständen bei nur 20 Prozent. Sie brauchen wegen ihrer besonderen Problematik typisierte, also nach Gewebeverträglichkeit ausgesuchte Transplantate. Die Augenchirurgen verpflanzen Hornhäute:

10 Pressemitteilung der Deutschen Gesellschaft für Implantologie vom 30.5.2008
11 Auskunft Hendrik Terheyden vom 5.5.2008
12 Bestellformular Tutogen, Stand 8.3.2007, Preis zzgl. Mehrwertsteuer

– an Menschen, deren Hornhaut nach Verletzungen oder Entzündungen vernarbt ist,
– an Säuglinge mit einer angeborenen Fehlbildung,
– an Patienten, deren Hornhaut aufgrund von Stoffwechselstörungen trüb ist.

Die gemeinnützigen Augenhornhautbanken in Deutschland stellen Aufwandsentschädigungen von 1500 bis 2000 Euro pro Transplantat in Rechnung. Eine typisierte Augenhornhaut der gemeinnützigen Stiftung Bio Implant Services im niederländischen
Leiden kostet inclusive Transportpauschale 2141 Euro.[13] In den
USA werden für Hornhäute Aufwandsentschädigungen zwischen
1800 und 2800 Dollar gezahlt. Dortige Hornhautbanken liefern
überschüssige Transplantate für 1100 bis 1200 Euro inclusive
Transportkosten auch nach Deutschland.

20 Quadratmeter Haut nach Diskobrand verpflanzt

Vielfältige Verwendungsmöglichkeiten gibt es für die sogenannte
Fascia lata, die bindegewebsartige Umhüllung des Oberschenkelmuskels. In der Hals-Nasen-Ohren-Chirurgie nutzt man die
Transplantate, um nach einer Begradigung der Nasenscheidewand
den Knorpel abzudecken. Auch bei kosmetischen Eingriffen wird
Fascia lata gebraucht, um beispielsweise Nasenhöcker zu korri-
gieren oder Einsattelungen im Nasenrücken aufzupolstern. Bei
Neugeborenen mit Wirbelsäulenfehlbildung deckt man mit Fascia lata den offenen Rücken ab. In der Gynäkologie versucht man
mit dem Gewebe Inkontinenz zu behandeln: Ein Fascia-lata-Band
wird unter die Harnröhre gelegt, um sie wie eine Art Hängematte
zu unterstützen. So wird verhindert, dass sich die Blase unwillkür-
lich entleert, wenn die Patientin hustet oder niest. Fascia lata kann
auch eingesetzt werden, um nach neurologischen Operationen
eine Kopfwunde zu schließen. Für ein 2 x 10 Zentimeter großes

---

13 Alle Angaben zu Aufwandsentschädigungen von Bio Implant Services
    sind von Anfang 2007

Stück Fascia lata berechnet das gemeinnützige Deutsche Institut für Zell- und Gewebeersatz eine Aufwandsentschädigung von 320 Euro.[14]

Leichenhaut wird unter anderem genutzt, um chronische Geschwüre oder schwere Verbrennungen zu behandeln. Ein spektakulärer Einsatz ereignete sich nach einer Katastrophe in der Silvesternacht 2000/2001. Ein Nachtclub in der niederländischen Kleinstadt Volendam bei Amsterdam war ausgebrannt, nachdem kleine Feuerwerkskörper die Deckendekoration entzündet hatten. In der Diskothek befanden sich zum Zeitpunkt des Feuers rund 300 junge Leute, der Club war aber nur für 85 zugelassen. Unmittelbar nach dem Unglück wurden 203 Patienten in 27 Krankenhäuser eingeliefert, viele davon mit schweren Verbrennungen. Die gemeinnützige Euro Skin Bank im niederländischen Beverwijk konnte den Bedarf an Hauttransplantaten allein nicht decken. Gewebebanken aus Großbritannien, Belgien, der Tschechoslowakei und den USA halfen mit. Am Ende hatten die Ärzte insgesamt 20 Quadratmeter Haut verpflanzt.[15]

In Deutschland wird Leichenhaut bislang nur in geringen Mengen gewonnen. Daher wird der Bedarf überwiegend durch die Euro Skin Bank gedeckt. Sie lieferte 2007 rund 60 Quadratmeter Haut nach Deutschland, das ihr größter Kunde in Europa ist.[16] Für einen Quadratzentimeter berechnet sie 90 Cent Aufwandsentschädigung. Leichenhaut, die mit einer speziellen Apparatur zu einer netzförmigen Wundauflage gestanzt wird, kostet 1,10 Euro pro Quadratzentimeter.[17]

Haut kann auch zu einem azellulären Produkt weiterverarbeitet werden – die Zellen des Spenders werden entfernt, so dass nur eine Bindegewebsmatrix übrig bleibt. Azelluläre Haut wird häufig zur

---

14 Preisliste des DIZG, gültig am 1. 5. 2007
15 Jeroen van Baare, Ger Kropman: The Volendam Burn Desaster and the Importance of International Collaboration in Tissue Banking, in: Gyn O. Phillips: Advances in Tissue Banking, Vol. 7. World Scientific Publishing 2004
16 Auskunft des regionalen Programmmanagers Hans Wachsmuth am 11. 7. 2008
17 Auskunft Hans Wachsmuth am 30.4. 2008

medizinischen Behandlung von Leistenbrüchen eingesetzt, eher selten zur Versorgung von Brandwunden, in großem Umfang aber auch in der kosmetischen Chirurgie (s. Seite 194). Zum Beispiel benutzt man das Produkt Alloderm der amerikanischen Firma LifeCell Corporation[18] zur Penisvergrößerung.[19] In manchen Schönheitskliniken wird Unterspritzung mit Cymetra, einer zerkleinerten, injizierbaren Version von Alloderm, angeboten, um Lippen voller erscheinen zu lassen. Im Beauty-Lexikon des deutschen Gesundheitsportals DocMedicus heißt es: »Die Alloderm-Faltenunterspritzung ist eine Methode, bei der Falten, Narben, Gesichtsunebenheiten und Konturmängel durch Unterspritzung aufgehoben werden.«[20] Ein vier Quadratzentimeter großes Stück Alloderm (Dicke 0,63 bis 1,5 mm) kostet in Deutschland 218 Euro. Das San Francisco General Hospital berechnete Patienten schon 2004 für drei mal sieben Zentimeter Alloderm 1324 Dollar.[21]

Mehr als 15 000 Herzklappen werden in Deutschland jährlich transplantiert. In der Regel bekommen die Patienten eine künstliche Klappe oder eine biologische von Rind oder Schwein. Herzklappen menschlicher Spender machen nur einen geringen Anteil aus. Der Bedarf wird auf einige Hundert im Jahr geschätzt (s. auch Seite 233). Mitunter gibt es allerdings zwingende medizinische Gründe für ein menschliches Transplantat, etwa wenn eine Herzklappe sich mit Bakterien infiziert hat und dadurch zerstört wird. Bei dieser gefürchteten Komplikation nützt es meist nichts, eine biologische oder künstliche Klappe zu transplantieren, weil die Erreger mit großer Wahrscheinlichkeit auch sie befallen würden. Anders der menschliche Ersatz: »Das natürliche Gewebe scheint zur Ausheilung beizutragen, ohne selbst zerstört zu werden«, sagt Roland Hetzer, Ärztlicher Direktor des Deutschen Herzzentrums Berlin. Warum das so ist, hat die Forschung noch nicht herausge-

---

18 LifeCell wurde 2008 von Kinetic Concepts, Incorporated, übernommen und wird künftig als Biochirurgie- Abteilung in dem Konzern geführt
19 http://www.penis-enlargement.org/alloderm.htm
20 http://www.beauty-lexikon.com/Aesthetische-Medizin/Alloderm-Faltenunterspritzung/
21 All San Francisco General Hospital Prices

funden. Bio Implant Services in Leiden verlangt für eine menschliche Herzklappe eine Aufwandsentschädigung von 4491 Euro. Importe von einer gemeinnützigen Gewebebank in Südafrika kosten incl. Frachtkosten 2578 Euro Aufwandsentschädigung je Stück.[22]

Ähnlich wie bei infizierten Herzklappen ist die Situation bei Gefäßen: In manchen Fällen hilft nur ein menschliches Transplantat. Droht zum Beispiel bei einem Menschen die Aorta zu reißen – ein lebensbedrohlicher Zwischenfall – so kann das Gefäß durch eine Prothese aus Dacron-Faser ersetzt werden. Wenn aber diese Prothese von Bakterien befallen wird, bleibt keine andere Wahl, als sie gegen ein Stück menschliche Aorta auszutauschen – sonst stirbt der Patient. Wie viele Gefäße jährlich transplantiert werden, ist nicht bekannt, nach Schätzungen werden 500 Präparate, meist Aorten, benötigt.[23] Für ein Stück Brustaorta berechnet Bio Implant Services in Leiden eine Aufwandsentschädigung von 3008 Euro.

Aus Lebern, die für eine Transplantation nicht geeignet sind, stellt die kommerzielle Firma Cytonet ein Leberzellpräparat her, das künftig eine Alternative zum Organersatz bei akutem Leberversagen werden könnte (s. Seite 54f.). Auch bei Neugeborenen mit angeborenen Stoffwechselstörungen kann die Therapie eingesetzt werden. Die Wirksamkeit ist allerdings noch nicht belegt, das Leberzellpräparat wird erst seit Herbst 2007 und Frühjahr 2008 in zwei klinischen Studien erprobt. Die erste Studie, zum Einsatz bei akutem Leberversagen, wird voraussichtlich frühestens Ende 2008 abgeschlossen werden. Zuvor hatte man es bei einzelnen Heilversuchen erprobt. In einem Fall rettete die Therapie einer Patientin vermutlich das Leben. Eine 64-Jährige aus Nordhessen wurde im August 2004 mit einer akuten Lebervergiftung in das Zentrum Innere Medizin der Medizinischen Hochschule Hannover eingeliefert. Sie hatte Knollenblätterpilze gegessen, und ihr Zustand war kritisch, sie lag bereits im Koma. Eine Transplantation war nicht möglich. In dieser Situation entschloss sich das behandelnde Ärzteteam, das Leberzellpräparat anzuwenden. Die

---

22 Preis für die südafrikanische Herzklappe, Stand 2005
23 http://www.gewebenetzwerk.de/content/view/22/34/

Frau erholte sich und konnte die Klinik zwei Wochen nach der Behandlung wieder verlassen.

In Deutschland arbeitet ausschließlich die kommerzielle Firma Cytonet mit Sitz in Weinheim an diesem Verfahren. Falls die klinischen Studien erfolgreich sind und in eine Zulassung münden, kann Cytonet sein Präparat künftig als Fertigarzneimittel vermarkten.

Dunkelziffern und Grauimporte: Wie sicher sind Gewebetransplantate?

Gewebetransplantate von Verstorbenen gelten als sicher. Sehr sicher sogar, wenn man die Hersteller fragt. »Über eine Million Implantate wurden sicher und effektiv verpflanzt ohne einen einzigen dokumentierten Fall von Krankheitsübertragung«[24], so Christoph Schöpf von der Tutogen Medical GmbH in einem Beitrag über das seit 30 Jahren erprobte Sterilisierungsverfahren seiner Firma. Der Artikel ist auf der Website des amerikanischen Mutterunternehmens Tutogen Medical Inc.[25] in Alachua, Florida, abrufbar. Solche Bilanzen präsentieren alle Firmen. Infektionen, ausgelöst durch Transplantate? Fehlanzeige. Nicht einmal die im Hessischen ansässige B. Braun Melsungen AG will davon etwas wissen. Dabei verbindet sich der Name B. Braun Melsungen mit dem wohl größten Skandal in der Geschichte der Gewebetransplantation. Bis 1996 hatte die Firma aus harten Hirnhäuten Transplantate mit dem Markennamen Lyodura hergestellt. Nach Firmenangaben werden weltweit 144 der tödlich verlaufenden Creutzfeldt-Jakob-Erkrankungen (CJD) mit Lyodura in Verbindung gebracht (s. Kapitel 3). »Bisher ist in keinem einzigen gerichtlichen Verfahren rechtskräftig festgestellt worden, dass ein kausaler Zusammenhang

---

24 http://www.tutogen.com, s. Menüpunkte Tutoplast process, Related Links; Christoph Schöpf: Allograft Safety: Efficacy of the Tutoplast Process, in: Implants, 1, 2006

25 Tutogen Medical, Inc., heißt seit Frühjahr 2008 RTI Biologics, Inc.

zwischen der Implantation von Lyodura und dem Ausbruch einer CJD besteht«, erklärt jedoch die Unternehmenskommunikation.[26] Wie sicher sind also Gewebetransplantate, sogenannte Allografts? Der 2004 erschienene Sammelband *Advances in Tissue Banking* präsentiert neueste Entwicklungen der Gewebemedizin: »Die Sicherheit von Allografts ist eine größere Sorge, weil mikrobielle und virale Verunreinigungen von Gewebe selbst in den anspruchsvollsten Zentren vorkommen«, heißt es dort im Vorwort. Einer der Autoren der Publikation ist Ted Eastlund, Transfusionsmediziner, Gewebebanker und Labormediziner an der Medical School der Universität Minnesota. Seit Jahrzehnten beschäftigt er sich mit den Risiken von Gewebetransplantaten. Eastlund weiß von einer Vielzahl teils katastrophaler Fälle zu berichten. Zahlen kann er allerdings nicht liefern: »Die Häufigkeit von durch Gewebetransplantate übertragenen Infektionen ist unbekannt«, schreibt er in seinem Beitrag.[27] Am besten könne das Risiko aus prospektiven Studien abgeleitet werden – eine solche Studie würde beispielsweise eine vorab bestimmte Gruppe von Patienten nach der Transplantation über einen längeren Zeitraum auf Infektionen hin beobachten. Dieses Vorgehen verringert die Wahrscheinlichkeit, statt eines Kausalzusammenhangs lediglich einen Zufallsbefund zu erheben. Solche Studien wurden allerdings laut Eastlund bislang nicht durchgeführt.

Es fehlt aber nicht nur an vorausschauenden Untersuchungen, sondern auch an systematischer Dokumentation von Komplikationen und Zwischenfällen im Nachhinein. In Deutschland listet das Statistische Bundesamt zwar minutiös auf, wie viele Jungmasthühner im Jahr 2006 produziert wurden, als Ganzes mit Innereien und Hals, als Ganzes ohne Innereien und Hals, zerteilt, tiefgefroren oder lebensfrisch. Doch niemand weiß genau, wie viel Herzklappen, Knochen oder Gefäße von Leichen in Deutschland jährlich gewonnen und transplantiert werden und was aus dem Ausland

---

26 Schreiben von B. Braun Melsungen vom 12. 3. und 4. 7. 2008
27 Ted Eastlund, Infectious Disease Transmission through Tissue Transplantation, in: Gyn O. Phillips: Advances in Tissue Banking, Vol. 7. World Scientific Publishing 2004

nach Deutschland eingeführt wird. Vor allem schwerwiegende Zwischenfälle und andere unerwünschte Reaktionen wurden bislang nicht systematisch erfasst. Erst das 2007 in Kraft getretene Gewebegesetz wird diesen Missstand beseitigen. Gewebeeinrichtungen müssen der zuständigen Bundesbehörde nun jährlich einen Bericht übermitteln. »Dann gibt es erstmals umfassende Transparenz in diesem Bereich«, sagt Axel Pruß, Leiter der Gewebebank an der Universitätsklinik Charité in Berlin[28] (s. Seite 142).

Komplikationen durch Gewebetransplantate mögen selten sein, doch wenn sie auftreten, sind die Folgen oft gravierend. Durch Augenhornhäute wurden beispielsweise die stets tödlichen Tollwut- und Creutzfeldt-Jakob-Erkrankungen übertragen, ferner Hepatitis B, Bakterien und Pilze. Nach der Transplantation von Herzklappen kam es zu Erkrankungen an Hepatitis B und Tuberkulose sowie zu Bakterien- und Pilzinfektionen. Nach Sehnenverpflanzungen wurden Infektionen mit Hepatitis C, HIV und Bakterien dokumentiert. Patienten, die Knochen verpflanzt bekommen hatten, erkrankten an Hepatitis C, HIV und Tuberkulose – und erlitten bakterielle Knocheninfektionen. Solche Komplikationen sind meist eine Katastrophe. »Im Knochen kann jedes Bakterium, selbst das harmloseste, zu einem bedeutsamen Krankheitserreger werden«, sagte der renommierte Orthopäde Sam Doppelt während einer zweitägigen Anhörung der amerikanischen Gesundheitsbehörde FDA im Oktober 2007. Was sich einmal im Knochen festgesetzt habe, bleibe immer im Knochen. »Wenn jemand eine Knocheninfektion hat, kann man niemals sagen, er sei geheilt, außer man hat das gesamte Segment entfernt.«.[29]

---

28 Interview mit Axel Pruß am 16. 10. 2007
29 http://www.fda.gov/cber/minutes/allog101107t.htm
    FDA Public Workshop: Processing of Orthopedic, Cardiovascular, and
    Skin Allografts vom 11./12. 10. 2007

Viele der schwerwiegenden Zwischenfälle, die bekannt wurden, ereigneten sich bereits in den 1980er und 1990er Jahren. In den USA beispielsweise wurde 1988 erstmals von einer HIV-Übertragung durch ein unter sterilen Bedingungen entnommenes Knochentransplantat berichtet, das bei einer Wirbelsäulenoperation eingesetzt wurde. Auch in Deutschland hat man ein solches Desaster erlebt. Bei einem verstorbenen männlichen Spender wurden 1984 insgesamt 16 Knochentransplantate unter sterilen Bedingungen entnommen, ohne dass man allerdings mögliche Viren in dem Gewebe inaktiviert hätte. Ein HIV-Test konnte damals noch nicht durchgeführt werden, weil es ihn nicht gab. Im Zeitraum von November 1984 bis Mai 1985 erhielten zwölf Patienten Transplantate des Spenders, vier davon wurden mit HIV infiziert. Als Konsequenz aus solchen Zwischenfällen legte der wissenschaftliche Beirat der Bundesärztekammer 1990 erstmals verbindliche Richtlinien zum Führen einer Knochenbank vor, die 1996 und 2001 jeweils an den Stand von Wissenschaft und Technik angepasst wurden.

Damit war die Qualität der Transplantate aber keinesfalls gesichert, wie eine Umfrage an Kliniken ergab, die 2001 im Abstraktband der 65. Jahrestagung der Deutschen Gesellschaft für Unfallchirurgie veröffentlicht wurde.[30] Demnach erfüllten 1999 nur 36 Prozent von 120 erfassten chirurgischen Knochenbanken vollständig die seinerzeit geltenden Richtlinien. Sie lagerten überwiegend Oberschenkelköpfe lebender Spender, die beim Einbau eines künstlichen Hüftgelenks entnommen wurden. Fünf Prozent der Knochenbanken ermittelten die Krankengeschichte des Spenders nicht, 27 Prozent verzichteten auf eine klinische Untersuchung des Spenders, nur 71 von 120 Knochenbanken unterzogen die Transplantate einer Desinfektionsbehandlung. Von den 49 Einrichtun-

---

30 A. Kutschera u. a.: Mangelhafte Umsetzung der Richtlinien zum Führen einer Knochenbank – ein Beitrag zur Qualitätssicherung. Hefte zu »Der Unfallchirurg«, Abstraktband der 65. Jahrestagung der Deutschen Gesellschaft für Unfallchirurgie, Band 283, Springer Verlag 2001

gen, die Knochen einfroren, ohne sie zu desinfizieren, unterließ knapp ein Drittel die Quarantänelagerung. Diese ist bei lebenden Spendern jedoch unerlässlich, um das sogenannte diagnostische Fenster zu schließen: Frische HIV-Infektionen sind zunächst nicht nachweisbar, erst ein erneuter Test des Spenders Monate später kann eine Infektion des entnommenen Knochens sicher ausschließen. Fazit der Untersucher zur Situation 1999: »Die Richtlinien zum Führen einer Knochenbank werden zur Zeit von der Mehrzahl der chirurgischen Kliniken nur unzureichend berücksichtigt.« Die Situation müsse »dringend verbessert werden«.

Anders als Organe werden Gewebe nahezu nie umgehend verpflanzt, es bleibt Zeit, das Rohmaterial zu bearbeiten. Im Laufe der Jahrzehnte hat die Gewebemedizin mehrstufige Sicherheitskonzepte entwickelt. Sie beginnen stets bei der Auswahl der Spender, umfassen die Entnahme und Prozessierung der Gewebe und regeln schließlich die Konservierung und Lagerung der Transplantate. Allerdings sind die Standards mitunter bis heute nicht einheitlich und verbindlich, die Verfahren nicht immer auf ihre Wirksamkeit geprüft, die Kontrolle durch die Behörden lückenhaft – in Deutschland wie in anderen europäischen Ländern. Deshalb ergriff der europäische Gesetzgeber die Initiative und verabschiedete 2004 die EU-Geweberichtlinie. Die neuen Vorgaben sollen den aufstrebenden Sektor Gewebemedizin sicherer machen – und den Markt vereinheitlichen. Deutschland setzte die Richtlinie 2007 verspätet im sogenannten Gewebegesetz um (s. Seite 139ff.). »Mit dem Gewebegesetz ist ein großer Schritt zu mehr Qualität und Sicherheit getan«, befand Bundesgesundheitsministerin Ulla Schmidt: »Patientinnen und Patienten können auf einen hohen Gesundheitsschutz vertrauen, wenn ihnen Herzklappen, Augenhornhäute oder andere Gewebe transplantiert werden.«[31]

Allerdings ist Transplantat qua Definition nicht gleich Transplantat. Die Spannweite reicht von frisch gefrorenen Knochen bis zu hoch verarbeiteten, sterilen Arzneimitteln. Dazu zählen die

---

31 Pressemitteilung des Bundesministeriums für Gesundheit vom 6.7.2007

meisten der in Deutschland verpflanzten muskuloskeletalen Transplantate. Hersteller sind beispielsweise die Tutogen Medical GmbH, das Deutsche Institut für Zell- und Gewebeersatz (DIZG) und die Charité-Gewebebank. Die drei Einrichtungen verfügen über eine breite Produktpalette: Tutogen Medical etwa hat in Deutschland eine Zulassung für die Muskelhülle Fascia lata, Spongiosa-Knochen und Gehörknöchelchen; das DIZG und die Charité besitzen unter anderem Zulassungen für den Füllstoff demineralisierte Knochenmatrix, Sehnen- und Bandgewebe, Fascia, Knochenrinde oder Spongiosa-Knochen. Das Restrisiko für eine Infektion ist bei diesen Produkten sehr gering.

Daneben gibt es die klassischen Gewebezubereitungen, die nicht industriell hergestellt werden. Zu ihnen gehören Augenhornhäute, Herzklappen oder Haut, die als vorläufiger Wundverband dienen soll. Diese Gewebezubereitungen werden nicht sterilisiert, die empfindlichen Augenhornhäute beispielsweise würden sonst ihre Funktion verlieren. Auch Knochenbanken an Kliniken lassen ihre Transplantate bei der zuständigen Behörde, dem Paul-Ehrlich-Institut, als klassische Gewebezubereitungen genehmigen. Sie verarbeiten ausschließlich Oberschenkelköpfe von Patienten, die ein neues Hüftgelenk erhalten haben, und behandeln diese mit dem Thermodesinfektionsverfahren. Dieses tötet aktive Mikroorganismen zuverlässig ab, allerdings nicht Sporen – verkapselte Bakterien oder Pilze im Ruhezustand, die äußerst widerstandsfähig sind. »Die Wahrscheinlichkeit, dass Sporen bei Lebendspendern eine Rolle spielen, ist allerdings zu vernachlässigen, wenn auch die übrigen Sicherheitsmaßnahmen beachtet werden, etwa die Sterilkontrolle nach Abschluss der Prozessierung«, sagt Knochenbankexperte Pruß.[32] Insgesamt ist das Restrisiko für Infektionen bei klassischen Gewebezubereitungen gering, wenngleich höher als bei sterilisierten Produkten.

32 Mitteilung Axel Pruß vom 28.5.2008

Bei frischen Geweben nimmt man ein höheres Infektionsrisiko in Kauf

Nur in Einzelfällen verwenden deutsche Chirurgen frisch gefrorene Knochen, die lediglich gespült und gereinigt, aber nicht desinfiziert oder sterilisiert wurden. Das Infektionsrisiko solcher Transplantate ist naturgemäß größer als das von prozessierten Geweben. Solche Knochen können zum Beispiel unter der Verantwortung eines einzelnen Arztes entnommen, eingefroren und verpflanzt werden. Mitunter werden frisch gefrorene Knochen auch aus dem Ausland eingeführt. Wenn bei einem Patienten nach einem Unfall beispielsweise das halbe Becken ersetzt werden muss und somit ein dringender medizinischer Grund vorliegt, kann das entsprechende Transplantat über eine Apotheke aus den USA bestellt werden, sofern kein vergleichbares Material in Deutschland zur Verfügung steht. »Frisch gefrorene Knochen heilen am besten ein«, sagt der Hamburger Mikrobiologe und Knochenbankspezialist Lars Frommelt, »in so einem Fall nimmt man das höhere Infektionsrisiko in Kauf.«[33]

Auch nicht sterile Sehnentransplantate können auf dem Weg über die Apotheke nach Deutschland gelangen. In den USA werden solche Transplantate in großen Mengen hergestellt und vertrieben. Dort gilt eine andere Sicherheitsphilosophie als in Deutschland: Zwar wird großer Wert darauf gelegt, Gewebe steril zu entnehmen und zu prozessieren. Allerdings werden die Transplantate am Ende nicht unbedingt vollständig sterilisiert, sondern oft gewebeschonend bearbeitet, weil sie dann bessere biomechanische Eigenschaften haben. Sehnen werden beispielsweise mehrfach gewaschen und am Ende gering dosiert bestrahlt. Bei diesem Verfahren verringert sich nachweislich die Zahl möglicher Mikroorganismen. Dennoch ist das Restrisiko für eine Infektion höher als bei den umfassend prozessierten, sterilen Transplantaten, die bislang in Deutschland produziert werden (s. Seite 227f.).

Ob die in Deutschland hergestellten sterilen Sehnentransplantate für Patienten eine empfehlenswerte Alternative sind, ist eine

---

33 Interview mit Lars Frommelt am 25. 2. 2008

andere Frage. Sie bieten zwar Sicherheit vor Infektionen, sind aber von eingeschränktem therapeutischem Wert, weil sie verzögert einwachsen und somit schneller ausleiern und reißen als frische Sehnen des Patienten selbst oder eines Spenders. Patienten dürften am besten mit einer Therapie versorgt sein, die ohne Fremdgewebe auskommt – und hierzulande auch als Standardbehandlung gilt (s. Seite 227f.).

Im Ausland produzierte Transplantate gelangen nicht nur in Einzelfällen über die Apotheke nach Deutschland. Gewebeeinrichtungen oder Vertriebsfirmen importieren sie auch in größeren Mengen – ein wenig transparenter Bereich. Zum Beispiel wird auf dem deutschen Markt seit vielen Jahren ein Knochenprodukt aus den USA vertrieben, das hierzulande noch nicht abschließend geprüft wurde. Grafton ist eine demineralisierte Knochensubstanz, die zum Beispiel als Paste angeboten wird. Das Produkt wird zum Beispiel in der Zahnmedizin und in der Wirbelsäulenchirurgie verwandt, um Hohlräume aufzufüllen. Hergestellt wird es von dem US-Unternehmen Osteotech. Unter anderem lässt die europäische Gewebeeinrichtung Bio Implant Services (BIS) Knochen ihrer Spender durch Osteotech zu Grafton verarbeiten. BIS bietet das Produkt über verschiedene Vertriebsfirmen, etwa das Berliner Unternehmen Merete, auch in Deutschland an. Vor knapp zehn Jahren hatte BIS beim seinerzeit zuständigen Bundesinstitut für Arzneimittel und Medizinprodukte die Zulassung als Fertigarzneimittel beantragt. »Nach der Registrierung und ersten Begutachtung bekamen wir eine Duldung und durften Grafton in Verkehr bringen«, sagt Arlinke Bokhorst, die Medizinische Direktorin von BIS, »auf den endgültigen Bescheid haben wir vergeblich gewartet.«[34] Welches Licht wirft dies auf die Kompetenz der Behörde?

Seit September 2005 ist das Paul-Ehrlich-Institut (PEI) der Ansprechpartner[35], und mit dem Gewebegesetz gibt es seit August 2007 eine neue gesetzliche Grundlage. BIS hat für Grafton nunmehr eine Genehmigung als hinreichend bekannte Gewebezube-

---

34 Auskunft Arlinke Bokhorst am 20. 6. 2008
35 Mit Inkrafttreten der 14. Arzneimittelgesetz-Novelle (Auskunft von Klaus Cichutek, stellvertretender Leiter des Paul-Ehrlich-Instituts)

reitung beantragt. Allerdings stapeln sich beim PEI derzeit die Anträge. Über Grafton ist noch immer nicht abschließend beschieden, es kann aber aufgrund einer Übergangsregelung vorerst weiter vertrieben werden. Das sterile Knochenprodukt mag sehr sicher sein – Vertreiber Merete versichert, Grafton habe sich in über 600 000 Transplantationen bewährt – letztgültig geprüft hat dies eine deutsche Behörde nicht.

Welche Qualität haben importierte Hornhäute aus den USA?

Ein anderes Beispiel ist die Augenhornhautbank München, eine gemeinnützige GmbH. Sie importiert jährlich etwa 400 Augenhornhäute aus den USA (s. S. 147). BIS hingegen verzichtet aus Qualitätsgründen grundsätzlich auf Hornhäute aus den Staaten, so die Medizinische Direktorin Bokhorst. Jenseits des Atlantik würden Hornhäute überwiegend nach der sogenannten Kurzzeitkultur prozessiert und bei vier bis zehn Grad Celsius in einem Kühlschrank aufbewahrt. In Europa hingegen sei die sogenannte Warmkultur Standard: Hornhäute werden bei 30 bis 37 Grad in einem Medium aufbewahrt, das die Zellen ernährt und verbessert. Es steigere die Qualität der empfindlichen Hornhäute zudem nicht gerade, wenn sie per Luftfracht von den USA nach Europa verschickt würden und zwölf Stunden unterwegs seien. Fazit von Bokhorst: Solche Hornhäute entsprächen nicht den Ansprüchen der BIS-Kunden in den Niederlanden, Deutschland oder sonst wo in Europa. BIS betrachte die Kurzzeitkultur nicht als Stand der Technik.

Thomas Reinhard, Ärztlicher Direktor der Universitäts-Augenklinik Freiburg, sieht das ähnlich. »Die Kurzzeitkultur ist in Europa einfach out, weil wir mit der Warmkultur bessere Ergebnisse haben.« So komme es nach der Warmkultur-Prozessierung seltener zu einer Endophthalmitis – bei dieser schwerwiegenden Komplikation entzündet sich das Augeninnere, häufig wird der Patient blind oder verliert sogar das gesamte Auge.[36]

---

36 Schriftliche Mitteilung Thomas Reinhard vom 5. 6. 2008

Sind die importierten Augenhornhäute ein Risiko für deutsche Patienten? Andrea Gareiss-Lok, Leiterin der Hornhautbank München, versichert, dass beide Prozessierungsverfahren ihre Vor- und Nachteile hätten. In jedem Fall würden in München alle Hornhäute vor der Verpflanzung sorgfältig kontrolliert: Zunächst würden die Endothelzellen gezählt, die in ausreichender Zahl vorhanden sein müssen, damit die Hornhaut sich nicht trübt. Dann würden die Transplantate wie beim Augenarzt mit einer Spaltlampe auf Narben oder Veränderungen untersucht. Schließlich werde geprüft, ob das Aufbewahrungsmedium steril sei. Es habe nach der Transplantation der importierten Hornhäute nicht einen einzigen Fall von Endophthalmitis gegeben.[37]

Deutsche Kliniken bedienten sich bei Herzklappen im außereuropäischen Ausland: Jahrelang wurden zum Beispiel Transplantate aus Südafrika importiert. Von 1996 bis 2001 bezog die Herzchirurgische Klinik im Klinikum Großhadern nach Mitteilung der Regierung von Oberbayern 73 Herzklappen aus Kapstadt, 2005 weitere zwölf aus Pretoria.[38] Die Sana Herzchirurgische Klinik Stuttgart importierte nach eigenen Angaben 2004 und 2005 insgesamt 88 Herzklappen von Southern Cryoscience[39], einer Gewebebank im südafrikanischen Irene in der Nähe von Pretoria. Das Herzzentrum Bodensee bezog im Zeitraum von 2004 bis 2006 nach Angaben der Staatsanwaltschaft Konstanz 38 Herzklappen[40] von Southern Cryoscience.[41] Welche Gewähr hat ein Patient, dass importierte Herzklappen aus einem Land mit einer so hohen HIV-Infektionsrate wie Südafrika sicher sind? Der Herzchirurg Cornelius Botha ist seit 2004 Chefarzt am Herzzentrum Bodensee und hat auch gute Kontakte zur Sana Herzchirurgischen Klinik Stuttgart, wo er viele Jahre als Oberarzt beziehungsweise Gastchirurg tätig war. Botha gründete

---

37 Schriftliche Mitteilung Andrea Gareiss-Lok vom 29. 4. 2008
38 Schriftliche Mitteilung der Regierung von Oberbayern vom 20. 12. 2006
39 Hintergrundinformation der Sana Herzchirurgischen Klinik Stuttgart vom 13. 7. 2008; die Klinik führte nach Auskunft von Geschäftsführer Michael Osberghaus auch vor 2004 bereits Herzklappen aus Südafrika ein
40 Mitteilung der Staatsanwaltschaft Konstanz vom 30. 7. 2008
41 Schreiben Cornelius Botha vom 1. 5. 2008

1999 mit zwei Kollegen die südafrikanische Gewebebank Southern Allograft, die 2004 vom Medizinprodukte-Hersteller Southern Implants übernommen wurde und seither Southern Cryoscience heißt. Bis heute ist er dort medizinischer und wissenschaftlicher Berater und zuständig für die Qualitätskontrolle.[42]

Botha versichert, dass südafrikanische Herzklappen sogar von besserer Qualität seien als in Europa gespendete Transplantate. Erwachsene Patienten in Europa müssten oft lange warten, bis ihnen eine geeignete Herzklappe guter Qualität angeboten werde. Es komme vor, dass Transplantate zweiter Wahl oder solche von betagten Spendern offeriert würden. In manchen europäischen Herzklappenbanken würden sogar Klappen noch prozessiert, die degenerative Veränderungen oder Ablagerungen an der Aortawand aufwiesen. Wenn einem Patienten eine solche Klappe angeboten werde, sei der Arzt gezwungen, sie zu verwerfen, und der Patient müsse weiter warten. Bei Southern Cryoscience würden solche Herzklappen erst gar nicht bearbeitet, versichert Botha, das Rohmaterial in Südafrika sei einfach besser: »Südafrika hat einen großen, jungen und gesunden Spenderpool verglichen mit der betagten europäischen Gesellschaft.«[43] Worüber Botha nicht spricht: Diese Tatsache verdankt das Land dem Umstand, dass insbesondere junge schwarze Männer in Südafrika häufig Opfer eines Verbrechens werden. Southern Cryoscience arbeite zudem nach anerkannten europäischen und amerikanischen Standards, sagt Botha.

Das mag so sein. Aber reicht es, dass sich einzelne Ärzte ohne Kontrolle einer zuständigen Behörde für die Qualität von importierten Herzklappen verbürgen? Keineswegs, so die Auskunft aus dem Bundesgesundheitsministerium. Seit 2004 benötigen Kliniken, die Herzklappen aus Ländern außerhalb der Europäischen Union zur unmittelbaren Anwendung beim Menschen einführen, eine Importgenehmigung.[44] Dies bestätigen die zuständigen Landesbehörden. »Mit der Novellierung des Arzneimittelgesetzes im Jahre

---

42 Schreiben Cornelius Botha vom 1. 5. 2008
43 Schreiben Cornelius Botha vom 1. 5. 2008
44 Mitteilung des zuständigen Referenten im Bundesgesundheitsministerium vom 17. 6. 2008

2004 verlangt der Gesetzgeber für den Drittlandimport von Arzneimitteln menschlicher Herkunft zur unmittelbaren Anwendung eine Erlaubnis; darunter fallen auch menschliche Herzklappen, die nach der Einfuhr direkt in die importierende Klinik gebracht und dann dort in den Patienten eingesetzt werden«, teilte die Regierung von Oberbayern der Autorin bereits Ende 2006 auf Anfrage mit.[45]

Chef der Herzchirurgischen Klinik Großhadern ist der renommierte Chirurg Bruno Reichart, einst Nachfolger des Transplantationspioniers Christiaan Barnard am Groote-Schuur-Krankenhaus in Kapstadt. Anfang 1990 war Reichart nach Deutschland zurückgekehrt.[46] Seit Beginn der 1990er Jahre leitet der Chirurg Johann Brink die Herzverpflanzungseinheit am Groote-Schuur-Krankenhaus. Brink teilt mit, Reichart habe das »homograft laboratory« (Herzklappenlabor) finanziert. Anschließend habe er, so Brink, Herzklappen zu niedrigen Kosten bezogen.[47] Reichart sagt dazu: »Ich habe meine Tätigkeit in Kapstadt zum 31. 12. 1989 beendet. Ich war danach in keinerlei Aktivitäten in Kapstadt involviert und habe mich weder organisatorisch noch finanziell an dem Aufbau einer Herzklappenbank in Kapstadt beteiligt.« Dass Herzklappen aus Südafrika eingeführt wurden, bestreitet Reichart nicht. Alle importierten Klappen seien jedoch umfangreich getestet gewesen, »teilweise über die in Deutschland bestehenden Normen hinaus.«[48]

Herzklappen waren in Südafrika seinerzeit recht leicht zu bekommen: Wenn Angehörige von Verstorbenen nicht zu erreichen waren, durften die Rechtsmediziner auch ohne deren Zustimmung Gewebe entnehmen. Von dieser rechtlichen Möglichkeit machten Rechtsmediziner großzügig Gebrauch, wie der Fall von Andrew Sikhosonke Sitshetshe zeigt. Der unbewaffnete 17-Jährige wurde 1992 in der Township Guguletu von dem Mitglied einer Gang angeschossen und starb. Obwohl seine Mutter Rosemary Sitshetshe auf der Polizeistation Name, Adresse und Telefonnummer hinter-

45 Mitteilung der Regierung von Oberbayern im November/Dezember 2006
46 http://hch.klinikum.uni-muenchen.de/deutsch/mitarbeiter/lebenslauf_reichart.html
47 Schriftliche Mitteilung Johan Brink vom 1. 2. 2008
48 Schreiben Bruno Reichart vom 25. 7. 2008

ließ, wurden dem Toten ohne Rücksprache und ohne ihre Einwilligung die Augen entnommen, um die Hornhäute zu gewinnen. Rosemary Sitshetshe begann eine Kampagne in ihrer Township Guguletu und brachte den Fall bis vor die südafrikanische Wahrheits- und Versöhnungskommission: »Ich möchte die gefühllose Missachtung der Würde von Andrews Leichnam und möglicherweise anderer schwarzer Körper aufdecken«, sagte sie.[49]

Das Engagement von Rosemary Sitshetshe hatte Konsequenzen. Nach Auskunft von Johan Brink musste die Herzklappenbank am Groote-Schuur-Krankenhaus in den späten 1990er Jahren geschlossen werden. Die Rechtsmediziner hätten Probleme mit der Wahrheits- und Versöhnungskommission in Südafrika gehabt, so Brink. Es sei ihnen nicht länger möglich gewesen, die Gewebebank mit einem üppigen Angebot an Herzen junger Verletzungsopfer zu versorgen.[50] Es seien nur noch ein oder zwei Herzklappen pro Woche an die Klappenbank geliefert worden statt wie früher sieben, acht oder zehn.[51] Reichart teilt mit, die Angaben seien »nicht korrekt bzw. die angeblichen Vorgänge sind mir nicht bekannt«.[52]

»Vorsatz war nicht mit der notwendigen Sicherheit nachweisbar«

Der Import von Herzklappen durch die Herzchirurgische Klinik Großhadern wirft viele Fragen auf. Hat der deutsche Gesetzgeber Patienten hierzulande ausreichend geschützt, wenn Herzklappen aus Südafrika jahrelang importiert werden konnten, ohne dass die einführende Klinik eine Einfuhrgenehmigung beantragen musste? Wie ist es ethisch zu bewerten, wenn Gewebe aus einem Land importiert wird, das seinerzeit offenbar keinen großen Wert darauf legte, dass bei einer Entnahme die Zustimmung des Verstorbenen

---

49 Laurel Baldwin-Ragaven u. a.: An Ambulance of the Wrong Colour. UCT Press/Juta, 1999
50 Schriftliche Mitteilung Johan Brink vom 1. 2. 2006
51 Interview mit Johan Brink im September 2007
52 Schreiben Bruno Reichart vom 25. 7. 2008

zu Lebzeiten oder stellvertretend seiner Angehörigen vorlag? Für die Einfuhr von Herzklappen aus Südafrika im Jahr 2005 hätte das Klinikum Großhadern eine Importgenehmigung beantragen müssen. Da dies nicht geschehen war, informierte die Regierung von Oberbayern die Staatsanwaltschaft München I. Diese leitete aufgrund des Verdachts, dass Verantwortliche der Klinik gegen das Arzneimittelgesetz verstoßen hätten, ein Ermittlungsverfahren ein. Die Staatsanwaltschaft gelangte jedoch zu der Einschätzung, »dass im vorliegenden Fall jedenfalls Vorsatz nicht mit der notwendigen Sicherheit nachweisbar sei«. Das Verfahren wurde eingestellt.[53]

Das baden-württembergische Ministerium für Arbeit und Soziales hat sich mit dem Import von Herzklappen durch die Sana Herzchirurgische Klinik Stuttgart und das Herzzentrum Konstanz Bodensee befasst. Für die Behörde steht wie für die Regierung von Oberbayern fest: »Schon 2004 und 2005 war für den Import von Herzklappen aus Drittländern (d. h. Länder außerhalb der EU bzw. des EWR) zur direkten Übertragung auf Patienten eine Erlaubnis nach § 72 AMG[54] erforderlich.« Die Sana Herzchirurgische Klinik Stuttgart und das Herzzentrum Bodensee hätten diese Erlaubnis allerdings nicht beantragt. Michael Osberghaus, Geschäftsführer der Sana Herzchirurgischen Klinik Stuttgart, erfuhr gar erst im Oktober 2006 durch die Autorin von der Notwendigkeit, eine Importgenehmigung zu beantragen – und konnte es kaum glauben. Osberghaus zog Erkundigungen bei anderen Herzchirurgischen Kliniken ein und teilte anschließend mit, es sei in der Branche nicht bekannt gewesen, dass es einer Importgenehmigung bedürfe, und er wisse von keiner Klinik, die eine beantragt habe. Botha, der Chefarzt des Herzzentrums Bodensee, versichert ebenfalls, er habe von der Notwendigkeit, eine Importgenehmigung zu beantragen, nichts gewusst.[55]

Das Ministerium für Arbeit und Soziales hat die Kliniken mittlerweile über die Rechtslage aufgeklärt. Es sei nicht nötig gewesen,

53 Auskunft der Staatsanwaltschaft München I vom 4. 8. 2008
54 Arzneimittelgesetz
55 Schreiben Cornelius Botha vom 1. 5. 2008

den Import zu untersagen, da sich die Kliniken einsichtig gezeigt und den Import von sich aus beendet hätten. Da der Anfangsverdacht einer Straftat bestand, habe das Ministerium für Arbeit und Soziales die Fälle an die zuständigen Staatsanwaltschaften in Stuttgart und Konstanz weitergeleitet.[56] Die Staatsanwaltschaft Stuttgart teilte der Autorin auf Anfrage mit, das »Ermittlungsverfahren wegen des Verdachtes des Verstoßes gegen das Arzneimittelgesetz gegen Verantwortliche einer Stuttgarter Klinik« sei »wegen Geringfügigkeit« eingestellt worden, auch weil aus medizinischer Sicht keine Bedenken gegen die importierten Herzklappen bestanden hätten und die erforderliche Erlaubnis nachträglich erteilt worden sei.[57] Die Staatsanwaltschaft Konstanz stellte das Ermittlungsverfahren gegen verschiedene Verantwortliche ebenfalls ein, wobei einem Beschuldigten die Zahlung von 1000 Euro auferlegt wurde. Bei der Entscheidung sei berücksichtigt worden, »dass nach Sachlage von einem uneigennützigen Handeln der Beschuldigten auszugehen war und dass im Übrigen bis Mitte der 90er Jahre der Import nicht zugelassener Gewebezubereitungen von den zuständigen Behörden zur Vermeidung von Versorgungsengpässen geduldet wurde«.

Was sagt dies über die Sorgfalt der Behörden bei der Kontrolle von Importen aus? Und was ist davon zu halten, wenn Verantwortliche in Kliniken eine gesetzliche Regelung zwei Jahre lang nicht zur Kenntnis nehmen? Dass der Import aus Südafrika hierzulande überhaupt zum Thema wurde, lag an Berichten in deutschen Printmedien über einen Exportstopp der südafrikanischen Regierung für Herzklappen.[58] Ein Organhandelsskandal in Südafrika hatte für so viel Aufsehen gesorgt, dass auch die Gewebespende mit in den Strudel geriet. Mittlerweile hat sich die Aufregung gelegt. Die Sana Herzchirurgische Klinik Stuttgart und das Herzzentrum Bodensee schließen nicht aus, dass sie erneut Herz-

---

56 Mitteilung des Ministeriums für Arbeit und Soziales vom 12.6.2008
57 Mitteilung Staatsanwaltschaft Stuttgart vom 10.7.2008
58 Marco Wisniewski: Gewebe als Grau-Import, in: *Focus* vom 3.7.2006; Christiane Keck: Import von Herzklappen aus Südafrika gestoppt, in: *Stuttgarter Zeitung* vom 14.7.2006

klappen aus Südafrika beziehen werden. Diesmal sollen die erforderlichen Genehmigungen eingeholt werden.

Eine Unsicherheit liegt über allen Gewebetransplantationen: Infektionen infolge einer Verpflanzung sind extrem schwer nachzuweisen. Oft treten sie mit zeitlicher Verzögerung zur Transplantation auf und werden von Patienten und Ärzten nicht damit in Zusammenhang gebracht. Für den Nachweis müssen sämtliche anderen Ursachen ausgeschlossen werden, was umso schwerer fällt, je länger die Operation zurückliegt. Der Epidemiologe Arjun Srinivasan von den amerikanischen Centers for Disease Control and Prevention wies während der Anhörung der amerikanischen Gesundheitsbehörde FDA auf diese Problematik hin: »Ich denke, wenn wir über Fehlschläge reden, müssen wir uns daran erinnern, dass Fehlschläge stumm sein können. Es gibt mit Sicherheit eine Dunkelziffer bei Infektionen.«[59]

59 http://www.fda.gov/cber/minutes/allog101107t.htm
FDA Public Workshop: Processing of Orthopedic, Cardiovascular, and Skin Allografts vom 11./12. 10. 2007

Leichenteile weltweit: Die Ökonomie des Gewebehandels

Knochen an der Börse: Von Umsätzen, Aktienkursen und Managergehältern

Karl Koschatzky hat einen Musterkoffer vor sich auf dem Tisch, mit Produkten seiner Firma. »Das zum Beispiel ist eine Kniescheibe, die ist bereits prozessiert, und aus der kann man dann so Dübel oder Blöcke machen.« Koschatzky ist Geschäftsführer der Tutogen Medical GmbH. Das ist die deutsche Tochter eines börsennotierten US-Unternehmens, das Weltmarktführer seiner Sparte werden will. »Dann können Sie natürlich langsam anfangen, etwas kompliziertere Teile zu machen. Das hier zum Beispiel, das ist also ein hufeisenförmiges Implantat für die Wirbelsäule, das man von vorne durch den Bauch in die Wirbelsäule reintut.«[1] Das Teilchen fühlt sich glatt an. Andere sehen porös aus. Es gibt auch weißliche Streifen präparierter Muskelhaut, an denen man ziehen kann, ohne dass sie reißen. Koschatzky nimmt ein weiteres Implantat in die Hand, eine Schraube, elfenbeinfarben, wie auch die anderen zurechtgefrästen Partikel aus menschlichem Knochen. Als der Geschäftsführer das Teil in den Koffer zurücklegt, klackert es wie in einer Schraubenkiste.

Aus Leichen gewonnene Dübel oder Schrauben sind allerdings teurer als solche aus Kunststoff oder Metall für den Heimwerkerbedarf. Das zeigt ein Blick auf ein Bestellformular der Tutogen Medical GmbH aus dem Jahr 2007. Ein Block aus Spongiosa-Substanz, dem schwammartigen Knocheninnern, kostet bei acht Millimetern Kantenlänge 275 Euro netto. Ein Spongiosa-Partikel

---

1 Martina Keller: Über Leichen. Von der Gewinnung und Verwertung menschlicher Überreste. WDR/ORF/SR 2007. Erstsendung am 30. 9. 2007 in WDR 5

von zwei bis vier Millimetern Durchmesser kommt auf 329 Euro. Ein Spongiosa-Dübel von zehn Millimetern Durchmesser und 16 bis 20 Millimetern Länge ist mit 481 Euro gelistet.[2] Nur ein Teil der Produkte wird direkt an Arztpraxen oder Kliniken geliefert. Manches wird von Vertriebsfirmen oder über Apotheken verkauft, die ihrerseits daran verdienen. Die Medpex Versandapotheke offeriert im Internet zum Beispiel Tutoplast Fascia lata, so heißen die aus der Muskelhaut des Oberschenkels gefertigten Transplantate der Tutogen Medical GmbH. Ein Streifen von zwei mal 30 Zentimeter Länge kostet 967,18 Euro.[3]

Knochen alter Spender werden zu Paste verarbeitet

Die Leiche ist ein wertvoller Rohstoff. Am wertvollsten ist er in den USA. Der Erlös aller Körperteile, die sich aus einer Leiche gewinnen lassen, summiere sich auf bis zu 220 000 Dollar, schätzte 2003 ein Bericht der Kalifornischen Senatsbehörde für Forschung.[4] In Presseberichten war gar von 250 000 Dollar und mehr die Rede. Allerdings ist Körper nicht gleich Körper. Die amerikanische Gewebebranche unterscheidet zwischen »*Dirk-Nowitzki*«- und *Altenheim-Spendern*. Gemeint ist: Kräftige, gesunde junge Männer wie der deutsche Basketball-Nationalspieler von den Dallas Mavericks bringen mehr ein als betagte Menschen, deren Gewebe schon verbraucht sind. Kommerziell einträglich sind aber auch diese. Ihre Knochen taugen zwar nicht mehr als tragende Transplantate, aber man kann daraus die sogenannte demineralisierte Knochenmatrix herstellen, ein sterilisiertes Füllmaterial, das in verschiedenen Zubereitungsformen angeboten wird. Vielfach

---

2   Alle drei Preise laut Bestellformular Tutogen, Stand 8. 3. 2007
3   http://www.medpex.de/search.do; in der Suchmaske Tutoplast Fascia lata eingegeben, Preis am 3.8.2008
4   Tissue Donations: Issues and Options in Oversight, Regulation and Consent (Bericht der Kalifornischen Senatsbehörde für Forschung, vorbereitet für Senator Jackie Speier April 2003)

werden Grafton-Produkte der Firma Osteotech eingesetzt. Verwertet man die Schäfte sämtlicher Röhrenknochen eines Spenders durchschnittlicher Größe, erhält man etwa einen Liter oder mehr Grafton. Abgefüllt in einer Spritze kostet bereits ein Kubikzentimeter Grafton Plus DBM Paste der Firma Osteotech, vertrieben über Shilog Medical Supply, 231 Dollar.[5] Hochgerechnet macht das bis zu 231 000 Dollar pro Spender.

Grafton wird seit vielen Jahren auch in Deutschland angeboten. Aktuelle Preise teilt auf Anfrage aber weder die Vertriebsfirma Merete in Berlin noch Hersteller Osteotech in den USA mit. In der Vergangenheit offerierte eine Bad Vilbeler Vertriebsfirma namens Biohorizons Grafton DBM (Gel, Putty und Flex); die Firma existiert inzwischen nicht mehr und hat nichts mit dem heutigen Bio Horizons Germany in Kirchzarten zu tun. Laut Bestellliste von BioHorizons in Bad Vilbel kostete ein Kubikzentimeter Grafton DBM Gel 179 Euro.[6]

Wie passt das zum Bild, das in Deutschland von der Gewebespende vermittelt wird? »Ein Organhandel bzw. Kauf und Verkauf von Organen und/oder Geweben ist strengstens verboten und unterliegt strikten Kontrollen«, heißt es zum Beispiel auf der Website der Universitätsklinik Münster in einem Beitrag über »Mythen und Fakten« der Organ- und Gewebespende.[7] Der Internetauftritt der Deutschen Gesellschaft für Gewebetransplantation (DGFG) klingt ähnlich: »Die DGFG begrüßt ausdrücklich die im Gewebegesetz getroffenen Regelungen zum Handelsverbot mit Gewebezubereitungen, wodurch eine Kommerzialisierung ausgeschlossen ist.«[8] Die DGFG spricht nicht von den aus menschlichem Gewebe hergestellten klassischen Arzneimitteln, die selbstverständlich gehandelt werden können. Warum die Augenwischerei? Warum wird nicht offen gesagt, dass die Gewebespende ein Markt ist, auf dem –

---

5   http://shilog.com/Store/Pages/1822.html (Preis vom 3.8. 2008)
6   Bestellliste liegt der Autorin vor; Preise zzgl. ges. MWSt; laut Angabe auf der Bestellliste von 05/2
7   http://www.klinikum.uni-muenster.de/organspende/themenimfokus/mythenundfakten/index.php
8   http://www.gewebenetzwerk.de/content/view/12/26/

neben vielen gemeinnützigen Akteuren – auch profitorientierte Firmen agieren? Fürchtet man den Imageschaden, den die Kommerzialisierung der aus Spendersicht altruistischen Sphäre zufügen könnte?

Der Handel mit Gewebeprodukten ist nichts Neues. Seit 1968 vertrieb die Braun Melsungen AG in Deutschland und international harte Hirnhäute, sogenannte Dura-mater-Transplantate. 1996 stellte das Unternehmen die Produktion ein, nachdem zahlreiche Empfänger der Transplantate sich mit der tödlichen Creutzfeldt-Jakob-Krankheit infiziert hatten (s. Seite 108ff.).

Die Vorgänger der Tutogen Medical GmbH sind ebenfalls schon lange im Geschäft. Es fing an mit der Firma Pfrimmer Viggo GmbH, die aus Rinderdärmen Präparate für die Wundversorgung herstellte. Im Laufe der vergangenen 30 Jahre bildete sich das heutige Unternehmen Tutogen Medical GmbH heraus, ein Spezialist für die Produktion von Transplantaten aus menschlichem und tierischem Rohmaterial. In keimfreien Reinraumlabors fertigen Tutogen-Mitarbeiter computergestützt maßgeschneiderte Transplantate. 500 bis 1000 Leichenspender werden jährlich verarbeitet. Zu Umsätzen will Geschäftsführer Koschatzky nichts sagen, doch das Unternehmen ist offenbar gut im Geschäft. 2006 wurde ein Neubau mit 1200 Quadratmetern Grundfläche eingeweiht. Kosten: mehr als sechs Millionen Euro. 148 Mitarbeiter[9] kümmern sich dort um das Gewebecycling, vorwiegend Mechaniker, Dreher und Näherinnen. Das menschliche Rohmaterial stammt aus verschiedenen europäischen Ländern, insbesondere aus dem Osten. Ihre Produkte liefert die Tutogen Medical GmbH in alle Welt – rund 40 Länder zählen zu den Abnehmern.

Es gibt auch Newcomer in der Branche. Die Firma Cytonet mit Sitz in der baden-württembergischen Kleinstadt Weinheim beispielsweise, eine Ausgründung der Roche Diagnostics GmbH. Dietmar Hopp, Gründer des Software-Weltkonzerns SAP, sichert Kapitalausstattung und Infrastruktur des Unternehmens. Es lief gut für Cytonet in letzter Zeit. 2006 bekam die Firma als einziger Pro-

---

9   Stand 03/2007

duzent in Deutschland die Herstellungserlaubnis für ein Medikament auf der Basis menschlicher Leberzellen. Bald darauf erschloss sich das Unternehmen Zugang zum amerikanischen Markt, indem es eine Kooperation mit Vesta Therapeutics Incorporated in Durham, North Carolina, vereinbarte. Zumindest die Ökonomen hat Cytonet schon überzeugt. Anfang 2007 erhielt die Firma den Innovationspreis der deutschen Wirtschaft in der Kategorie Start-up-Unternehmen, überreicht von Bundeswirtschaftsminister Michael Glos persönlich. Ende 2007 gab es die nächste Auszeichnung: Die Initiative *Deutschland – Land der Ideen* kürte Cytonet zum »Ausgewählten Ort 2007«. Träger der Initiative sind neben der Bundesregierung der Bundesverband der Deutschen Industrie und führende deutsche Unternehmen. Cytonet-Geschäftsführer Wolfgang Rüdinger startete während der Feierstunde in Hannover zum Höhenflug: »Wir wollen von Deutschland aus den europäischen Markt beliefern.«

Gold schürfen auf dem Gewebemarkt?

Das wird wohl noch eine Weile dauern. Cytonet stellt aus nicht-transplantablen Lebern Zellsuspensionen her – isolierte Leberzellen, die einen Teil der Organfunktion ersetzen sollen. Vielleicht wird das Medikament künftig eine Alternative zur Organtransplantation bei akutem Leberversagen. Auch Stoffwechselstörungen von Neugeborenen können behandelt werden. Bis Ende 2007 beschränkten sich die Therapieerfahrungen insgesamt allerdings auf mehrere Heilversuche. 2004 erholte sich eine Frau, die nach einer Knollenblätterpilzvergiftung bereits im Koma lag. Ein hoffnungsvoller Einzelerfolg – den Cytonet gleich als Durchbruch feierte. Auch Säuglinge mit angeborener Störung des Harnstoffzyklus' wurden therapiert. Der kleine Julian[10] bekam 2007 bereits am Tag der Geburt Leberzellen transplantiert. Als es ihm zwei Monate später noch gut ging, informierten die Cytonet-Geschäftsführer Wolfgang Rüdinger und Michael Deissner per Newsletter

---

10 Name geändert

die Presse: »Wir sind sehr froh, dass das Leberzell-Medikament jetzt auch ein Neugeborenes retten konnte.«[11] Das Kind starb noch im selben Jahr an seiner Grunderkrankung, wie der behandelnde Arzt von der Medizinischen Hochschule Hannover auf Anfrage mitteilt.[12] Eine weitere Pressemeldung gab es nicht.

Ob die Leberzellsuspensionen tatsächlich wirksam sind, wird mittlerweile im Rahmen von klinischen Studien untersucht. Im September 2007 genehmigte das Paul-Ehrlich-Institut zunächst die Erprobung der Therapie bei akutem Leberversagen, im April 2008 folgte die Genehmigung für eine Studie bei angeborenen Stoffwechselstörungen. Beide Indikationen betreffen nur relativ kleine Patientengruppen, akutes Leberversagen etwa erleiden jährlich rund 200 Menschen in Deutschland. Die Cytonet-Leberzelltherapie hat deshalb von der europäischen Arzneimittelagentur den Orphan-Drug-Status zugesprochen bekommen, ist also als Behandlungsverfahren von seltenen Leiden anerkannt, und Cytonet kann somit mit einem beschleunigten Zulassungsverfahren rechnen. Falls sich die Leberzelltherapie bewährt, könnte sie allerdings auch eine Option bei anderen Lebererkrankungen werden, etwa alkoholbedingten Leberzirrhosen. Dieser Markt umfasst allein in Deutschland bis zu zehntausend Patienten. »Dann verlieren wir den Orphan-Drug-Status«, prophezeit Michael Manns, Leberspezialist der Medizinischen Hochschule Hannover und wissenschaftlicher Kopf des Projekts. Womöglich werden dann Visionen von Kapitalgeber Hopp wahr: »Der will das SAP-Wunder wiederholen«, glaubt Manns.

Soll auf dem Gewebemarkt Gold geschürft werden? Das frisch aus der Leiche gewonnene menschliche Rohmaterial ist der kommerziellen Sphäre zunächst entzogen. Das Gewebe von Verstorbenen gilt als altruistische Spende, treuhänderisch an Ärzte und Gewebebanken übergeben, um Kranken zu helfen. Allerdings sind der Gewebespender und seine Angehörigen die Einzigen in einer langen Verwertungskette, die nichts verdienen. Zwar darf laut dem

---

11 Cytonet Newsletter vom 4. 4. 2007
12 Mail des behandelnden Arztes vom 28. 5. 2008

Transplantationsgesetz mit Leichengewebe selbst kein Geschäft gemacht werden, doch die damit befassten Institutionen können Partnern ihren Aufwand in Rechnung stellen. So kommen die Preise für etwas in die Welt, das eigentlich keinen Preis hat. Rechtsmedizinische Institute beispielsweise werden für ihren Aufwand entschädigt, wenn sie Gewebe entnehmen. So finanziert die Tutogen Medical GmbH der Frankfurter Rechtsmedizin eine halbe Arztstelle und zahlt zusätzlich pro Gewebeentnahme eine Aufwandsentschädigung von 600 Euro. Die Vereinbarung wurde durch die Ethikkommission der Universitätsklinik geprüft. Die Kollegen aus Hamburg erhalten von ihrem Partner für eine Gewebeentnahme eine Entschädigung in der Größenordnung von 750 bis 1500 Euro, je nach Aufwand. Als Profitcenter finanziert sich das Institut durch seine Dienstleistungen. Die Gewebeentnahme hilft, Stellen zu sichern oder neue zu schaffen, wenn die Spenderzahlen steigen.

Gewinnstreben nicht ausgeschlossen

Ist die Gewebespende kommerzialisiert? Gibt es für Gewebetransplantate einen Markt? Einrichtungen wie die Deutsche Gesellschaft für Gewebetransplantation möchten diesem Eindruck entgegenwirken. Die Spendebereitschaft der Deutschen könnte darunter leiden. Tatsächlich ist die Gewebespende in Deutschland anders als in den USA überwiegend gemeinnützig organisiert. Allerdings ist die gemeinnützige mit der kommerziellen Sphäre eng verwoben. Das zeigt sich vor allem am Beispiel des größten Markts – der Knochen-, Sehnen- und Hautproduktion. Kooperationspartner des Hamburger Instituts für Rechtsmedizin ist das Deutsche Institut für Zell- und Gewebeersatz (DIZG) in Berlin. Neben der kommerziellen Tutogen Medical GmbH und der Charité-Gewebebank ist es bislang eine von drei Einrichtungen in Deutschland, die aus muskuloskeletalen Geweben klassische Arzneimittel herstellen dürfen. Das DIZG ist eine GmbH, allerdings eine gemeinnützige. Für Geschäftsführer Hans-Joachim Mönig ist dies ein wichtiger Punkt. »Es ist ein fundamentaler Unterschied, ob man bei der Verwendung von humanem Gewebe gewinnorientiert ist oder nicht«, sagt der studierte Physiker.

Was aber heißt gemeinnützig? Der Begriff stammt aus dem Steuerrecht. Laut Abgabenordnung sind gemeinnützige Körperschaften wie das DIZG von Steuern ganz oder teilweise befreit. Allerdings dürfen sie Einnahmen nicht eigennützig verwenden, indem sie etwa Geschäftsführern Traumgehälter zahlen oder Gewinne an Gesellschafter ausschütten. Überschüsse müssen wieder ins Unternehmen investiert werden. Gemeinnützigkeit bedeutet nicht, dass keine Gewinne gemacht werden dürfen. Auch Branchen, die überwiegend gemeinnützig organisiert sind, funktionieren zudem nach Marktgesetzen. Bestes Beispiel ist die Blutspende. Das Bundeskartellamt verzeichnete in den vergangenen Jahren gleich vier bedeutsame kartellrechtliche Verfahren. 2005 fusionierte der Deutsche Rote Kreuz Blutspendedienst Baden-Württemberg-Hessen mit den Universitätskliniken Tübingen und Heidelberg. Das Bundeskartellamt ging davon aus, dass die marktbeherrschende Stellung der gemeinnützigen GmbH in Baden-Württemberg durch die Zusammenschlüsse verstärkt werde. Die Behörde stellte das Fusionskontrollverfahren nur deshalb ohne Entscheidung ein, weil die Beteiligten ihre gesellschaftsrechtlichen Verhältnisse veränderten.[13] »Auch im Rahmen der Gemeinnützigkeit gibt es das Bestreben, rentabel zu arbeiten«, sagt die Schweizer Juristin Brigitte Tag, »das Streben nach Gewinn ist nicht übersteigert, aber dass es ausgeschlossen sein muss, kann man nicht sagen.«[14]

---

13 Rupprecht Podszun: Kartellrecht in wettbewerbsfernen Branchen – das Beispiel Blutspendewesen. In: *Zeitschrift für Wettbewerbsrecht* Heft 2, 2008
14 Mitteilung Brigitte Tag vom 20. 6. 2008

Das DIZG agiert auf demselben Markt wie die Tutogen Medical GmbH. Wie diese versorgt das Institut nicht nur deutsche Kliniken mit seinen Produkten, sondern auch solche im Ausland. Zu den DIZG-Kunden zählen beispielsweise Einrichtungen in der Schweiz, Österreich, Italien, Griechenland, Türkei, Saudi-Arabien und Südkorea. Wie die Tutogen Medical GmbH kooperiert das DIZG mit kommerziellen Partnern. Beispielsweise hatte die Curasan AG von Juni 2007 an ein Jahr lang die zahnmedizinischen Produkte des DIZG vertrieben. Der weltweit tätige Medizintechnikkonzern Synthes vermittelt das in der Wirbelsäulenchirurgie eingesetzte Produkt Demineralisierte Knochenmatrix (DBM) pastös. Wie Tutogen expandiert das DIZG. 2007 weihte das Institut an seinem Sitz im Innovationspark Wuhlheide einen Neubau mit einer Gesamtfläche von 468 Quadratmetern ein. Der Bau kann bei Bedarf problemlos aufgestockt werden. Schon die jetzigen Kapazitäten ermöglichen eine Produktionssteigerung von rund 18 000 Transplantaten jährlich auf mehr als 30 000. Damit ist das DIZG einer der großen Hersteller in Europa.

Der Engpass sind allerdings die Rohstoffe – menschliche Leichen. Im Unterschied zur Tutogen Medical GmbH versorgt sich das DIZG nur in sehr geringem Maß mit Sehnen und Knochen aus dem Ausland. Im Inland jedoch konkurrieren beide Unternehmen um denselben Spenderpool: So kooperierte das Hamburger Institut für Rechtsmedizin in der Vergangenheit kurzzeitig auch mal mit der Tutogen Medical GmbH[15] (s. Seite 149). Für die Zukunft schließt Institutsleiter Klaus Püschel Gespräche mit dem Unternehmen nicht aus. Vorerst fiel die Entscheidung zugunsten des DIZG. Was Tutogen angehe, sei man nicht ganz unkritisch, teilte eine Institutsmitarbeiterin mit. »Weil Tutogen ja schon auch mal in der Presse war, insbesondere in Amerika, das war keine gute Presse, sondern eher – ja, da gab's eben schon Fälle, wo von Bestattern Leichen die Knochen entnommen wurden und die dann an

---

15 Klaus Püschel, Anja Tomforde: Praxis der Gewebeexplantation in der Rechtsmedizin, in: *Rechtsmedizin* Heft 6/2003

Tutogen verkauft wurden.«[16] Die erwähnten Vorfälle waren Ende 2005 publik geworden: Seinerzeit war die amerikanische Mutter der Tutogen Medical GmbH in Neunkirchen, das Unternehmen Tutogen Medical Incorporated in Alachua, Florida, in den USA in einen aufsehenerregenden Gewebeskandal verwickelt (s. Seite 94).

Auch das DIZG hat eine Art amerikanische »Mutter«, die Musculoskeletal Transplant Foundation (MTF) in Edison, New Jersey. Die gemeinnützige Stiftung ist die derzeit größte Gewebebank der Welt. Sie hat nach eigenen Angaben insgesamt bereits mehr als 60 000 Spender eingeholt und über drei Millionen Transplantate vertrieben.[17] Formell ist MTF ein Schwesterunternehmen des DIZG, weil nach amerikanischem Recht eine gemeinnützige Einrichtung nicht Eigentümer einer anderen sein kann. Im April 2000 unterzeichnete das DIZG daher ein Merger-Agreement mit der Biocon Incorporated, zu der MTF gehört.[18]

Auch am Beispiel von MTF zeigt sich, wie eng in der Gewebebranche die kommerzielle mit der nicht-kommerziellen Sphäre verknüpft ist. Die gemeinnützige Stiftung war seit ihrer Gründung 1987 durch eine vertragliche Vereinbarung mit Osteotech (OTI) verbunden, heute ein weltweit führender kommerzieller Hersteller von Knochenprodukten mit Sitz in Eatontown, New Jersey. »In den Anfangstagen dieser Vereinbarung übte OTI erhebliche Kontrolle über die Operationen von MTF aus, insbesondere durch eine Anschubfinanzierung, die erforderlich war, um die Stiftung zu starten, und die Form eines Kredits an MTF hatte«, heißt es in einem Fact Sheet von MTF aus dem Jahr 2000, das zu einem kritischen Artikel der Zeitschrift *Orange County Register* erstellt wurde. »Der Kredit wurde im Januar 1990 umgeschuldet und seither abbezahlt, so dass OTI nicht länger Einfluss auf das Budget oder Operationen von MTF hat.«[19]

---

16 Interview im Dezember 2006
17 http://www.mtf.org/who/who.html
18 http://www.dizg.de/start_dizg.htm
19 Im englischen Original des Fact Sheets heißt es: »In the early days of this agreement, OTI exercised considerable control over MTF's operations, primarily through the initial founding needed to start the

In den USA ist es keine Seltenheit, dass kommerzielle Firmen gemeinnützige gründen und umgekehrt. Die gemeinnützigen Gewebenetzwerke, sogenannte Organ Procurement Organisations, holen in den USA die Zustimmung von Angehörigen zur Organ- oder Gewebespende ein und brauchen Abnehmer für ihre Rohstoffe. Mitunter gründen sie die Verarbeitungsfirmen selbst. Die Verarbeitungsfirmen wiederum sind darauf angewiesen, dass Nachschub an Rohstoffen geliefert wird. Vor dem Hintergrund macht es Sinn, dass Osteotech sich bei der Gründung von MTF engagierte.

Diese Art der Aufgabenteilung ist für die Spendebereitschaft förderlich: »Trauernde Familien werden den Körper eines Verstorbenen nicht spenden, wenn sie davon ausgehen, dass er einer Firma eine viertel Million Gewinn einbringt«, sagt der amerikanische Anwalt Don Keenan aus Atlanta, Georgia, ein ausgewiesener Branchenkenner.[20]

Mittlerweile prozessiert MTF längst selber Gewebe, doch die Stiftung ist immer noch vertraglich mit Osteotech verbunden und der größte Kunde des kommerziellen Gewebeprozessors. 2002 schloss MTF mit Osteotech eine Vereinbarung, die noch bis Ende 2008 läuft. Demnach versorgt MTF Osteotech mit zwei Kategorien von Spendergewebe. So liefert es Gewebe von Spendern, die den Alterskriterien von MTF entsprechen, lässt diese von Osteotech prozessieren und vertreibt die Produkte unter seinem eigenen Label. Osteotech bekommt von MTF aber auch die Gewebe betagter Spender, die den Alterskriterien von MTF nicht entsprechen. Diese werden ebenfalls von Osteotech verarbeitet, etwa zu demineralisierter Knochenmatrix, und die Produkte werden unter dem Osteotech-Label vertrieben.

Foundation, which was in the form of a loan to MTF. The loan was restructered in January 1990 and has since been paid off so that OTI has no longer any influence on the budget or operations of MTF.«

20 Mail Don Keenan vom 25.1.2007

Knochen aus Holland werden in den USA verarbeitet

Auch die gemeinnützige europäische Gewebeeinrichtung Bio Implant Services lässt bei Osteotech prozessieren. Das habe historische Gründe, sagt Direktor Theo de By. Vor zehn Jahren habe es in Europa keinen Knochenverarbeiter dieser Qualität gegeben. Deshalb habe man das in den Niederlanden akquirierte Rohmaterial gesammelt, zu Osteotech in die USA geschickt, prozessieren lassen und die fertigen Transplantate zurückerhalten. Dass Osteotech ein kommerzielles Unternehmen ist, war für die gemeinnützige Stiftung kein Hinderungsgrund. »Das ist, als ob wir zum Beispiel ein Taxiunternehmen beauftragen würden. Natürlich ist der Preis recht hoch, weil sie Profite machen, aber bislang war das Kosten-Nutzen-Verhältnis für uns akzeptabel.«[21]

Obwohl gemeinnützig, hat MTF offenbar genug Mittel, um zu expandieren. Anfang 2005 kaufte die Stiftung die Gewebesparte des American Red Cross, eines der großen Gewebenetzwerke in den USA. Im selben Jahr unterbreitete MTF seinem Gründungshelfer Osteotech ein Übernahmeangebot. Den Osteotech-Aktionären wurden 6,25 Dollar pro Aktie offeriert – dieser Preis lag um zwei Drittel über dem durchschnittlichen Kurs der Osteotech-Aktie in den vorangegangenen Monaten.[22] Bei mehr als 17 Millionen ausgegebenen Aktien entspricht das einer Gesamtsumme von über 100 Millionen Dollar. MTF begründet den Vorstoß in einem Schreiben an den Osteotech-Vorstand[23] damit, die Stiftung verspreche sich finanziellen und betrieblichen Nutzen davon, aus den beiden bestehenden Verträgen mit Osteotech[24] auszusteigen. MTF zahle Osteotech beträchtlich mehr Aufwandsentschädigung für die Prozessierung des Spendergewebes als der Stiftung an Kos-

21 Mitteilung Theo de By vom 17.6.2008
22 MTF-Pressemitteilung vom 29.8.2005
23 Schreiben von MTF-Präsident und -Geschäftsführer Bruce Stroever an den Osteotech-Vorstand vom 30.6.2005
24 Ein Vertrag ergab sich aus dem Kauf der Gewebesparte des Amerikanischen Roten Kreuzes; die Vereinbarung sollte Ende 2006 auslaufen, mit möglicher Verlängerung bis Ende 2008

61

ten entstünden, falls sie das Prozessieren direkt übernähme. Zudem erziele MTF für Basisgewebeprodukte durchschnittlich deutlich höhere Erträge als Osteotech. Der Osteotech-Vorstand lehnte das Übernahmeangebot seines größten Kunden ab.

Wohl kaum eine große gemeinnützige Gewebeeinrichtung in den USA funktioniert ohne Zusammenarbeit mit kommerziellen Firmen. MTF kooperiert außer mit Osteotech[25] auch mit der kommerziellen Vertriebsfirma Synthes.[26] Die LifeNet Health Foundation in Virginia nennt Osteotech, LifeCell und Arthrex Tissue Services als Partner[27], AlloSource in Colorado arbeitet mit Wright Medical Technology, Medtronic und IsoTis Orthobiologics zusammen.[28] Für Vertriebspartner sind solche Kooperationen durchaus einträglich. So akquirieren manche Aufträge, lassen diese aber von den Gewebebanken ausführen und dem Endkunden in Rechnung stellen. In diesem Fall erhält der Vertriebspartner einen bestimmten Prozentsatz vom Endkundenpreis als Marketinggebühr, der Anteil kann 40 bis 50 Prozent betragen. Andere Vertriebsunternehmen kaufen die Produkte der Gewebebanken und verkaufen sie selber weiter. Mehrere amerikanische Gewebebanken, etwa das gemeinnützige Netzwerk Tissue Banks International in Maryland, nutzen ein Sterilisationsverfahren, das die börsennotierte Firma Clearant Inc. mit Sitz in Los Angeles, Kalifornien, entwickelt hat. Die Partner des Unternehmens zahlen eine Lizenzgebühr.

Unterscheiden sich kommerzielle und gemeinnützige Einrichtungen durch ihre Preise? Laut de By, dem Direktor von Bio Implant Services, gibt es Unterschiede, die allerdings nicht extrem seien. »Es sind oft nicht 40 Prozent, sondern weniger als 10 Prozent.«[29] Im Fall von Tutogen und dem DIZG sieht das beispielsweise so aus: Ein Spongiosa Würfel mit einem Kubikzentimeter Volumen kostet beim DIZG 82 Euro.[30] Die Tutogen Medical

---

25 Wie erwähnt bis Ende 2008
26 http://www.mtf.org/who/links.html
27 http://www.accesslifenet.org/key_partners.php
28 http://www.allosource.org/main/pageID/126/do/get_page
29 Mitteilung Theo de By vom 16.6.2008
30 Preisliste vom 1.5.2007

GmbH verlangt für ihr Produkt Tutoplast Spongiosa Partikel mit dem gleichen Volumen 158 Euro.[31] Bei Fascia-lata-Transplantaten ist der Preis vergleichbar. Das DIZG hat Fascia lata in der Größe von 40 x 50 Millimeter mit 320 Euro gelistet.[32] Der Preis der kommerziellen Konkurrenz Tutogen Medical GmbH für ein vergleichbares Transplantat liegt bei 274 Euro – hinzu kommt die Mehrwertsteuer.[33] Wie hoch Preise sind, hängt auch davon ab, welchen Punkt der Kommerzialisierungskette man betrachtet: So kostete eine gefrorene Kniesehne[34] von Osteotech im Jahr 2007 laut Preisliste der Vertriebsfirma Shilog Medical Supply 4343 Dollar. Daran haben Osteotech und Shilog vermutlich schon gut verdient.

Amerikanische Krankenhäuser schlagen aber noch mal kräftig auf den Preis auf. So berechnete das San Francisco General Hospital seinen Patienten schon 2004 für eine solche Sehne 11 081 Dollar.[35]

Was Topmanager verdienen

Raj Denhoy, bis 2007 Analyst für Medizinprodukte bei der Investmentbank Piper Jaffray & Co. und mittlerweile bei der Anlagebank Thomas Weisel Partners, betont eher die Gemeinsamkeiten zwischen kommerziellen und gemeinnützigen Unternehmen. Der Unterschied zwischen kommerziellen und gemeinnützigen Firmen liege hauptsächlich in der Steuerstruktur – gemeinnützige sind auch in den USA von bestimmten Steuern befreit. Ansonsten würden die Firmen »sehr ähnlich geführt. Es ist nicht so, als hätten die Leute in diesen Unternehmen kein gutes Auskommen«, sagte er der Nachrichtenagentur Associated Press (AP).[36]

---

31 Bestellformular vom 8.3.2007, Preis zzgl. Mehrwertsteuer
32 Preisliste vom 1. 5. 2007
33 Bestellformular vom 8.3.2007, Preis zzgl. Mehrwertsteuer
34 bone-tendon-bone, whole, Preisliste vom 25. 9. 2007
35 All San Francisco General Hospital Prices
36 http://www.msnbc.msn.com/id/13165909/
    Demand for body parts fuels booming trade, Associated Press, 12. 6. 2006

Laut dem Bericht der Agentur verdienten beispielsweise die sieben Topmanager von MTF im Jahr 2004 zusammen 2,3 Millionen Dollar. Präsident und Geschäftsführer Bruce Stroever kam angeblich auf 542 000 Dollar. MTF, konfrontiert mit dieser Aussage, versichert, diese Zahlen ergäben »ein sehr unkorrektes Bild von MTF«. Die Stiftung sei sich der Tatsache ihrer Gemeinnützigkeit bewusst und beauftrage daher seit einem Jahrzehnt die Wirtschaftsprüfungsgesellschaft PricewaterhouseCoopers (PwC), die Angemessenheit ihrer Managementgehälter zu bewerten. Nach sorgfältiger Prüfung sei PwC zu dem Schluss gekommen, die gesamten Entgelte jedes Vorstandsmitglieds seien den Marktpraktiken angemessen.[37] MTF weist zudem darauf hin, dass im Jahr 2005 das Geschäftsführergehalt einer gemeinnützigen Einrichtung durchschnittlich 3,4 Prozent der Kosten betragen habe, bei Einrichtungen im Gesundheitssektor sogar 4,03 Prozent. Das Geschäftsführergehalt von MTF hingegen habe 2005 bei nur etwa 0,2 Prozent der gesamten Kosten gelegen, und der Prozentsatz sei seit 2003 konstant geblieben.

Allerdings gibt MTF zu, dass die Stiftung in einem kompetitiven Umfeld agiere und routinemäßig um Angestellte von Firmen des kommerziellen Sektors konkurriere. »Wir müssen wettbewerbsgerechte Löhne anbieten, um diese erfahrenen hochkarätigen Kandidaten für uns zu gewinnen.«

Der Unterschied zwischen profitorientierten und gemeinnützigen Institutionen verschwimme in der Praxis häufig, heißt es in einer Veröffentlichung der Weltgesundheitsorganisation über ethische Aspekte der Gewebetransplantation.[38] Mitunter seien gerade kommerzielle Unternehmen in der Lage, in Forschung und

---

37 Mitteilung von MTF-Pressesprecherin Cindy Gordon vom 4.1.2007; im englischen Wortlaut heißt es: After a thorough analysis using total compensation data from both non-profit and for-profit organizations, PwC has concluded, »the total compensation for each of the Executives is reasonable relative to the market practices«.

38 Annette Schulz-Baldes u. a.: International perspectives on the ethics and regulation of human cell and tissue transplantation, in: *Bulletin of the World Health Organization*, Bd. 85, Nr. 12, Dezember 2007

Entwicklung zu investieren und so die Interessen der Patienten voranzubringen. Auch bestimme die institutionelle Struktur nicht immer die Summe der Einkünfte. »Profitorientierte Unternehmen können geringen Profit machen, während gemeinnützige große Überschüsse erwirtschaften.« Interessenkonflikte, so die WHO-Experten, seien allerdings eher zu erwarten, wenn eine Firma kommerziell arbeitet.

Lettische Leichen für Deutschland – Tutogenprodukte für die Welt

Inara Kovalevska ist Lehrerin für Religion, Philosophie und Ethik in Riga, der Hauptstadt Lettlands. Der Schmerz ist ihr anzumerken, wenn sie auf das Drama im Sommer 2002 zu sprechen kommt. Ihr Mann Gunars hat sich damals erhängt. Inara fand Gunars, als sie von der Schule nach Hause kam, ihr damals sechsjähriger Sohn war an ihrer Seite. Sie schrie um Hilfe und versuchte, das Kind aus dem Zimmer zu drängen, um ihm den Anblick des am Strick hängenden Vaters zu ersparen. Doch keiner der Nachbarn kam, Inara war auf sich gestellt. So schnitt sie ihren Mann mit einem Küchenmesser selber vom Seil und fing ihn in ihren Armen auf.

»Ich habe ihn massiert, ich habe ihn geschlagen, ich habe geweint, geschrien, gebetet, ich habe alles getan, um ihn ins Leben zurückzurufen«, erinnert sie sich.[39] Doch weder sie noch der herbeigerufene Notarzt konnten Gunars retten. Der 41-Jährige litt unter Depressionen. Bereits zehn Jahre zuvor hatte er erstmals versucht, sich zu töten.

Wie bei Selbsttötungen üblich, wurde Gunars' Leichnam ins rechtsmedizinische Zentrum von Riga gebracht; durch eine Autopsie sollte ausgeschlossen werden, dass er durch fremde Hand

---

39 Martina Keller: Frische Leichenteile weltweit, in: *Die Zeit* vom 15. 2. 2007, Nr. 08/2007 (Quelle auch der folgenden Zitate von Inara Kovalevska)

ums Leben gekommen war. Inara ging am Tag nach dem Tod ihres Mannes dorthin. Gunars' Mutter hatte sie beauftragt, bei den Rechtsmedizinern zu fragen, ob es möglich sei, ihrem Sohn einen letzten Liebesdienst zu erweisen, ihn nach katholischem Brauch in Lettland zu waschen und festlich einzukleiden. Doch ein Mitarbeiter der Rechtsmedizin lehnte den Wunsch ab, der Anblick des toten Körpers sei der Frau nicht zuzumuten.

Damals ahnte Inara nicht, welche Wahrheit in diesen Worten steckte. Die Familie sah den Verstorbenen erst am Tag des Begräbnisses wieder, vom Bestatter angekleidet und aufgebahrt im offenen Sarg, der tote Körper scheinbar unversehrt.

Etwa ein Jahr später erhielt Inara eine Vorladung der lettischen Sicherheitspolizei. Dort teilte ihr eine Beamtin mit, bei der Leiche ihres Mannes sei Gewebe entnommen worden, vor allem Knochen und Knorpel. Die Polizei ermittele in insgesamt 400 Fällen.

»Das war ein zweiter Schock für mich, der den ersten noch schlimmer gemacht hat«, sagt Inara. »Ich habe mich gefühlt, als wäre ich selbst beraubt worden.« Sie wurde gefragt, ob sie in die Gewebeentnahme eingewilligt habe, aber sie wusste ja nicht einmal davon. Gunars hätte eine Spende abgelehnt, so viel kann sie mit Gewissheit sagen, sie hatte nach einem Fernsehfilm über Organspende mit ihm darüber diskutiert. Und noch etwas erfuhr sie von der Beamtin: Gunars' Knochen seien zur Aufarbeitung an eine Firma in Deutschland geliefert worden.

Inara Kovalevska lebt außerhalb des Stadtzentrums in einem Altbau, der schon bessere Tage gesehen hat. In der winzigen Küche steht ein kleiner Tisch mit Eckbank am Fenster. An der Wand hängen Heiligenbilder. Inara hat einen Topf mit Teewasser aufgesetzt und Toastschnittchen vorbereitet. Auf dem Tisch liegen Unterlagen: ein Fotoalbum der Familie und ein Aktenordner mit Dokumenten zum Fall ihres Mannes. Sie blättert darin und entnimmt die beglaubigte Kopie eines Vertrags, den ihr die lettische Sicherheitspolizei geschickt hat. Der Vertrag stammt vom Januar 1994. Damals begann eine Zusammenarbeit, die neun Jahre andauern sollte.

Von 1994 bis 2003 lieferte das Rechtsmedizinische Zentrum in Riga der fränkischen Firma Tutogen Medical GmbH und ihrer

Vorgängerin Biodynamics International menschliche Rohstoffe, die das Unternehmen für seine Knochenprodukte braucht. Die Leichen wurden vorwiegend in Riga selbst und am Rechtsmedizinischen Zentrum von Rezekne in der Region Lettgallen entbeint, anfangs auch noch in einigen Provinzkrankenhäusern. Auch Sehnen und Knorpel hatte man den Verstorbenen entnommen, meist ohne Wissen und Einverständnis der Angehörigen. Anschließend steckte man Holzstücke in die Leichen und nähte sie wieder zusammen. Die Gewebe wurden tiefgefroren, gesammelt und zweimal jährlich in großen Containern nach Deutschland verschickt. Das alles geschah mit Zustimmung des Ministeriums für Wohlfahrt, des heutigen Gesundheitsministeriums.

Die lettische Öffentlichkeit erfuhr von den Knochenexporten erst im Jahr 2003. Damals bemerkten Angehörige im katholisch geprägten Rezekne während der Leichenfürsorge, dass die Körper ihrer Verstorbenen versehrt waren. Das Entsetzen war groß. Die Polizei schaltete sich ein, die lettischen Medien berichteten ausführlich über den Skandal. Das Gesundheitsministerium sah sich gezwungen, die Knochenlieferungen nach Deutschland zu stoppen. »Der Körper des Verstorbenen ist nach der lettischen Kultur sehr respektiert«, sagt die Medizinjuristin und Anwältin Solvita Olsena, die das Geschehen in den Medien kritisch kommentierte. »Es gibt so viele verschiedene Traditionen, wie jemand begraben wird und auch wie man die Erinnerung an eine Person bewahrt. Man kann sich in Lettland nicht einmal vorstellen, dass dem Körper ohne Erlaubnis etwas entnommen wird. Und die Mehrheit der Letten lehnt es entschieden ab, dass da etwas heimlich getan wird.«[40]

Die Juristin Olsena, die auch ein Medizinstudium abgeschlossen hat, lehrt Recht an der Stradins Universität in Riga. 2003 arbeitete sie in einer lettischen Patientenrechtsorganisation. So fanden betroffene Angehörige den Weg zu ihr, auch Inara Kovalevska. Seit jenem Gespräch bei der Polizei hat die Endvierzigerin keine Ruhe gefunden.

---

40 Martina Keller: Über Leichen. Von der Gewinnung und Verwertung menschlicher Überreste. WDR/ORF/SR 2007. Erstsendung am 30. 9. 2007 in WDR 5

Sie begann eine Psychotherapie, um mit dem Geschehenen fertig zu werden. »Der Gedanke, dass jemand in Deutschland mit den Knochen meines Mannes herumspaziert, ist für mich unerträglich«, sagt sie. Inara Kovalevska will verhindern, dass so etwas wie mit ihrem Mann noch einmal geschieht. »Ein Mensch ist kein Auto, dessen nützliche Teile man ausbauen und anderen Menschen einbauen kann.« Die Lehrerin bat Olsena, die Anwältin, ihre Interessen zu vertreten. Die Verantwortlichen sollten vor Gericht zur Rechenschaft gezogen werden.

Was die Angehörigen empört, ist für die Mitarbeiter des Rechtsmedizinischen Zentrums von Riga Alltagsgeschäft. Das Zentrum, ein schmuckloser zweigeschossiger Flachbau in Hufeisenform, liegt am Rand der Stadt in einem Waldgebiet. Der Weg zur Direktorin führt in diesem Haus über Linoleumflure, vorbei an einer Wand mit großformatigen Schwarz-Weiß-Fotos von Verbrechensopfern und Menschen, die sich selbst getötet haben. In einer meterlangen Vitrine stehen Anschauungsobjekte der Gerichtsmedizin – ein Kindergerippe, eine Herzklappe im Glas, der abgetrennte Kopf einer Frau, die sich vor einen Zug geworfen hatte. Die Direktorin, Velta Volksone, erhebt sich hinter ihrem mächtigen Schreibtisch, den zwei Wimpel schmücken, einer mit der lettischen und einer mit der deutschen Fahne. Sie ist eine Frau um die 70. Seit mehr als vier Jahrzehnten arbeitet sie am Rechtsmedizinischen Zentrum, 1993 wurde sie dessen Direktorin.

Rund 2700 Tote würden im Zentrum jährlich untersucht, erklärt die Direktorin, im gesamten Land seien es 5000. Laut Statistik erleiden mehr als die Hälfte der hier Untersuchten einen gewaltsamen Tod, werden beispielsweise ermordet, töten sich selbst oder kommen durch einen Unfall ums Leben. Bei den übrigen ist die Todesursache ungeklärt. Verstorbene Obdachlose werden ebenso zur Sektion ins Zentrum gebracht wie Menschen, die tot auf der Straße zusammenbrechen. Wenn ein Toter nach den Angaben in seiner Patientenakte als Spender geeignet scheint, werden ihm Augenhornhäute, Knochen und Sehnen entnommen. Später wird durch Bluttests untersucht, ob der Verstorbene an ansteckenden Krankheiten litt, damit keine verseuchten Transplantate verpflanzt werden.

berichten, Grigorijs Vabels. Wenig später steht der Mann im Zimmer der Direktorin, ebenso wortkarg wie seine Vorgesetzte: Welche Art von Gewebe wurde an die deutsche Firma Tutogen geliefert und in welchen Mengen? »In unserem Vertrag steht, dass diese Information vertraulich ist, der Eigentümer der Information ist die deutsche Firma.« Bekam das Rechtsmedizinische Zentrum von Tutogen Geld für die Gewebelieferungen? »Niemand zahlt für Gewebe.« Aber nach den Ermittlungen der Sicherheitspolizei wurde doch Geld auf ein privates Konto überwiesen? »Das stand so im Vertrag.« Und es handelte sich nicht um Bezahlung? »Für die Gewebe wurde nichts bezahlt, das war die Entlohnung für die Arbeit.« Und mit welchen Summen wurde die Arbeit entlohnt? »Das ist ebenfalls eine vertrauliche Information, und das müssen Sie dann die deutsche Firma fragen.«

Olsena, die Anwältin, hätte eigentlich das Recht, neben der Vertragskopie weitere wichtige Dokumente zu einem von ihr betreuten Fall einzusehen. Doch weder sie noch ihre Klientin Inara noch eine weitere Klientin hatten diese Möglichkeit: »Es wird immer noch wie ein großes Geheimnis behandelt. Da sind viele offene Fragen.« So weiß Inara Kovalevska nicht einmal, welche Gewebe im einzelnen bei ihrem Mann entnommen wurden.

Fest steht eines: Als einer der ersten Staaten der ehemaligen Sowjetunion hatte Lettland ein »Gesetz über den Schutz des verstorbenen Körpers und die Verwendung von Organen und Geweben in der Medizin« beschlossen. Es sah eine Art Widerspruchslösung vor: Um die Gewebeentnahme zu verhindern, müssen der Verstorbene zu Lebzeiten oder stellvertretend seine Angehörigen ihr widersprechen. Schweigen wird als Zustimmung gedeutet. Eine Variante dieses Modells forderte 2007 der Nationale Ethikrat auch für Deutschland.

Das lettische Gesetz schrieb nicht vor, dass die zuständigen Stellen die Angehörigen über die Gewebeentnahme informieren mussten. »Ich kann aber nur widersprechen, wenn ich von der geplanten Gewebeentnahme erfahre und auch meine Rechte kenne«, kommentiert dies die Züricher Juristin Brigitte Tag, bekannt durch ihr Buch zu den *Körperwelten* des Gunther von Hagens und spezialisiert auf Fragen des Umgangs mit dem toten Körper. Das Wi-

70

derspruchsrecht der lettischen Angehörigen existierte somit nur auf dem Papier. »Die meisten Menschen auf dem Land wissen ja nicht mal, dass es die Gewebespende gibt«, sagt Olsena.

Trotz der Ungereimtheiten stellte die lettische Sicherheitspolizei ihre Ermittlungen Ende 2005 ein. Inara Kovalevska mochte sich damit nicht abfinden und legte wie andere Angehörige Widerspruch ein. Zudem ließ sie eine englische Übersetzung des Ermittlungsberichts der lettischen Sicherheitspolizei anfertigen. Die Kosten teilte sie sich mit einer anderen Betroffenen, deren 22-jährige Tochter nach ihrem Tod ebenfalls entbeint wurde. Die beiden Frauen schickten die Übersetzung nach Deutschland und erstatteten Anzeige gegen Unbekannt wegen Verstoßes gegen das Transplantationsgesetz. Ende 2006 erhielten sie Antwort. Die Staatsanwaltschaft Bamberg teilte mit Schreiben vom 7. 12. 2006 mit, von der Einleitung eines Ermittlungsverfahrens sei abzusehen. Nach dem Bericht der lettischen Sicherheitspolizei hätten sich keine hinreichenden Anhaltspunkte ergeben, den verantwortlichen Personen der Firma Tutogen Medical GmbH könne ein strafbares Verhalten nicht zur Last gelegt werden. Dem Zentrum für Rechtsmedizin in Riga sei kein gewerbsmäßiger Handel vorzuwerfen.

Die lettische Regierung zog aus dem Skandal im Wesentlichen eine Konsequenz: Sie änderte das Gesetz zur Gewebeentnahme. Heute haben Angehörige nicht mal mehr theoretisch die Möglichkeit, eine Explantation zu verhindern. Nur jeder Lette selbst kann zu Lebzeiten seine Haltung zur Gewebespende beim Amt für Staatsangehörigkeit und Migration dokumentieren. Lediglich 300 von 2,3 Millionen lettischen Bürgern machten bis Anfang 2006 von dieser Möglichkeit Gebrauch. Etwa 50 stimmten der Gewebeentnahme zu, 250 lehnten sie ab. Bei allen übrigen lettischen Bürgern wird das Einverständnis mit der Entnahme auch ohne Willensäußerung vorausgesetzt.

Die Firma Tutogen Medical GmbH in Neunkirchen bezieht seit 2003 kein Gewebe mehr aus Lettland. Rund die Hälfte ihres Rohmaterials führte sie seither aus anderen osteuropäischen Ländern ein, etwa aus Tschechien und der Ukraine. In Deutschland bekommt sie Gewebe unter anderem vom Rechtsmedizinischen Institut der Universitätsklinik Frankfurt. Auf die Vorfälle in Lett-

land angesprochen, wird Geschäftsführer Karl Koschatzky wortkarg. Der Kontakt mit dem Zentrum in Riga sei seinerzeit während eines rechtsmedizinischen Kongresses geknüpft worden.
Dem Zentrum seien für seine Dienstleistung Aufwändungen er-
stattet worden. Wenn sich der lettische Gesetzgeber entschließe,
eine Widerspruchslösung einzuführen, so sei das sein gutes Recht.
Als die Sprache auf die Angehörigen und ihre Rechte kommen soll,
bricht Koschatzky das Gespräch über den Fall ab: »Ich bin kein
Ethikspezialist. Punkt, aus.«[43]

Ökonomen in der Offensive:
Der tote Körper als Handelsware

Peter Oberender hat ein Thema, das er nicht leid wird. Seine Studenten stöhnen mitunter. »Oberenders ständige Äußerungen (…)
zum Organhandel (…) kann man nicht mehr hören«, lautet ein
Kommentar auf der online-Plattform *MeinProf.de*, wo Studenten
ihre Dozenten bewerten. Oberender ist Ökonom und hält auch als
Emeritus noch Seminare und Vorlesungen an der Universität Bayreuth. Seit den 1990er Jahren beschäftigt ihn der chronische Organmangel. Oberender sieht den Engpass vor allem als ökonomisches Problem – und favorisiert eine ökonomische Lösung: eine
Art E-Bay für Organe, mit weltweit im Internet tätigen Akquisi-
teuren und Vermittlern. Wie überall regele auch hier die Nachfrage den Preis. Dumpingpreise, gleichbedeutend mit Ausbeutung
von Organspendern, seien nicht zu erwarten, da über den Preis
auch Vorsorge und Versicherung abgedeckt sein müssten, sagte
Oberender 2004 der Zeitschrift *Focus-Money*.[44]

---

43 Martina Keller: Über Leichen. Von der Gewinnung und Verwertung
     menschlicher Überreste, a. a. O.
44 »Eine ethische Lösung«. Interview mit Peter Oberender in *Focus-Money*
     Nr. 21 (2004)

Seit dem Juni 2008 engagiert sich Oberender auch für die Gewebespende: Er wurde für vier Jahre in den wissenschaftlichen Beirat der gemeinnützigen Deutschen Gesellschaft für Gewebetransplantation (DGFG) berufen. Als einer von sieben Experten soll er helfen, die Gewebespende in Deutschland auszubauen und Lösungen für aktuelle Probleme der Gewebemedizin zu finden. Man wolle ethische und rechtliche Fragen mit den Beiratsmitgliedern diskutieren, sagte Wolfgang Fleig, Medizinischer Vorstand der Universitätsklinik Leipzig, bei der konstituierenden Beiratssitzung. Das Klinikum ist einer von bislang drei Gesellschaftern der DGFG.[45] Ferner gelte es, »Modelle der Finanzierung der Gewebespende weiterzuentwickeln«, so sein Kollege Detlev Albrecht.

Zur Ökonomie der Gewebespende vertritt Oberender ähnlich dezidierte Positionen wie bei der Organspende. Der Körper sei Eigentum des Menschen, sagt er. Folglich müsse man über ihn verfügen können wie über andere Dinge auch. Zum Beispiel solle man nach dem Tod das Gewebe des Verstorbenen »behandeln wie eine Ware«. Zwar habe der Verstorbene selbst nichts mehr davon, aber womöglich seine Angehörigen. »Wie ich eine Immobilie vererben kann, kann ich auch meinen Körper vererben.« Ob die Angehörigen dieses Erbe ausschlagen oder für sich nutzen, solle ihnen überlassen bleiben: »Die einen werden vielleicht sagen, jetzt verkaufen wir die Leiche pauschal, die anderen werden sagen, wir verkaufen nur die Augen.« Die gegenwärtige Praxis, die Gewebespende nicht zu entgelten, hält Oberender für verlogen: »Dem Bürger sage ich: Tu was Gutes, und ich selber handle mit den Knochen.«

Mit solchen Thesen steht Oberender nicht allein. Er gehört zu einer Strömung, die in der Gesundheitsökonomie zunehmend populärer wird. Noch sind der vollständigen Kommerzialisierung des menschlichen Körpers und der Leiche gesetzliche Grenzen gesetzt, doch namhafte Wirtschaftsexperten plädieren dafür, diese radikal zu beseitigen. Es sind Hochschullehrer, die ökonomisches Denken konsequent auf alle Lebensbereiche und so auch den menschlichen Körper anwenden. Das liegt im Trend. Zwar wer-

---

45 Stand Juli 2008

den Modelle zur Kommerzialisierung von Organspenden in der Fachwelt bereits seit einem Vierteljahrhundert debattiert, doch erst seit wenigen Jahren wird die Diskussion »lauter und öffentlicher«, sagt die Hamburger Politologin Ingrid Schneider, die seit mehr als 20 Jahren zur Problematik der Verwertung von Körpermaterialien arbeitet.

»Meine Nieren sind unverkäuflich«

Peter Oberender, Jahrgang 1941, versteht es, sich Gehör zu verschaffen. Er war bis 2007 Inhaber eines Lehrstuhls für Volkswirtschaftslehre an der Universität Bayreuth und leitet bis heute die Forschungsstelle für Sozialrecht und Gesundheitsökonomie. Oberender steht der Lobbyorganisation Initiative Neue Soziale Marktwirtschaft nahe, die den Bundesbürgern mit PR-Methoden wirtschaftsliberale Reformpolitik nahebringen will. Oberender fordert die Umorientierung zu »einer marktwirtschaftlichen Gesundheitspolitik« und plädiert für eine grundlegend andere Finanzierung der Gesetzlichen Krankenversicherung. Gesundheitsausgaben sollen nicht mehr über Generationen hinweg nach dem Solidarprinzip bestritten werden – Junge unterstützen Alte, Gesunde unterstützen Kranke –, sondern nach dem Prinzip individueller Risiken wie in der Privaten Krankenversicherung. Er schrieb Gutachten für das Bundesgesundheitsministerium und war Mitglied des Wissenschaftsrats. Als Leiter des Ausschusses Public Private Partnership befasste er sich dort unter anderem mit der Privatisierung von Universitäten.

Ein weiteres Standbein von Oberender ist die Unternehmensberatung Oberender & Partner, die insbesondere Kliniken berät. Sie nennt als Referenzkunden auch viele Pharmakonzerne, bei denen Oberender ein gern gesehener Vortragsgast ist. Auf der Liste taucht zum Beispiel Novartis Pharma auf, Produzent von Ciclosporin, dem am häufigsten verordneten Immunsuppressivum der Transplantationsmedizin. Das Medikament unterdrückt bei transplantierten Patienten die Abwehrreaktion des körpereigenen Immunsystems und verhindert so die Abstoßung des Organs. Hat der

Kontakt zu Novartis Oberenders Beschäftigung mit dem Thema Organmangel befördert? Leistet er gar Lobbyarbeit im Interesse des Konzerns? Oberender versichert, er wisse nicht einmal, dass Novartis ein Medikament für die Transplantationsmedizin herstelle. Im Übrigen trenne er strikt zwischen seiner Tätigkeit in Lehre und Unternehmensberatung. Seit jeher interessiere er sich jedoch für Themen im Grenzbereich zwischen Ökonomie und Ethik.

Seine Vorschläge zum regulierten Organhandel seien zwar nicht das ethische Optimum, jedoch eine deutliche Verbesserung gegenüber dem Status quo, dem unregulierten Organhandel zu Dumpingpreisen. Es werde eine Win-Win-Situation geschaffen. Zum einen verhindere man, dass Tausende von Menschen in Deutschland jährlich stürben, weil kein geeignetes Spenderorgan zur Verfügung stehe. Zum anderen gebe man finanziell schlechter gestellten Menschen die Chance, ihre wirtschaftliche und gesundheitliche Lage zu verbessern. Dass Organverkäufer ausgebeutet werden, fürchtet Oberender nicht. »Wenn Sie offiziell einen Markt zulassen, würde der Preis für ein Organ auf 40 000 bis 50 000 Euro steigen, das wäre wie an einer Börse.« Klare Grenzen zieht er allerdings bei der eigenen Person: Wie viel Geld müsste man ihm für eine seiner eigenen Nieren bieten, fragte *Focus-Money*. Antwort von Oberender: »Meine Nieren sind gegenwärtig unverkäuflich. Das Risiko ist mir zu hoch.«

Ähnlich entschieden wie Oberender tritt Hartmut Kliemt für die Kommerzialisierung des toten Körpers ein. Kliemt ist Professor für Philosophie und Ökonomik an der Frankfurt School of Finance & Management. Neben seiner Forschung baut er dort den Bachelor of Management, Philosophy & Economics mit auf. Der Philosoph, der ein weiteres Studium als Diplom-Kaufmann abschloss, hatte schon immer eine Vorliebe für umstrittene Themen. Ende der 1980er Jahre provozierte er heftige Proteste, als er in einem Proseminar das Buch »Praktische Ethik« von Peter Singer besprechen wollte – der australische Bioethiker vertritt die Auffassung, unter bestimmten Umständen sei die Tötung eines schwerstbehinderten Säuglings erlaubt. Aufgrund anhaltender Kritik musste Kliemt das Proseminar im Januar 1990 abbrechen.

Bereits seit Jahren streitet Kliemt für eine regulierte Entlohnung der Organspende. 2007 nahm er sich die Gewebespende vor und veröffentlichte im Jahrbuch für Recht und Ethik ein »Plädoyer für eine beschränkte Entgeltlichkeit der Gewebe- und Organspende«.[46] Ausgangspunkt seiner Argumentation ist das Recht auf Selbstbestimmung. Gewebe oder Organe gegen Geld abzugeben gefährde nicht etwa die Freiheit und Autonomie eines Menschen, sondern könne sie sogar stärken. Es sei »Dünkel«, wenn Bürger in geordneten Mittelklasseverhältnissen »eine rationale Interessenwahrung weniger wohlsituierter Schichten für ausgeschlossen halten«. Der Verkauf beinhalte Freiwilligkeit gerade dann, wenn der Preis frei ausgehandelt werden dürfe. Selbst wenn man sich entsprechende Akte nicht für sich selbst vorstellen könne, bleibe es »eine Anmaßung, sie deshalb auch anderen nicht zu erlauben«.

Laut Kliemt sollte jeder Mensch verfügen dürfen, dass für eine Gewebespende bestimmte Geldbeträge an die Erben oder eine wohltätige Institution gezahlt werden. Allerdings will er nicht so weit gehen, dass Preise »auf einer Art von Organ- bzw. Gewebeterminbörse für ›menschliche Leichenteile‹ ausgehandelt werden«. Stattdessen kann er sich »eine regulierte Ankaufprozedur mit staatlich festgelegten Anerkennungszahlungen vorstellen«. Den Begriff »Handel« verwendet Kliemt in seinem Text sparsam, er spricht lieber von Entgelt, Aufwandsentschädigung oder Anerkennungsprämien. Das zeigt, wie heikel die Materie ist. Seit jeher sind Euphemismen wie »belohntes Geschenk« oder »bezahlte Spende« im Umlauf, wenn es um die Bezahlung für Organe oder Gewebe geht.

Indirekte Bezahlung könnte in der Öffentlichkeit eher akzeptabel sein. Auch Kliemt erwähnt die »Übernahme von Beerdigungskosten« als Möglichkeit, Angehörigen von potentiellen Gewebespendern einen Anreiz zu bieten. Solche Vorschläge sind

---

46 Hartmut Kliemt: Plädoyer für eine beschränkte Entgeltlichkeit der Gewebe- und Organspende, in: B. Sharon Byrd u. a. (Hg.): *Jahrbuch für Recht und Ethik*, Bd. 15 (2007) Duncker & Humblot

nicht neu. Allerdings scheiterten in den USA bereits mehrere Gesetzesinitiativen, sie politisch umzusetzen. Eine Ausnahme ist ein Pilotprojekt im US-Staat Pennsylvania. Dort hatte man Mitte der 1990er Jahre im Gedenken an den Exgouverneur und mehrfachen Organempfänger Robert Casey einen Finanzfonds eingerichtet, aus dem Begräbniszuschüsse gezahlt werden. Familienangehörige von Organspendern bekommen als Kompensation maximal 300 Dollar für »Hotelkosten und Mahlzeiten«. Die Spenderzahlen stiegen allerdings nicht in dem Maß, dass die Nachfrage nach Organen gedeckt werden konnte.

Eine andere Idee propagierte bereits 1989 der Ökonom und Rechtsprofessor Henry Hansmann von der Universität Yale. Er schlug vor, Trägern eines Organspendeausweises zu Lebzeiten Rabatte bei der Krankenversicherung zu gewähren. Hansmann ging von beispielsweise 40 Dollar Prämie im Jahr aus – nicht gerade eine überwältigende Summe. Jungen Motorradfahrern – gute Konstitution, hohe Unfallrate – gesteht er allerdings höhere Rabatte zu. Hingegen könnten Alte von den vergünstigten Tarifen gänzlich ausgeschlossen werden, weil ihre Organe nicht mehr viel taugten. Die Versicherungen hätten im Todesfall alle Rechte an den Organen und könnten sie als eine Art Zwischenhändler weiterverkaufen. Wenn Angehörige sich posthum der Entnahme widersetzten, sei das allerdings ein unangenehmes Problem. Hansmann weiß aber auch für diesen Fall Lösungen: Die Angehörigen sollten zum Beispiel die Rabatte mit Zinsen zurückzahlen oder der Versicherung den Wert des verweigerten Organs erstatten.[47]

In Deutschland sind solche rabiaten Vorschläge inakzeptabel. Kliemt appelliert stattdessen an den Gerechtigkeitssinn seiner Leser. Würde man Anerkennungszahlungen erlauben, hätte man keine Probleme damit, auf nachgelagerten Ebenen eine Kommerzialisierung zuzulassen, denn dann würden nicht nur Unternehmen, sondern auch die potentiellen Spender oder deren Erben etwas verdienen. »Die Fairness ist gewahrt, und die Kohärenz des Systems gesichert.« Dass an menschlichen Körperteilen generell nicht ver-

---

47 Henry Hansmann: The Economics and Ethics of Markets for Human Organs, in: *Journal of Health Policy, Politics and Law* 14 (1989)

dient werden dürfe, sei »eine abwegige Vorstellung«. Wer Kommerzialisierung in diesem Bereich rundweg ablehne, nehme in Kauf, dass die medizinisch-technischen Möglichkeiten nicht voll für das Wohl der Menschen genutzt würden. »Denn nichts induziert medizinischen Fortschritt so zuverlässig wie die Aussicht auf Gewinn.«

Unangenehmer Beigeschmack

Dritter im Bund der Gewebemarkt-Apologeten ist Friedrich Breyer, Professor für Wirtschafts- und Sozialpolitik an der Universität Konstanz. Einer weiteren Öffentlichkeit wurde er durch provokante Thesen zur Rationierung im Gesundheitswesen bekannt. In einer Sendung von *Report Mainz* schlug er 2003 beispielsweise eine Altersgrenze für bestimmte Leistungen der gesetzlichen Krankenversicherung vor, um das System als Ganzes finanzierbar zu halten.[48] Ab dem 75. Lebensjahr sollten nur noch schmerzlindernde Behandlungen bezahlt werden: »Leistungen, die teuer sind und in erster Linie dazu dienen, das Leben zu verlängern, werden nicht mehr finanziert.« Alter sei ein Kriterium der Rationierung, das niemanden diskriminiere, da jeder gleich lang in den Genuss teurer medizinischer Leistungen komme. Würde man die Altersgrenzen rechtzeitig im Voraus bekannt geben, bliebe jedem zudem genügend Zeit für Eigenvorsorge, falls er Wert darauf lege, umfassend behandelt zu werden. Die Tageszeitung *Freitag* fasste Breyers Position seinerzeit so zusammen: »Wer mit 75 reich ist, darf bleiben, wer arm ist, soll schneller sterben.«[49]

Breyer ist keineswegs ein Außenseiter seiner Zunft, sondern Mitglied im Wissenschaftlichen Beirat des Bundeswirtschaftsministeriums, zu dessen Gründungsmitgliedern so angesehene Hochschullehrer wie Oswald von Nell-Breuning oder Karl Schiller zählten. Breyer sieht bei der Gewebespende eine andere Ausgangslage als bei der Organspende, weil bereits heute mit Körper-

---

48 Thomas Reutter: Keine Medizin für Alte? – Provokante Vorschläge zur Gesundheitsreform, in: Report Mainz vom 2. 6. 2003
49 Otto Köhler: Mit 75 ist Schluss, in: *Freitag* vom 20. 6. 2003

teilen gehandelt werde. »An der Gewebeverarbeitung verdienen viele Menschen. Der Gewebespender ist der Einzige, für den das Gewinnverbot gilt.« Das sei heuchlerisch. Zumal sogar eine Art Entschädigung gewährt werde, wenn eine Person ihre Leiche für die Anatomie spende – in solchen Fällen würden zum Beispiel mitunter Beisetzungskosten übernommen. »Warum zahlt man bei der Ausbildung von Medizinern, aber nicht bei der Herstellung von Arzneimitteln? Was ist das höherrangige Ziel?«

So wie bei der Körperspende für die Anatomie könnten auch für die Bereitschaft, Gewebe zu spenden, die Begräbniskosten übernommen werden – den gleichen Vorschlag hatte auch Kliemt in Erwägung gezogen. Direkte Geldzahlungen an die Hinterbliebenen hält Breyer hingegen nicht für opportun. »Das ist genauso, als wenn Sie zu einem Geburtstag gehen und dem Geburtstagskind statt eines Buchs einen 20-Euro-Schein in die Hand drücken. Der wird sagen, das ist komisch.« Hingegen werde es in der Gesellschaft viel eher akzeptiert, die Kosten für den Akt des Gedenkens zu übernehmen.

Kritiker wenden ein, die äußerst schwierige Situation der Angehörigen werde durch solch ein Angebot weiter belastet, der Entscheidungsdruck nehme zu. Ergebnis könne ein sogenannter tainted consent sein – die Zustimmung zur Gewebespende bekomme einen unangenehmen Beigeschmack. Zum Beispiel weist der Medizinethiker Thomas Murray darauf hin, dass Bezahlung die Gefühle von Angehörigen gegenüber dem Verstorbenen verändere: »Die Beziehung verwandelt sich von einer intimen sozialen und moralischen Verbundenheit zu etwas, wie es der Eigentümer eines alten Autos empfindet, wenn er sein Vehikel auf dem Schrottplatz ausschlachten lässt.«[50] (s. Interview Seite 221ff.)

Breyer empfindet das offenbar durchaus ähnlich, zieht aber andere Konsequenzen daraus. Allein der Gedanke, dass mit sterblichen Überresten etwas passiere, sei etwas Unangenehmes für Angehörige: »Man könnte die Gewebeentnahme in die Nähe der

---

50 Thomas Murray: Organ Vendors, Families and the Gift of Life, in: S. Youngner, R. Fox, L. O'Connell (Hg.): Organ Transplantation. Meanings and Realities. University of Wisconsin Press 1996

Störung der Totenruhe rücken.« Gerade deshalb sei aber der Zuschuss zu den Begräbniskosten gerechtfertigt, da die Hinterbliebenen eine erhebliche Belastung auf sich nähmen.

An anderer Stelle spricht Breyer sich für eine weitergehende Reform aus. Er ist Mitautor einer Studie der Europäischen Akademie in Bad Neuenahr-Ahrweiler, an der auch Hartmut Kliemt mitgewirkt hat. Der Titel lautet »Organmangel. Ist der Tod auf der Warteliste unvermeidbar?«.[51] Das vom Bundesforschungsministerium geförderte Werk rührt gleich an mehrere Tabus (s. Seite 217). Zum Beispiel plädieren die Autoren für einen staatlich regulierten Organhandel. Das öffentliche Gesundheitssystem soll nach ihren Vorstellungen als Monopolist fungieren, der Organe zu festgesetzten Preisen ankaufen darf. Zwar wissen die Autoren, dass eine solche Lösung in Konflikt mit völkerrechtlichen Verpflichtungen gerät, die Organhandel verbieten. In ihrem Engagement für die Kommerzialisierung gehen sie jedoch so weit, zu empfehlen, Deutschland solle bei internationalen Konventionen, denen es noch nicht beigetreten sei, auf eine Neuverhandlung hinarbeiten. Die Anspielung zielt auf das noch nicht ratifizierte Menschenrechtsübereinkommen zur Biomedizin, das in Artikel 21 verbietet, mit dem menschlichen Körper oder Teilen davon Gewinn zu erzielen.

Sämtliche Vorschläge zur Kommerzialisierung sind politisch derzeit nicht durchsetzbar. Aber was bedeutet es, dass ein regulierter Organ- und Gewebehandel zunehmend gefordert wird? Die Politologin Schneider, von 2000 bis 2002 Mitglied der Enquete-Kommission Recht und Ethik der modernen Medizin, wertet dies als »Symptom einer Wachstumskrise der Organtransplantation«.[52] Damit ist gemeint: Auch wenn die Zahl der Organspenden zunimmt, werden leere Wartelisten immer eine Illusion bleiben. Organmangel ist ein strukturelles Problem. Je erfolgreicher die Transplantation, umso größer der Personenkreis, dem ge-

---

51 Friedrich Breyer u. a.: Organmangel. Ist der Tod auf der Warteliste unvermeidbar? Springer Verlag 2006
52 Ingrid Schneider: Die Nicht-Kommerzialisierung des Organtransfers als Gebot einer Global Public Policy, in: Jochen Taupitz (Hg.): Die Kommerzialisierung des menschlichen Körpers, Springer Verlag 2007

holfen werden soll. Der Internist Linus Geisler, Mitglied zweier Enquete-Kommissionen, drückt es so aus: »Über der Transplantationsmedizin liegt das Odium der Systemtragik. Was immer sie verspricht, kann sie nicht umfassend halten.« Solange der Mensch sterblich sei, werde es immer ein endgültig versagendes Organ geben, dessen Ersatz nicht mehr möglich ist.[53]

Grenzen der Kommerzialisierung: »Der Schatten der Person ist größer als ihr Körper«

Wolfgang Eisenmenger ist Vizepräsident der Deutschen Gesellschaft für Rechtsmedizin. Seit 1970 lehrt und forscht er an der Universität München. An seinem Institut seziert er Leichen und entnimmt auch Gewebe für Transplantationen. Eisenmenger tut es aus Überzeugung: »Zum einen erleben wir Rechtsmediziner täglich, wie die Natur mit dem menschlichen Leichnam umgeht, wie der Leib unförmig wird, wie er sich schwarz-grün verfärbt, wie die Gewebe und Zellen kaputt gehen. Zum anderen sehen wir die positiven Seiten der Transplantation, zum Beispiel, dass ein Blinder wieder sehen kann.« Allerdings entnimmt Eisenmenger an seinem Institut nur Augenhornhäute und Herzklappen. Knochen und Sehnen gewinnt er nicht. Warum nicht? »Ich kann es Ihnen gar nicht logisch begründen«, sagt der 64-Jährige, »es ist eine gewisse Hemmschwelle, dass man sagt, man sieht den Toten sonst nur noch als Ersatzteillager.«[54]

Den meisten Menschen geht es wie Eisenmenger. Sie haben ein ungutes Gefühl dabei, wenn ein toter menschlicher Körper verwertet und womöglich wie eine Sache kommerzialisiert wird. Solche intuitiven Empfindungen sind keineswegs irrational und un-

---

53 Linus Geisler: Organlebendspende – Routine – Tabubrüche – Systemtragik, in: *Universitas*, 59. Jahrgang, Dezember 2004, Nr. 702
54 Interview mit Wolfgang Eisenmenger am 1. 3. 2007

aufgeklärt. Auch den Besuch am Grab eines Angehörigen würde man ja nicht irrational nennen. »Alle Empfindungen haben einen kulturhistorischen Kontext«, sagt der Philosoph Matthias Kettner von der Universität Witten/Herdecke. Den Menschen auf biologisches Material zu reduzieren ist laut Kettner eine neuzeitliche Denkweise. Den Ursprung sieht er bei Charles Darwin: »Wenn wir uns radikal naturalistisch nur als eine besondere Art von Tieren sehen, die die Welt bevölkern, dann ist es auch konsequent, unserem Körper gegenüber Verwertungsinteressen zu entwickeln, die wir ja auch anderen Formen des Lebendigen entgegenbringen.« Die Voraussetzungen dafür liefert die medizinische Wissenschaft, die ständig neue Nutzungsmöglichkeiten für Körperteile schafft. »Die technischen Optionen bedrängen uns, und wir müssen uns moralisch vergewissern, welche Möglichkeiten wir ausschlagen sollen«, sagt Kettner.[55]

Rechtlich ist zumindest eines klar: In den meisten Ländern der Welt ist es verboten, mit dem menschlichen Körper und seinen Teilen zu handeln. Lediglich der Iran lässt einen staatlich organisierten Organkauf zu. Das sogenannte Kommerzialisierungsverbot ist zudem in einer Vielzahl von internationalen Dokumenten verankert. Zum Beispiel in der europäischen Grundrechtecharta, die zwar noch nicht rechtsgültig ist, aber bereits politische Wirkung entfaltet. Dort heißt es in Artikel 3:

Jede Person hat das Recht auf körperliche und geistige Unversehrtheit.
(1) Im Rahmen der Medizin und der Biologie muss insbesondere Folgendes beachtet werden: (…)
Das Verbot, den menschlichen Körper und Teile davon als solche zur Erzielung von Gewinnen zu nutzen.[56]

Ein anderes Beispiel ist die Biomedizinkonvention des Europarats, die in zahlreichen Staaten bereits in verbindliches Recht umgesetzt wurde, von der Bundesrepublik aber noch nicht ratifiziert wurde,

---

55 Auskunft Matthias Kettner vom 27.2.2008
56 http://www.grundrechte-charta.de/download/eu_grundrechte_
charta.pdf; Charta der Grundrechte der Europäischen Union

weil der Schutzstandard in wichtigen Punkten nicht hoch genug erscheint. Artikel 21 der Konvention besagt:

Der menschliche Körper und seine Teile sollen nicht, als solche, finanziellen Gewinn oder einen vergleichbaren Vorteil verursachen.[57]

Ein Zusatzprotokoll verbietet den Handel noch einmal ausdrücklich:

Organ- und Gewebehandel soll verboten sein.[58]

Der Medizinjurist Jochen Taupitz, Mitglied im Deutschen Ethikrat, folgert daraus: »Offenbar handelt es sich bei dem in beide Regelwerke aufgenommenen Kommerzialisierungsverbot um eine grundlegende Forderung jedenfalls europäischer Rechtskultur.«[59] Ohne Probleme lassen sich ein Dutzend weiterer internationaler Empfehlungen und Richtlinien aufzählen, die Kommerzialisierung mehr oder weniger umfassend verbieten. Es sind Dokumente der Weltgesundheitsorganisation, des Weltärztebunds, des Europäischen Parlaments oder des Ministerkomitees des Europarats. Die Vorschriften sind zwar nicht strafbewehrt, das heißt der Verstoß gegen sie wird nicht geahndet. Sie haben jedoch den Rang von Grundwerten, sind also in der Hierarchie der Normen hoch angesiedelt. In Deutschland verbietet unter anderem das Transplantationsgesetz in Paragraph 17 den Handel mit Organen oder Geweben.[60] Bei Verstößen droht eine Freiheitsstrafe von bis zu fünf Jahren oder eine Geldstrafe.[61] Allerdings sieht der Gesetzge-

---

57 Im englischsprachigen Original heißt es: The human body and its parts shall not, as such, give rise to financial gain. (http://conventions.coe.int/treaty/en/Treaties/Html/164.htm)

58 Im englischsprachigen Original heißt es: Organ and tissue trafficking shall be prohibited. (http://conventions.coe.int/treaty/en/Treaties/Html/186.htm)

59 Jochen Taupitz: Das Verbot der Kommerzialisierung des menschlichen Körpers und seiner Teile: Lässt es sich rational begründen? – Zugleich Einführung in das Tagungsthema, in: Jochen Taupitz (Hg.): Kommerzialisierung des menschlichen Körpers, Springer Verlag 2007

60 http://www.gesetze-im-internet.de/tpg/__17.html

61 http://www.gesetze-im-internet.de/tpg/__18.html

ber Ausnahmen für industriell verarbeitete Gewebe vor (s. Seite 141).

So klar die Normen auch sind – die Realität ist mittlerweile eine andere. Der tote Körper ist zum Rohstoff für die medizinische Produktion geworden, mitunter wird die Leiche gar als Schatz des 21. Jahrhunderts bezeichnet. Die Züricher Juristin Brigitte Tag sieht deshalb in dem vielfach verankerten Handelsverbot geradezu den Beweis dafür, »dass der menschliche Körper und Teile davon seit langem Gegenstand des Handels sind«. Tag hält es für eine »realitätsferne Idealisierung«, den toten Körper an sich oder nach dem Tod entnommenes Gewebe als eine *res extra commercium* zu bezeichnen – eine Sache, die für Geschäfte nicht zur Verfügung steht. »Der Körper ist bereits kommerzialisiert«, sagt sie. Doch gerade weil dies so sei, betont Tag das zentrale Anliegen der Handelsverbote: die Menschenwürde zu schützen und das Persönlichkeitsrecht auch nach dem Tod zu wahren. »Die besondere, die menschliche Herkunft von Gewebe und Zellen stehen ihrer grenzenlosen oder gar beliebigen Nutzung entgegen. ... Der lebende Mensch und der tote Körper dürfen nicht zum bloßen Objekt kommerzieller oder auch Forschungsinteressen degradiert werden.«[62]

Wie bereits ausgeführt, sehen das die Ökonomen Friedrich Breyer und Peter Oberender ganz anders. Auch für Hartmut Kliemt, den Philosophen mit dem speziellen Interesse an Ökonomie, steht fest: »Es sind, sofern man nicht auf spezifische weltanschauliche Prämissen zurückgreifen will, keine zwingenden Gründe gegen die Zulässigkeit von Entgelten für die Lebendorgan- und -gewebespende ersichtlich.«[63] Mit anderen Worten heißt das: Es gebe nur ideologische oder religiöse, aber keine vernünftigen Gründe gegen Organ- und Gewebehandel. In einem hat Kliemt Recht: Alle Weltreligionen formulieren Vorbehalte gegen

---

62 Brigitte Tag: Menschliches Gewebe, menschliche Zellen und Biobanken: Strafrechtliche und strafrechtsethische Herausforderungen (Vortrag in Göttingen, gehalten im November 2006)

63 Hartmut Kliemt: Plädoyer für eine beschränkte Entgeltlichkeit der Gewebe- und Organspende, in: Byrd B. Sharon u. a. (Hrsg.): *Jahrbuch für Recht und Ethik* Bd. 15, Duncker & Humblot

die Kommerzialisierung des Körpers. Doch man muss nicht Ideologe sein oder ein gläubiger Mensch, um Körperhandel abzulehnen. Argumente liefert einer der größten deutschen Denker. Das Europäische Rechtssystem, sein Verständnis von Menschenwürde und die Kommerzialisierungsverbote lassen sich mit der Philosophie Immanuel Kants begründen. In seiner Sittenlehre argumentiert Kant mit den Pflichten des Menschen gegen sich selbst. Eine klassische Lesart seiner Ausführungen wäre diese: Das Dasein des Menschen hat einen absoluten Wert, und der Mensch ist Zweck an sich selbst. Deshalb darf er sich auch selbst »niemals bloß als Mittel« betrachten. Aus diesem Prinzip leitet sich die Unverfügbarkeit der menschlichen Person und mit ihr des menschlichen Körpers ab.

Neuere Kant-Interpreten argumentieren eher indirekt gegen die Kommerzialisierung. Demnach ist es auch nach Kant nicht grundsätzlich ausgeschlossen, Körperteile zu veräußern. Wegen des hohen Werts, den die Unversehrtheit des Körpers hat, darf dies das aber nur geschehen, wenn die betreffende Person dem in freier Entscheidung zugestimmt hat. Sobald allerdings ein Markt für Organe und Gewebe eröffnet wird, entstehen Sachzwänge, die eine selbstbestimmte Entscheidung unmöglich machen. Empirische Untersuchungen zeigen: Es sind stets die (ökonomisch) Schwachen, die sich gezwungen sehen, ihr Recht auf körperliche Integrität preiszugeben. Eine Studie über 305 Nierenverkäufer im indischen Chennai belegt: Nahezu alle Befragten verkauften ihr Organ, um Schulden zu bezahlen. Allerdings waren drei Viertel davon durchschnittlich sechs Jahre später noch immer verschuldet. 71 Prozent der Nierenverkäufer waren Frauen, und sie wurden teilweise von ihrem Ehemann zum Verkauf gedrängt.[64] Von freiwilliger Selbstbestimmung kann unter solchen Bedingungen nicht die Rede sein. In den Kant'schen Kategorien handelt es sich vielmehr um eine mit der Menschenwürde nicht vereinbare Instrumentalisierung des eigenen Körpers.

---

64 Madhav Goyal u. a.: Economic and Health Consequences of Selling a Kidney in India, in: *JAMA* vom 2. 10. 2002, Bd. 288, Nr. 13

Die Ablehnung des Organ- und Gewebehandels ist also keine Glaubensfrage. Zudem ist das materialistische Menschenbild der Ökonomie fragwürdig – und hinterfragbar. Es beruht auf philosophischen Annahmen, die man keineswegs teilen muß. Meist berufen sich seine Vertreter auf den britischen Philosophen John Locke, der von der Prämisse ausgeht, jeder Mensch sei der rechtmäßige Eigentümer seiner Person und seines Körpers. Daraus folgt, dass der Mensch uneingeschränkte Verfügungsrechte über den Körper und seine Teile hat. Zum Beispiel könnte er Organe verkaufen, sich als Leihmutter zur Verfügung stellen, sich für beliebig riskante Forschungszwecke anbieten – oder seine Leiche der Gewebeindustrie spenden. Grenzen der Instrumentalisierung sind in diesem Modell nicht vorgesehen. Allerdings lassen auch aktuelle Kant-Interpretationen Fragen offen, etwa ob es einen Unterschied macht, wenn man Körperteile nicht verkauft, sondern spendet.

Die Tübinger Philosophin Beate Herrmann hält die Argumentation der Locke- wie der Kant-Anhänger für unbefriedigend, weil sie den Körper entweder *nur* als Sache oder *nur* als Person betrachten. Das Verhältnis des Menschen zu seinem Körper lasse sich aber viel treffender beschreiben, wenn man davon ausgeht, dass der Mensch nicht nur einen Körper *hat*, sondern auch Leib *ist* (s. Interview Seite 221). Leib sein heißt zum Beispiel, nicht ausschließlich vom Willen gesteuert und beherrscht zu werden. Ob Panikattacke oder Lachanfall – der Mensch erfährt seine leibliche Existenz nicht kognitiv, sondern als ein »betroffenes Sich-Spüren«. Zudem gibt es leibliche Fähigkeiten, die sich der bewussten Steuerung entziehen. Wenn sich ein Radfahrer beim Sturz abrollt und unverletzt bleibt, kann er nicht unbedingt erklären, wie er das geschafft hat. Leiblichkeit prägt auch das Miteinander von Menschen. Es gibt Formen der Kommunikation, die auf einer rein leiblichen Ebene stattfinden. Wenn man miteinander spricht, nimmt man nicht nur das Gesagte wahr, sondern man spürt auch den Blick einer Person, man hört ihre Stimme oder fühlt ihren Händedruck.

Was folgert aber daraus für den Umgang mit dem Körper? Für Beate Herrmann zum Beispiel dies:

- Man kann zwar auf den eigenen Körper in instrumenteller Weise Bezug nehmen, aber qua Leib ist der Mensch dem eigenen Zugriff teilweise auch entzogen. Daraus ergibt sich »die Notwendigkeit, über Reichweite und Grenzen körperlicher Selbstverfügung nachzudenken«.
- Der eigene Körper steht immer auch in Bezug zu Dritten, die von seiner Veränderung mit betroffen sind. Deshalb darf die Verfügung über den eigenen Körper nicht in das Belieben einzelner Individuen gestellt werden.[65]

Was für den lebendigen Körper gilt, ist auch von Bedeutung für den Leichnam. Weil Leib und Person eine Einheit sind, ist der tote Körper nicht die bloße Hülle der verstorbenen Person. Sogenannte postmortale Persönlichkeitsrechte gelten weiter. »Der Schatten der Person ist größer als ihr Körper«, sagt der Philosoph Kettner.[66] So kann eine Person ihren Willen über den Tod hinaus im Testament geltend machen und beispielsweise bestimmen, was mit ihrem Körper geschieht. Dieses Recht gilt nicht absolut, sondern findet seine Grenzen, wenn höhere Interessen berührt sind. So kann ohne Zustimmung des Verstorbenen oder seiner Angehörigen eine Autopsie angeordnet werden, wenn der Allgemeinheit Gefahr droht. Auch die Instrumentalisierung des eigenen Körpers ist nicht ausschließlich eine Frage individueller Rechte und Entscheidungen. Die Leiche zu verwerten – und erst recht zu kommerzialisieren – verändert unser Selbstverständnis und Menschenbild. Nicht zuletzt prägt es den Umgang mit Sterben und Tod, die bislang noch einer anderen Ordnung angehören, jenseits von Verwertung und Nutzen (s. Seite 167ff.).

---

65 Beate Herrmann: Die normative Relevanz der körperlichen Verfasstheit zwischen Selbst- und Fremdverfügung, in: Jochen Taupitz (Hg.): Kommerzialisierung des menschlichen Körpers, Springer Verlag 2007
66 Auskunft Matthias Kettner vom 27.2.2008

Leichen im Keller: Die Skandale
der Gewebeindustrie

Ausgeschlachtet wider Willen:
Die Knochen des Alistair Cooke

Zehn Tage vor Weihnachten 2005 erhielt Susan Cooke Kittredge einen Anruf von einem Kriminalbeamten beim Staatsanwalt in Brooklyn. »Er fragte mich, ob ich von den Ermittlungen des Staatsanwalts gehört habe, es gehe um die illegale Beschaffung und den Handel mit Körperteilen. Vermutlich seien Leichen gestohlen, entbeint und die Teile in den Vereinigten Staaten und auch nach Kanada verkauft worden.«[1] Cooke Kittredge, Pastorin im US-Bundesstaat Vermont, fand die Angelegenheit reichlich makaber. Sie sagte nein, sie habe von der Sache nichts gehört. Daraufhin teilte der Kriminalbeamte ihr mit, man habe Anlass zu vermuten, dass die Leiche ihres Vaters gestohlen worden sei. »Ich war buchstäblich sprachlos, zu betäubt um zu denken oder zu sprechen«, schrieb Cooke Kittredge später in der *New York Times*.[2] Nur an eines erinnert sie sich noch. »Der Kriminalbeamte fragte, ob es sich zufällig um *den* Alistair Cooke handelte. »Ich sagte: ja. Er pfiff durch die Zähne.«

Susan Cooke Kittredge, geboren 1949, ist die Tochter eines berühmten Vaters. Der gebürtige Brite Alistair Cooke war eine Reporter-Legende, über ein halbes Jahrhundert lang sendete die BBC seine »Letters from America«, in denen er seinen früheren Landsleuten das amerikanische Leben erklärte. Bis einen Monat

---

1 Martina Keller: Über Leichen. Von der Gewinnung und Verwertung menschlicher Überreste. WDR/ORF/SR 2007. Erstsendung am 30. 9. 2007 in WDR 5

2 Susan Cooke Kittredge: Black shrouds and black markets, in: *New York Times* vom 5. 3. 2006

vor seinem Tod war Alistair Cooke auf Sendung. In seinem letzten Radiobeitrag, dem Brief Nummer 2869, sprach der Schwerkranke erstaunlich gelassen von seinem Sterbebett: »Gestärkt durch meine drei üblichen Tabletten, mit einer Lieblingsbettlektüre ... am Ende, bin ich noch munter genug, meinen Blick zwischen den Bettpfosten schweifen zu lassen und auf ein perfektes Wiegenlied zu hoffen, bevor ich in den Schlaf gleite.«[3]

Im März 2004 starb Cooke 95-jährig an Lungenkrebs. Tochtergeschwülste hatten bereits seine Knochen befallen. Der alte Mann hatte gewünscht, dass seine Leiche verbrannt werde. Seine Tochter wusste, dass Cooke keine aufwändige Bestattung wollte. Zudem zählen Begräbnisse nicht zu den Dingen, für die sie selbst viel Geld ausgibt. So suchte sie in den Gelben Seiten nach einem preisgünstigen Bestatter und beauftragte ein Unternehmen, das mit »Spitzenqualität zu Tiefstpreisen« warb – Verbrennungen für nur 595 Dollar. Cooke Kittredge glaubte, den Wunsch ihres Vaters erfüllt zu haben. Doch statt ins Krematorium kam Cookes Leiche unters Messer. Nur der Rest seiner Gebeine wurde anschließend verbrannt. »Ich rief ihn zurück – jenen Kriminalbeamten beim Staatsanwalt in Brooklyn. Und ich fragte ihn, ob es sich um eine Verwechslung handeln könne – ob sie vielleicht die Überreste eines anderen Alistair Cooke meinten. Er sagte, nein. Sie hätten in der Tat Quittungen für die Knochen meines Vaters von zwei Gewebeverarbeitenden Firmen.«[4]

Der Fall Cooke ist Teil des wohl spektakulärsten amerikanischen Gewebeskandals. Die Folgen beschränken sich allerdings nicht auf die USA: Sie reichen bis nach Kanada und sogar Europa. Die Vertriebsfirmen, die mit der Gewebe-verarbeitenden Industrie kooperieren, liefern deren Transplantate rund um den Globus.

Dass der Skandal ans Licht kam, ist teilweise einem Zufall zu verdanken. Ein Bestatter hatte bei der Polizei unkorrekte Buch-

---

3   http://news.bbc.co.uk/1/hi/programmes/letter_from_america/ 3513221.stm; Alistair Cooke, The Democrats' growing confidence (Letter from America 2869 vom 20. 2. 2004)
4   Martina Keller: Über Leichen. Von der Gewinnung und Verwertung menschlicher Überreste, a. a. O.

haltungspraktiken seines Vorgängers angezeigt. Bei der Inspektion vor Ort fanden die Ermittler laut der Bezirksstaatsanwaltschaft von Brooklyn einen »geheimen Raum« mit OP-Beleuchtung und versenkbarem Sektionstisch – Gerätschaften, die nach ihrer Überzeugung in einem Bestattungsinstitut nichts zu suchen hatten. Alarmiert nahmen sie sich die Akten vor und kamen so auf die Spur der Firma Biomedical Tissue Services (BTS) in Fort Lee, New Jersey. Das Unternehmen hatte sich von 2001 bis 2005 bei zahlreichen Bestattern Leichen beschafft und sie ausgenommen – vornehmlich Knochen und Sehnen wurden gewonnen. Sehr alte, vom Krebs zerfressene Körper wie der von Alistair Cooke waren darunter. BTS zahlte den Bestattern nach Angaben des Staatsanwalts bis zu 1000 Dollar pro Leiche.[5] Bei der Weitergabe soll die Firma ein Vielfaches dafür erhalten haben – bis zu 7000 Dollar.

Wenn die Todesursache eine Spende unter legalen Bedingungen ausschloss, fälschte BTS nach den Ermittlungen des Staatsanwalts und der FDA in zahlreichen Fällen die Papiere. Teilweise verschickte die Firma falsche Blutproben zusammen mit dem Leichengewebe.[6] Stets ging es darum, die Spender auf dem Papier jünger und gesünder erscheinen zu lassen. Im Fall von Alistair Cooke änderte BTS die Schreibweise des Namens und schob die Todesstunde hinaus, um die Leiche frischer erscheinen zu lassen. Außerdem wurde Cooke für zehn Jahre jünger erklärt und statt an Krebs starb er einen schnellen Herztod. Eine Angehörige namens Susan Quint hatte der Knochenspende angeblich zugestimmt.[7]

Als Firmenchef von BTS fungierte Michael Mastromarino, ein früherer Zahnarzt und Kieferchirurg, der eine gutgehende Praxis in der New Yorker Nobelstraße Fifth Avenue hatte. Mastromarino

---

5 http://www.nyc.gov/html/doi/pdf/tissueharvesting.pdf. Pressemitteilung des Brooklyner Staatsanwalts vom 23. 2. 2006

6 http://www.cdc.gov/MMWR/preview/mmwrhtml/mm5520a6.htm. Investigation into Recalled Human Tissue for Transplantation – United States, 2005–2006, in: *Mortality and Morbidity Weekly Report* vom 26. 5. 2006, Bd. 55 Nr. 20 MMWR 565

7 Randall Patterson: The Organ Grinder, in: *New York Magazine* vom 16. 10. 2006

war in seinem ersten Berufsleben auf Implantate spezialisiert. Als Co-Autor schrieb er den Verbraucher-Ratgeber *Smile: How Dental Implants Can Transform Your Life*[8] und verfasste darin das Kapitel über Knochentransplantation. Im November 2000 verlor er seine Lizenz, nachdem er wegen Drogenbesitzes und -konsums verhaftet worden war.[9] Urinanalysen wiesen nach Angaben des Amts für Recht und Öffentliche Sicherheit des Staats New Jersey auf den Gebrauch von Kokain und einem Betäubungsmittel hin.

Im Zweitberuf Leichenhändler

Mastromarino suchte nach einem neuen Betätigungsfeld. Er fand es im Leichenhandel. Nach den Ermittlungen der Staatsanwaltschaft hat er 2001 damit begonnen. Er ließ seine Firma Biomedical Tissue Services bei der amerikanischen Gesundheitsbehörde FDA registrieren. Schwierig war das offenbar nicht. »Jeder, der eine Kettensäge und einen Laster besitzt, kann in das Geschäft einsteigen«, spottet der Anwalt und Branchenkenner Don Keenan.[10]

Einer der ersten Geschäftspartner soll ein alter Bekannter aus seinen Zeiten als Zahnarzt gewesen sein: die Firma Regeneration Technologies Incorporated in Alachua, Florida. Deren Produkte dürfte er noch aus seiner Zeit als Kieferchirurg gekannt haben – Chips, Würfel, Knochenpaste. Mastromarino wusste, wie dringend Gewebeverarbeiter auf Nachschub an Rohmaterial angewiesen sind. Er beschäftigte mehrere Entbeiner und arbeitete mit Bestattern in New York und Pennsylvania zusammen. Insgesamt

---

8 Michael R. Wiland, Michael Mastromarino, Joseph M. Pipolo: Smile: How Dental Implants Can Transform Your Life. Informa Healthcare 2001

9 http://www.state.nj.us/oag/ca/disc/disact00.htm. Staat von New Jersey, Amt für Recht und Öffentliche Sicherheit, Abteilung Verbraucherangelegenheiten, Disziplinarmaßnahmen 2000

10 Don Keenan weist darauf hin, dass in den USA zwar seit einigen Jahren umfangreiche bundesweite Vorschriften für die Entnahme und Prozessierung von Gewebe erlassen wurden, diese seien aber bislang nicht umgesetzt worden.

schlachteten seine Helfer 1077 Leichen aus. Neben Regeneration Technologies kauften vier weitere, teils führende Verarbeitungsfirmen des Landes die Leichenteile an[11] und fertigten aus den Geweben der mitunter krebszerfressenen und nicht mehr frischen Kadaver nach Ermittlungen der staatlichen Centers for Disease Control and Prevention rund 25 000 Transplantate.[12] Es dauerte bis September 2005, ehe eine der Firmen Verdacht schöpfte. Einem Mitarbeiter der Firma LifeCell Corporation in Branchburg, New Jersey, war aufgefallen, dass die Telefonnummern der Angehörigen nicht stimmten. Die Firma verarbeitet Leichenhaut unter anderem zu dem Produkt Alloderm, das ist azelluläre, von Spenderzellen befreite Haut. Sie wird in großem Umfang bei Bauchoperationen oder in der kosmetischen Chirurgie eingesetzt. (s. Seite 194). LifeCell rief die betreffenden Chargen zurück und informierte die amerikanische Gesundheitsbehörde FDA.

Die FDA untersagte BTS im Februar 2006, weiterzuproduzieren und Gewebe auszuliefern. Neben LifeCell riefen auch die übrigen vier Verarbeitungsfirmen nach Absprache mit der Behörde ihre Produkte zurück. Mehrere tausend Transplantate waren allerdings bereits an Patienten verpflanzt worden. Mary A. aus Windsor im kanadischen Bundesstaat Ontario ist eine der Betroffenen. Bis die Klinik sie benachrichtigte, wusste sie nicht einmal, dass man ihr Leichengewebe in die Wirbelsäule gepflanzt hatte. Ihre Ärzte hatten es versäumt, sie aufzuklären. (s. Seite 241). »Ich fühlte mich betrogen«, sagt sie im kanadischen Radiosender CBC, »man hätte mir die Wahl lassen müssen.«[13]

---

11 Neben Regeneration Technologies, das seit Frühjahr 2008 RTI Biologics heisst, auch LifeCell Corporation in Branchburg, New Jersey, Tutogen Medical Incorporated in Alachua, Florida, Central Texas Regional Blood and Tissue Center in Austin, Texas, und Lost Mountain Tissue Bank Incorporated in Kennesaw, Georgia

12 http://www.cdc.gov/MMWR/preview/mmwrhtml/mm5520a6.htm. Investigation into Recalled Human Tissue for Transplantation – United States, 2005–2006 a. a. O.

13 Bob Carty, The body bazaar, in: The Sunday Edition vom 28. 5. 2006, CBC Radio

Auf Anraten der FDA boten die Firmen den Betroffenen kostenlose Tests auf HIV 1 und 2, Hepatitis B und C sowie Syphilis an. Allerdings hält die FDA das Risiko der Patienten für gering. Die Gewebe seien routinemäßig mithilfe von Verfahren verarbeitet worden, die das Infektionsrisiko mindern helfen. Allerdings sei das aktuelle Infektionsrisiko unbekannt.[14] Hans-Joachim Mönig, Geschäftsführer des gemeinnützigen Deutschen Instituts für Zell- und Gewebeersatz in Berlin, teilt die Einschätzung der FDA nicht: »Mir stellen sich schon die Nackenhaare auf, wenn ich höre, dass die Gewebe unter völlig unkontrollierten Bedingungen entnommen wurden. Das kann eigentlich nur ein deutlich höheres Infektionsrisiko für die Empfänger bedeuten.«[15]

»Sie hätten wissen müssen, dass da etwas schiefläuft«

Hunderte von Betroffenen aus verschiedenen US-Bundesstaaten klagen mittlerweile gegen BTS, die Gewebeverarbeiter und Bestattungsunternehmen. Es sind Patienten, die möglicherweise verseuchtes Gewebe eingepflanzt bekommen haben, Menschen, die sich durch das Wissen darum seelisch geschädigt fühlen, aber auch Angehörige von Verstorbenen, die ohne Einverständniserklärung entbeint wurden (s. Seite 98f.).

Lawrence Cohan von der renommierten Kanzlei Anapol Schwartz ist einer der koordinierenden Anwälte in einem Verfahren, das derzeit 367 Fälle von Transplantatempfängern aus verschiedenen Regionen zusammenfasst.[16] Cohan, der auf Produkthaftungsfragen spezialisiert ist, wirft den Gewebeverarbeitern laut der amerikanischen Fachzeitschrift *Trial* schwere Versäumnisse vor: »Sie hätten

---

14 http://www.fda.gov/bbs/topics/NEWS/2005/NEW01249.html. FDA News vom 26. 10. 2005: FDA Provides Information on Investigation into Human Tissue for Transplantation

15 Martina Keller: Frische Leichenteile weltweit, in: *Die Zeit* vom 15. 2. 2007, Nr. 08/2007

16 Multi district litigation 1763 unter Richter William Martini in New Jersey; Stand Juli 2008

wissen müssen, dass da etwas schiefläuft. Normalerweise bekommen sie nicht so viele Leichen, denn nur wenige Menschen sind damit einverstanden, die Körper ihrer Lieben ausschlachten zu lassen.«[17]

Ein dankbarer Abnehmer von BTS war auch Tutogen Medical Incorporated aus Alachua in Florida – die Mutterfirma des deutschen Unternehmens Tutogen Medical GmbH in Neunkirchen am Brand. Auf der Website von Tutogen Medical Incorporated konnten besorgte Patienten und Ärzte nach dem Rückruf lesen, welche Produkte mit Hilfe der zweifelhaften BTS-Gewebe hergestellt wurden: Es handelte sich um bestimmte Chargen von Tutogens Puros Allograft Cancellous Particles, aus Knochen gewonnenes Füllmaterial, das zum Beispiel in der Kieferchirurgie eingesetzt wird, sowie von Tutoplast Fascia lata, ein elastisches Bindegewebe, das für eine Vielzahl von Anwendungen gebraucht wird, etwa in der Hals-Nasen-Ohren-Chirurgie, Urologie oder Neurochirurgie (s. Seite 30).[18]

Laut Tutogen Medical Incorporated in Florida wurden die fragwürdigen Produkte in den USA und Kanada vertrieben. Ist auszuschließen, dass Transplantate oder Rohmaterialien über das Tochterunternehmen nach Deutschland gelangten? Karl Koschatzky, Geschäftsführer der deutschen Tutogen Medical GmbH in Neunkirchen, versichert, es habe keine Importe gegeben. Die hätten schließlich von der zuständigen Landesbehörde genehmigt werden müssen, argumentiert er, was mit einer Inspektion der Entnahmestelle verbunden gewesen wäre. Was Koschatzky nicht erwähnt, auf Nachfrage aber bestätigt: Diese Vorschrift gilt für unverarbeitetes Gewebe erst seit September 2006. Somit hätte das deutsche Tutogen-Unternehmen Rohmaterial auch ohne Wissen und Genehmigung der Behörden einführen können.

Fest steht eines: Möglicherweise verseuchte Transplantate eines anderen Abnehmers von BTS gelangten auch nach Europa. Dass

---

17 Carmel Sileo: Lawyers, regulators aim to curb abuses in human-tissue industry, in: *Trial* Bd. 43, Nr. 7 vom 1. 7. 2007
18 Tutogen Medical Tissue Recall. Frequently Asked Questions and Answers

die Schweiz von dem Skandal betroffen war, wurde einer breiteren Öffentlichkeit erst mit Verspätung im Jahr 2007 bekannt.[19] Bereits zwei Jahre zuvor waren Transplantate des BTS-Kunden Regeneration Technologies still und leise vom Schweizer Markt zurückgerufen worden. Die Gewebebranche ist diskret, und auch Behörden neigen nicht dazu, unliebsame Vorkommnisse publik zu machen.

Der Importeur der zurückgerufenen Produkte war die Firma Plus Orthopedics aus Rotkreuz im Schweizer Kanton Zug. Das Unternehmen mit einem Jahresumsatz von zuletzt knapp 370 Millionen Franken[20] stellt in erster Linie Prothesen her und betreibt den Gewebeersatz als Zusatzgeschäft. Seit 2007 gehört Plus Orthopedics zu Smith & Nephew, laut eigenen Angaben nach dem Zusammenschluss viertgrößter Anbieter für Lösungen in der orthopädischen Chirurgie weltweit. Plus Orthopedics importierte von Regeneration Technologies aufgearbeitete Sehnen, Knochenblöcke, Knochenchips sowie demineralisierte Knochenmatrix, ein Kollagenmaterial. Ein Teil der Transplantate stammte aus dem zweifelhaften Leichenfundus der Firma BTS.

In Absprache mit Swissmedic, der Zulassungsbehörde für Arzneimittel, rief Plus Orthopedics 47 Produkte vom Schweizer Markt zurück. »Wir haben die betroffenen Ärzte umgehend informiert, telefonisch und schriftlich«, sagte Armin Schrick, Geschäftsführer von Plus Orthopedics.[21] Für 37 Patienten kam der Rückruf allerdings zu spät: Die Transplantate waren ihnen bereits eingepflanzt worden.[22]

Zweifelhafte Produkte von Regeneration Technologies sind auch nach Großbritannien gelangt. Dort hatte sie Plus Orthopedics UK importiert. Wie im Fall der Schweiz waren zum Zeitpunkt des Rückrufs bereits Transplantate verpflanzt worden – die für Medizinprodukte zuständige Behörde geht von bis zu 82 Fällen aus.

19 Martina Keller: Das dubiose Geschäft mit Leichenteilen, in: *Tages-Anzeiger* vom 4. 7. 2007
20 Die Zahl bezieht sich auf das Jahr 2006
21 Martina Keller: Das dubiose Geschäft mit Leichenteilen, a. a. O.
22 Auskunft des Schweizer Heilmittelinstituts Swissmedic vom 24. 5. 2007

Doch manche der Empfänger ahnen vermutlich bis heute nicht, welche Gewebe nun Teil ihres Körpers sind. Nach einem Bericht der britischen Tageszeitung *Guardian* lehnten es einige Kliniken ab, die betroffenen Patienten zu informieren. Man wolle sie nicht unnötig belasten, weil das Risiko einer Infektion zu vernachlässigen sei.

Geschont wurden dadurch aber auch und gerade die Kliniken selbst. In der Schweiz ist ebenfalls ungewiss, ob alle betroffenen Transplantatempfänger Bescheid wissen. Plus Orthopedics selbst konnte nur Krankenhäuser und Ärzte benachrichtigen, die fragliche Produkte von Regeneration Technologies bezogen hatten. Aus Datenschutzgründen besitzt die Firma keine Patientennamen. Jeder benachrichtigte Arzt »konnte dann je nach Zustand des Patienten entscheiden, ob die Patienten informiert werden«, teilte Swissmedic der Autorin auf Anfrage mit[23] – die Formulierung lässt die Möglichkeit offen, dass nicht informiert wurde. Nach Auffassung der Züricher Rechtsprofessorin Brigitte Tag wäre dies absolut unzulässig: »Der Arzt ist aufgrund des Behandlungsvertrags Garant für das Leben seines Patienten, und daraus resultiert die Pflicht, ihn über mögliche Risiken durch verpflanzte Transplantate zu informieren.«[24] Allein aus der Tatsache, dass ein Patient beispielsweise kein Antibiotikum benötigte, lasse sich nicht schließen, dass sich keine Krankheit entwickelt habe (s. Seite 49).

Der Nachfolgerin von Plus Orthopedics, der Smith & Nephew Orthopedics Schweiz AG, liegen bislang weder in der Schweiz noch in Großbritannien Rückmeldungen von Infektionen vor. Die Firma wertet das als zusätzlichen Beleg für die Sicherheit des Verfahrens, mit dem Regeneration Technologies seine Produkte von Bakterien, Viren und Pilzen zu befreien versucht. Sie arbeitet weiterhin mit dem Hersteller zusammen und importiert in die Schweiz jährlich jeweils mehrere hundert Knochenchips, Knochenblöcke und Produkte aus demineralisierter Knochenmatrix sowie bis zu 90 Sehnen.

---

23 Mitteilung von Swissmedic vom 12. 6. 2008
24 Martina Keller: Das dubiose Geschäft mit Leichenteilen, a. a. O.

Die betroffenen Patienten und die Angehörigen der Verstorbenen müssen unterdessen mit den Geschehnissen leben. Als Pastorin ist Susan Cooke Kittredge gewohnt, mit dem Tod umzugehen. Sie war bei Autopsien zugegen, betete über Opfern tödlicher Verkehrsunfälle und stand an vielen Gräbern. Oft genug riet sie Gemeindemitgliedern, den Körper nicht als wesentlich für das Menschsein zu betrachten. Umso mehr verstörte sie ihre eigene Reaktion auf das, was mit ihrem Vater nach seinem Tod geschah. »Ich lebte mit der Leiche meines Vaters. Ich wusste ja bereits, dass sie seine Knochen genommen hatten, und vor wenigen Wochen fand ich noch heraus, dass sie seine Beine genommen hatten. Das ließ ein noch deutlicheres Bild in mir entstehen – ich hatte Alpträume von der verstümmelten Leiche meines Vaters, deren Kopf mir gerade bis zur Taille reichte.«[25]

Ihr Mitgefühl gilt aber auch den betroffenen Patienten: »Stellen Sie sich nur für eine Sekunde vor, falls sie das aushalten können, Ihr Arzt teilt Ihnen mit, man könne nicht sicher sein, aus welcher Quelle das Gewebe stammt, das man Ihnen verpflanzt hat. Wie schnell möchte man da wohl vor sich selbst davonlaufen?«[26]

Das Urteil

Am 27. Juni 2008 wurde Michael Mastromarino von einem Gericht in Brooklyn, New York, zu einer Gefängnisstrafe von 18 bis 54 Jahren verurteilt.[27] Das heißt: Der 44-Jährige wird im äußersten Fall mehr als ein halbes Jahrhundert hinter Gittern verbringen. Die Anklageschrift der Staatsanwaltschaft umfasste 122 Seiten.[28] Im März 2008 hatte sich Mastromarino in allen Punkten schuldig bekannt.[29] Zu seinen Vergehen zählen Unternehmensbetrug, Leichendiebstahl,

---

25 Martina Keller: Über Leichen. Von der Gewinnung und Verwertung menschlicher Überreste, a. a. O.
26 Susan Cooke Kittredge: Black Shrouds and Black Markets, in: *New York Times*, 5. 3. 2006
27 Pressemitteilung des Brooklyner Staatsanwalts vom 27. 6. 2008
28 Liegt der Autorin vor
29 Pressemitteilung des Brooklyner Staatsanwalts vom 18. 3. 2008

unerlaubte Sektion menschlicher Körper, Herstellung von falschem Beweisma-
terial, Fälschung von Geschäftsunterlagen, schwerer Diebstahl sowie rück-
sichtslose Gefährdung.

Mastromarino bekannte sich dazu, Kopf einer kriminellen Gewebebeschaf-
fungsunternehmung gewesen zu sein. Diese hat laut der Anklageschrift Leichen
von Verstorbenen ohne Wissen und Einwilligung der Angehörigen ausgenommen. Die Aktivitäten hätten sich im Zeitraum von Juni 2001 bis Oktober 2005
ereignet. Sie seien darauf ausgerichtet gewesen, Profit aus der unerlaubten Gewebeentnahme zu ziehen, die als Dienstleistung von gewebeverarbeitenden Firmen bezahlt wurde. Die Anklageschrift führt Fälle von 24 namentlich genannten Verstorbenen auf und schildert im Detail, wie Mastromarino und seine Helfer
vorgingen. Es seien Einwilligungserklärungen und medizinische Dokumente ge-
fälscht worden, um die Gewebe an Verarbeitungsfirmen weitergeben zu können. Mastromarino habe in dem Bewusstsein gehandelt, dass einige Gewebe
von Verstorbenen stammten, die an Krebs litten oder mit HIV oder Hepatitis infiziert waren. Verschiedene Personen hätten ihn unterstützt, darunter Bestatter,
die ihm Leichen für die Entnahme geliefert hätten.

Das Urteil gegen Mastromarino ist rechtskräftig – er verzichtete auf sein
Recht, in Berufung zu gehen. Andernfalls hätte er womöglich mit einer noch höheren Strafe rechnen müssen. Als Teil seines Schuldbekenntnisses akzeptierten
Mastromarino, seine Firma und seine Ehefrau, an die Staatsanwaltschaft Brooklyn 4,6 Millionen Dollar zu zahlen, die unter den Angehörigen der Opfer verteilt
werden sollen.[30]

Christopher Aldorasi, Mitarbeiter von Mastromarino, war zuvor zu einer Gefängnisstrafe von neun bis 27 Jahren verurteilt worden. Ob Aldorasi in Berufung
geht, stand zum Zeitpunkt der Endredaktion des Buchs noch nicht fest.[31]

Auch in Philadelphia hat der Staatsanwalt Anklage gegen Mastromarino und
drei Helfer eingereicht. Bei 244 Verstorbenen aus Bestattungsunternehmen in
Philadelphia soll ohne Einwilligung Gewebe entnommen worden sein.

Die Anwaltskanzlei Anapol Schwartz vertritt die Familien der Betroffenen in
einer Sammelklage vor einem Zivilgericht in Philadelphia. Die Klage wurde
im Sommer 2008 erhoben. Sie richtet sich gegen eine Vielzahl von Firmen und

---

30 Auskunft des Brooklyner Staatsanwalts vom 10. 7. 2008; bestätigt von
   Mastromarinos Anwalt Mario Gallucci am 10. 7. 2008
31 Pressemitteilung des Brooklyner Staatsanwalts vom 18. 6. 2008

Einzelpersonen, einschließlich Michael Mastromarino, Bestattungsunternehmen und Gewebe-verarbeitende Firmen. Bis zu 244 Fälle könnten verhandelt werden.

Anapol Schwartz ist außerdem eine der koordinierenden Kanzleien in der Rechtssache MDL 1763 (multi district litigation) unter Richter William Martini in New Jersey. Dabei geht es um 367 Fälle von Empfängern der möglicherweise verseuchten Transplantate.[32] Die Klagen richten sich gegen die fünf Gewebe-verarbeitenden Firmen, Biomedical Tissue Services und Michael Mastromarino.

Weiterhin klagen rund 500 Empfänger von Transplantaten vor den amerikanischen State Courts.[33] Mastromarinos Anwalt Mario Gallucci gibt die Zahl der Zivilklagen gegen seinen Mandanten mit rund 1200 an.

Schlamperei bei der Gewebeproduktion? Tod durch Clostridium sordellii

Die Firma CryoLife Inc. aus Kennesaw, Georgia, ist ein aufstrebendes Biotech-Unternehmen. Es stellt Medizinprodukte her und arbeitet Gewebe auf, insbesondere Herzklappen und Gefäße. Mit Geweben für die Herzchirurgie machte das börsennotierte Unternehmen 2007 gut ein Fünftel seines Umsatzes von knapp 95 Millionen Dollar. CryoLife-Produkte werden auf allen fünf Kontinenten vertrieben. In Deutschland hat die Firma 2007 über ihre europäische Tochtergesellschaft CryoLife Europa, Ltd. ein Direktvertriebssystem eingerichtet. Man sei begeistert vom Wachstumspotenzial des deutschen Marktes, versicherte Steven G. Anderson, Präsident und Geschäftsführer von CryoLife Inc. »Während wir in ganz Europa mit Händlern arbeiten, hat sich CryoLife Europa zum Direktvertrieb in Deutschland entschlossen, um dort von dem starken Interesse an unseren Produkten zu profitieren.«[34] Zum Beispiel hat die Firma nach eigener Auskunft

---

32 Stand Juli 2008
33 Auskunft der Anwältin Melissa Hague von Anapol & Schwartz
34 Pressemitteilung CryoLife vom 10. 7. 2007

im zweiten Quartal 2008 begonnen, Hemostase MPH, ein blutstillendes Pulver, das bei bestimmten Operationen verwandt wird, auf dem deutschen Markt zu vertreiben. CryoLife Europa, Ltd. hat zudem nach eigenen Angaben vom deutschen Paul-Ehrlich-Institut die Genehmigung erhalten, menschliche Herzklappen, Gefäße und weitere Herzgewebe in Verkehr zu bringen.[35, 36]

CryoLife-Herzklappen wurden seit langem nach Deutschland geliefert. Ein besonders treuer Kunde ist die Klinik für Herzchirurgie des Universitätsklinikums Schleswig-Holstein – Campus Lübeck. »Wir bauen diese Klappen seit mehr als zehn Jahren erfolgreich ein«, sagt Hans-Hinrich Sievers, Direktor der Herzchirurgie.[37]

Zum Beispiel wurden in Lübeck von 1994 bis 2003 im Zusammenhang mit der sogenannten Ross-Operation 140 CryoLife-Herzklappen verpflanzt.[38] Bei diesem Eingriff, benannt nach seinem Erfinder, dem britischen Chirurgen Donald Ross, wird die kranke und stark belastete Aortenklappe eines Patienten durch seine eigene, weniger beanspruchte Pulmonalklappe ersetzt. Das frisch gewonnene Eigentransplantat passt sich seiner neuen Funktion optimal an. Die Pulmonalklappe wird wiederum durch ein menschliches Transplantat ersetzt, gewonnen von einem Toten. Die Lübecker Klinik ist spezialisiert auf den doppelten Klappenwechsel und führt das deutsche Ross-Register, eine Datensammlung, die der Qualitätssicherung dient.

Nach den Angaben des Lübecker Chef-Herzchirurgen gab es keine Infektionen, die auf eine CryoLife-Herzklappe zurückzu-

---

35 Wie CryoLife in einem Schreiben an die Autorin vom 16.5.2008 formuliert: »CryoLife Europa, Ltd., (…) has received authorisation from the Paul-Ehrlich-Institut to market the services for the distribution of the Company's processed human aortic valves, pulmonary valves and vessels and non-valved cardiac tissues.«

36 Schreiben von CryoLife vom 16. 5. 2008

37 Interview vom 12.3.2007

38 Gyde Jungjohann, Neun-Jahres-Ergebnisse mit dem pulmonalen Autograft (Ross-Operation) als alternativem Aortenklappenersatz. Inauguraldissertation zur Erlangung der Doktorwürde der Universität zu Lübeck. Lübeck 2004

führen waren: »Das sind im Prinzip gute Klappen«, sagt Sievers, »und sie werden nach europäischen Kriterien evaluiert.«

Manche Berichte aus den USA klingen weniger positiv. Mehrfach ermittelten die staatlichen Centers for Disease Control and Prevention (CDC), in den Aufgaben in etwa dem deutschen Robert-Koch-Institut vergleichbar, nachdem Empfänger von CryoLife-Transplantaten Infektionen erlitten. 1996 beispielsweise erhielt ein Mann eine Aortenherzklappe von CryoLife verpflanzt. Elf Tage nach der Entlassung aus dem Krankenhaus wurde er mit hohem Fieber, Durchfall und Übelkeit wieder eingeliefert. Blutuntersuchungen ergaben den Verdacht, dass die transplantierte Herzklappe mit dem Pilz Candida albicans infiziert sein könnte. Der Verdacht bestätigte sich laut den CDC, nachdem man die Herzklappe entfernt und durch ein neues Transplantat ersetzt hatte. Nach Recherchen der Behörde war bereits in einer während des Prozessierens entnommenen Gewebeprobe der Herzklappe Candida albicans nachgewiesen worden. CryoLife hatte die Klappe daraufhin nicht verworfen, sondern mit einer antimikrobiellen Lösung behandelt. Anschließend ließ sich Candida albicans in einer weiteren Gewebeprobe nicht mehr nachweisen.

Wie eine DNA-Analyse ergab, war der Candida-albicans-Stamm der während des Prozessierens entnommenen Gewebeprobe demjenigen sehr ähnlich, der in einer Probe des Transplantats nachgewiesen wurde, das dem Patienten wieder entnommen werden musste. Wie weitere Untersuchungen der CDC ergaben, reagierte der Candida-albicans-Stamm aus der ersten Probe empfindlicher auf antimikrobielle Behandlung mit einem Antipilzmittel als der aus der zweiten Probe. Womöglich habe das Prozessieren in der antimikrobiellen Lösung dazu geführt, dass sich ein besonders widerstandsfähiger Stamm herausbildete, vermuteten die CDC-Experten, dies könnte die unterschiedliche Empfindlichkeit erklären.

Die CDC erkundeten im Zusammenhang mit dem Fall die Prozessierungspraxis der sechs Gewebebanken, die die USA seinerzeit überwiegend mit Herzklappen versorgten. Ergebnis: Fünf gemeinnützige Herzklappenbanken waren bei der American Association of Tissue Banks (AATB) akkreditiert, der Amerikanischen Vereinigung der Gewebebanken, die Firma CryoLife nicht. Alle fünf gemeinnützigen Firmen verwarfen routinemäßig Herzklappen, bei denen während des Prozessierens eine Kontamination mit einem Pilz festgestellt wurde.[39, 40]

Warum Brian Lykins starb

Es war nicht das letzte Mal, dass sich die CDC mit Vorkommnissen beschäftigten, in die das Unternehmen CryoLife verwickelt war. Besonders tragisch war die Geschichte eines jungen Manns aus dem Bundesstaat Minnesota. Brian Lykins hatte am 7. November 2001 bei einer Knieoperation ein Stück Knieband eines Verstorbenen transplantiert bekommen. Seine Beschwerden nach dem Eingriff wurden zunächst als harmlose Wundschmerzen gedeutet, doch Lykins Zustand verschlechterte sich innerhalb kürzester Zeit dramatisch. Nach nur vier Tagen lag er im Koma, und seine Organe versagten. Er starb am 11. November 2001 im Alter von 23 Jahren.

Das Transplantat in Lykins Knie stammte von einem Mann, dessen Leiche vor der Gewebeentnahme 19 Stunden ohne Kühlung gewesen war. Dies verstieß gegen die Standards der AATB. CryoLife war zum damaligen Zeitpunkt noch immer nicht bei der AATB akkreditiert – dies geschah erst im Jahr 2005. Da die Leiche des Spenders über viele Stunden ungekühlt blieb, konnte sich ein seltener Keim im Körper des Toten vermehren. Es handelte sich um das Bakterium Clostridium sordellii. Obwohl das Knieband mit einem antimikrobiellen Cocktail behandelt wurde, infizierte sich Brian Lykins. CryoLife weist in einem Schreiben an die Autorin darauf hin, dass das Gewebe desinfiziert wurde, »alt-

---

39 Candida albicans Endocarditis Associated with a Contaminated Aortic Valve Allograft – California, 1996, in: *Morbidity and Mortality weekly*, 46(12) vom 28. 3. 1997

40 CryoLife weist in einem Schreiben an die Autorin darauf hin, dass die FDA erst 2005 letztgültige Regeln für die Spenderauswahl und Gewebeprozessierung herausgegeben habe. Die Firma hat ihre Standards den FDA-Vorschriften angepasst.

hough the Clostridium organism was unknown to the treatment methods that were standard at the time«.[41] Nach Aussage von Axel Pruß, Leiter der Gewebebank der Charité, handelt es sich bei Clostridium sordellii um einen besonders gefährlichen Erreger, der sich durch Sterilisierungsmaßnahmen nur schwer beseitigen lässt.[42]

Der Todesfall alarmierte erneut die Experten der staatlichen CDC, die im Dezember 2001 gemeinsam mit der FDA die Firma CryoLife inspizierten. Nach Recherchen der CDC erhielten acht weitere Patienten CryoLife-Transplantate desselben Spenders. Einer von ihnen entwickelte ebenfalls eine Infektion. Clostridium sordellii wurde in diesem Fall nicht nachgewiesen.[43] Die CDC untersuchten ferner 19 nicht verpflanzte Transplantate desselben Spenders, in zwei Transplantaten wurde Clostridium sordellii identifiziert. Im Januar 2002 teilten die CDC-Experten CryoLife dies mit und formulierten Empfehlungen, wie die Firma ihre Verarbeitungs- und Testverfahren verbessern sollte.[44] Als die FDA das Unternehmen jedoch im März/April 2002[45] erneut inspizierte, war von Verbesserungen wenig zu sehen. Vielmehr registrierten die Ermittler »zahlreiche, schwerwiegende Verstöße gegen FDA Vorschriften«.[46] Im Juni verschickte die FDA ein Warnschreiben (warning letter) an CryoLife. Unter anderem hielt die Behörde der Firma vor, ihre Verarbeitungs- und Testmethoden nicht ausreichend validiert zu haben – validieren heißt so viel wie den Nachweis führen, dass ein Verfahren verlässlich funktioniert. Die Firma habe weder die von den CDC vorgeschlagenen Maßnahmen angemessen umgesetzt noch andere geeignete Maßnahmen ergriffen, um

41 Schreiben Jim McCarthy im Auftrag von CryoLife vom 5.3.2007
42 Auskunft Axel Pruß vom 16.6.2008
43 Update: Allograft-Associated Bacterial Infections — United States, 2002, in: *Morbidity and Mortality weekly*, 51 (10) vom 15. 3. 2002
44 http://www.fda.gov/ora/frequent/CryoLife_order.htm. Order for Retention, Recall, and/or Destruction der FDA an den CryoLife Geschäftsführer Steven G. Anderson vom 13. 8. 2002
45 Die Inspektion fand vom 25. 3. bis 12. 4. 2002 statt
46 http://www.fda.gov/cdrh/safety/humantissue.html

sicherzustellen, dass durch die Firma prozessiertes Gewebe nicht kontaminiert sei.[47]

Die FDA ordnete den Rückruf zahlreicher CryoLife-Produkte an

Schon nach Bekanntwerden des Falls Lykins hatten die CDC-Experten begonnen, nach weiteren Infektionen zu forschen, indem sie Behörden und Ämter aufriefen, über Komplikationen nach einer Gewebetransplantation zu berichten. Im März 2002 gaben die CDC das Ergebnis bekannt: 26 Infektionen waren gemeldet worden, 14 davon im Zusammenhang mit CryoLife-Transplantaten. 13 von 26 Patienten waren mit den gefährlichen Erregern Clostridium septicum und Clostridium sordellii infiziert; in elf dieser Fälle stammten die Transplantate von CryoLife.[48] Unterdessen erfuhr die FDA von zwei Fällen, bei denen Patienten Komplikationen entwickelten, nachdem sie 2001 bzw. 2002 eine CryoLife-Herzklappe erhalten hatten.[49] Wie erwähnt, verschickte die FDA im Juni 2002 einen Warnbrief an CryoLife, doch die Firma reagierte nicht zur Zufriedenheit der Behörde. Damit war die FDA am Ende ihrer Geduld: Im August 2002 ordnete sie den Rückruf sämtlicher orthopädischer Transplantate an, die CryoLife seit dem 3. Oktober 2001 verarbeitet hatte.

CryoLife-Herzklappen waren vom Rückruf ausgenommen: »Der Grund dafür ist, dass diese Hilfsmittel für die Korrektur angeborener Herzfehler bei Neugeborenen und kindlichen Patienten wesentlich sind und keine zufriedenstellenden Alternativen existieren. Unter diesen Umständen überwiegt der Nutzen dieser

---

47 http://www.fda.gov/cdrh/safety/humantissue.html. FDA Public Health Web Notification: Human Tissue Processed by CryoLife, Inc. vom 21.8.2002

48 Update: Allograft-Associated Bacterial Infections — United States, 2002, a. a. O.

49 FDA Public Health Web Notification: Human Tissue Processed by CryoLife, Inc. vom 21. 8. 2002

Hilfsmittel das Risiko, das mit den gegenwärtigen Herstellungsmängeln verbunden ist«, teilte die FDA mit. Ausdrücklich betonte die Behörde: »Die FDA hat noch immer ernsthafte Bedenken bezüglich der Verarbeitung und Handhabung von Herzklappen durch CryoLife, weil Patienten, die diese Hilfsmittel erhalten, ein womöglich erhöhtes Risiko für Infektionen haben.« Chirurgen, die CryoLife-Herzklappen transplantieren wollten, erhielten von der FDA den Rat, die Verpflanzung von Klappen anderer Hersteller in Betracht zu ziehen. Die Empfehlung an Ärzte, die CryoLife-Herzklappen bereits eingesetzt hatten, lautete, auf mögliche Bakterien- oder Pilzinfektionen der Patienten zu achten. Die Mediziner sollten ihre Patienten zudem über die Bedenken der FDA informieren und das möglicherweise erhöhte Infektionsrisiko mit ihnen besprechen.[50]

Der Skandal im Jahr 2002 hatte spürbare Folgen für CryoLife: Die Firma rief eine große Anzahl möglicherweise verseuchter Transplantate zurück, sofern sie nicht bereits verpflanzt waren. Zahlreiche Mitarbeiter wurden entlassen. Der Wert der CryoLife-Aktie sank vorübergehend dramatisch. Die entstandenen Kosten waren beträchtlich. Überdies war das Ansehen der Firma nachhaltig beschädigt.

Anfang 2007 wurde die Sparte für orthopädische Transplantate an den Konkurrenten Regeneration Technologies Incorporated abgegeben – der die Verwicklung in einen jüngeren amerikanischen Gewebeskandal offenbar gut verkraftet hat (s. Seite 91ff.).

Streptokokken-Infektion

Im September 2003 erkrankte erneut ein Patient, der zuvor ein Transplantat von CryoLife erhalten hatte. CryoLife hatte Gewebeproben des Spenders vor der Verarbeitung getestet und ein Bakterium der Gruppe A Streptokokkus gefunden, auch dies laut Cha-

---

50 FDA Public Health Web Notification: Human Tissue Processed by CryoLife, Inc. vom 21. 8. 2002

rité-Gewebebankleiter Pruß ein gefährlicher Erreger. Statt das Gewebe auszumustern, entschied CryoLife, das Gewebe zu verarbeiten. Nach dem Bad im antimikrobiellen Cocktail ließ sich der Erreger nicht mehr nachweisen. Im September 2003 erhielt der Teenager James Vigil aus Colorado ein Sehnenstück des Spenders ins rechte Knie gepflanzt. Daraufhin entwickelte er eine Streptokokken-Infektion, an seinem rechten Bein ging Gewebe zugrunde. Das Sehnenstück musste entfernt werden, der junge Mann benötigte eine wochenlange intravenöse Antibiotika-Therapie. Nachdem eine Probe des Transplantats zu CryoLife geschickt worden war, stellte sich bei einem genetischen Vergleich heraus, dass der Erreger mit dem des unverarbeiteten Gewebes identisch war. Die FDA hielt der Firma im Oktober 2003 vor, dass insbesondere der antimikrobielle Cocktail nicht ausreichend auf seine Wirksamkeit geprüft worden sei.

CryoLife hat eine gewisse Routine darin entwickelt, eingehende Katastrophenmeldungen zu managen. Wenn die Firma über eine Infektion informiert wurde, leitete sie umgehend eine Untersuchung ein, die regelmäßig zu dem gleichen Ergebnis kam: Die Ursache könne nicht festgestellt werden. Mehrfach führten Patienten, die ein Transplantat erhalten hatten, Schadensersatzprozesse gegen CryoLife; die Keenan Law Firm in Atlanta, Georgia, vertrat beispielsweise vier Betroffene vor Gericht. Die Firma CryoLife wurde jedoch nicht in einem einzigen Fall rechtskräftig verurteilt. Schadensersatzforderungen der Betroffenen wurden nicht selten außergerichtlich geregelt.

Seit Januar 2008 haben die Anwälte der Firma wieder zu tun. Erneut reichte ein möglicherweise geschädigter Patient Klage gegen die Firma ein: der Landmaschinenmechaniker Michael Hohenbery aus Illinois, vertreten durch die Keenan Law Firm. Laut Anklageschrift[51] begann die Leidensgeschichte des Mittvierzigers im Dezember 2006, als Hohenbery ein Stück Meniskus eines Spenders eingepflanzt bekam. Der Mann soll im Alter von 20 Jahren aufgrund mehrerer Schusswunden gestorben sein. Nach der Transplantation des Meniskus-Stücks habe sich das Knie von

---

51 Die Anklageschrift liegt der Autorin vor

Hohenbery entzündet. Bei zwei Punktionen im Januar und Februar 2007 sei das Bakterium Clostridium septicum nachgewiesen worden. Im März habe CryoLife dem behandelnden Arzt von Michael Hohenbery mitgeteilt, dass zwei noch nicht verschickte Gewebetransplantate desselben Spenders ebenfalls positiv auf ein Clostridium-Bakterium getestet worden seien.

Hohenbery musste sich seit der Transplantation mehreren Folgeoperationen unterziehen und wird in Zukunft womöglich ein neues Kniegelenk brauchen. Er ist arbeitsunfähig und wird den Rest seines Lebens vermutlich auf Antibiotika und Schmerzmedikamente angewiesen sein. Die Keenan Law Firm hat CryoLife auf 110 Millionen Dollar verklagt – 10 Millionen Dollar soll die Firma Hohenbery für materielle und immaterielle Schäden zahlen, 100 Millionen als Strafzahlung (punitive damages) für ihre angeblichen Versäumnisse.

Die Firma reagiert unterdessen wie gewohnt: Sie weist alle Vorwürfe zurück. »Wir bedauern, dass dieser Empfänger nach dem Einpflanzen unseres aseptisch-prozessierten Gewebes ein Problem entwickelt hat. Wir wünschen ihm das Beste; allerdings war seine Kniefunktion nach unserem Verständnis bereits vor der Meniskus-Transplantation schwer beeinträchtigt«, sagt Ashley Lee, Vize-Präsident und Geschäftsführer des Unternehmens, in einer Pressemitteilung. Die Firma CryoLife habe, sobald sie von der Infektion erfuhr, sorgfältig untersucht, wie das transplantierte Gewebe gewonnen und behandelt wurde. Im Ergebnis sei die Firma überzeugt, bei der Produktion alle Vorschriften und Standards eingehalten zu haben. Wie vorgeschrieben, habe CryoLife unmittelbar nach Entdeckung der Infektion die Gesundheitsbehörde FDA unterrichtet. »Wir beabsichtigen, uns entschieden gegen diese Klage zu wehren.«[52]

---

52 Pressemitteilung CryoLife vom 11. 1. 2008

Fatal: Creutzfeldt-Jakob-Krankheit
nach Hirnhaut-Verpflanzung

Ludwig Georg Braun ist Vorstandschef der B. Braun Melsungen AG, eines weltweit agierenden Konzerns aus Nordhessen. Das Unternehmen stellt Produkte für die medizinische Versorgung her, zum Beispiel Dialysegeräte, Spritzen oder sogenannte Braunülen – einteilige Plastikkanülen, nach der Firma benannt. Bereits seit 1977 trägt Braun, Jahrgang 1943, die kaufmännische Gesamtverantwortung in dem Familienunternehmen. Der Öffentlichkeit ist er bekannt als Präsident des Deutschen Industrie- und Handelskammertages und als Unternehmer mit christlichen Überzeugungen. Seinen deutschen Mitarbeitern pflegt der Protestant täglich zur Mittagszeit ein Gebet, einen Psalm oder einen Denkspruch in die Mailbox zu senden. »Lass uns erkennen, was gut ist für uns und andere, damit wir alle uns am Leben freuen können«,[53] heißt es in so einer frommen Botschaft zum Tage beispielsweise. Braun redet gerne über Ethik: »Unternehmer in einer globalen Wirtschaft tragen globale Verantwortung«, sagte er einmal dem *Manager Magazin*. Und: »Europäische Unternehmen fußen auf christlichen Grundwerten. Das ist nun einmal die Basis unserer Kultur. Das bedeutet vor allem, die Würde des Individuums zu achten.«[54]

In der Vergangenheit hat es B. Braun mit der Würde des Individuums offenbar nicht so genau genommen. Fast drei Jahrzehnte lang, von 1968 bis 1996, besorgte[55] sich die Firma aus deutschen Kliniken unter oft fragwürdigen Umständen die harte Hirnhaut von Verstorbenen. Das Gewebe, in der Fachsprache Dura mater genannt, wird bei Obduktionen entfernt, um das Gehirn untersuchen zu können. In den 1960er Jahren fand man heraus, dass der Obduktionsrest als Wundpflaster taugt.[56] Vor allem bei neurochi-

---

53 Botschaft vom 28.5.2004
54 »Total entwurzelt«. Interview von Henrik Müller mit Ludwig Georg Braun, *Manager Magazin* Heft 9/2002
55 Schreiben B. Braun Melsungen vom 12.3.2008
56 Auskunft Wolfgang Eisenmenger, Vorstand des Instituts für Rechtsmedizin der Universität München

rurgischen Eingriffen war Dura mater bald sehr beliebt. Die Angehörigen ahnten unterdessen meist nichts von der pharmazeutischen Verwertung ihrer Verstorbenen. Bis Anfang der 1990er Jahre dokumentierte B. Braun in vielen Fällen nicht einmal, von welcher Leiche ein Gewebe stammte.[57] Die Firma bekam ihr Material zum Beispiel von Sektionsgehilfen, die in der Klinikhierarchie auf der niedrigsten Stufe stehen. Sie zahlte ihnen zwischen 15 und 20 DM pro Dura mater[58], bar oder per Barscheck.[59] Die fertigen Transplantate – Markenname Lyodura – kosteten ein Vielfaches, je nach Größe lag der Preis beispielsweise 1995 zwischen 200 und 1900 DM das Stück.[60] Die Lyodura-Produkte wurden auch in Japan, Australien, England und Kanada vertrieben.

Die Firma B. Braun bezog ihr Rohmaterial teilweise aus dem Ausland, zum Beispiel Russland, aber auch von insgesamt etwa 90 deutschen Einrichtungen.[61] Deren Mitarbeiter agierten oft in einer juristischen Grauzone. So ahnten viele Patienten nicht, dass sie mit dem Aufnahmeantrag im Krankenhaus oft indirekt ihr Einverständnis zu einer möglichen Obduktion gaben (s. Seite 205). Viele Mediziner gingen stillschweigend davon aus, dass sie sich bei den Leichen bedienen durften. Vorsichtshalber handhabe man die Sache mancherorts diskret. Nicht einmal die Bestatter bekamen in solchen Fällen mit, dass den Toten Körperteile fehlten. Sie gaben die Särge beim Klinikpersonal ab und bekamen sie mit den fertig gewaschenen und angekleideten Leichen zurück. Teilweise gaben Sektionsassistenten den kostbaren Rohstoff weiter, ohne den Chefarzt oder die Klinikleitung zu informieren.[62]

---

57 Dies geht aus Listen und einem zusammenfassenden Bericht der Berliner Gesundheitsbehörde hervor; beides liegt der Autorin vor
58 Schreiben B. Braun Melsungen vom 12. 3. 2008
59 Bericht des Hessischen Ministeriums für Familie und Gesundheit vom 10. 12. 1993
60 Schreiben von B. Braun Melsungen vom 12. 3. 2008
61 Schreiben B. Braun Melsungen vom 12. 3. 2008
62 Dies geht aus einem Urteil des Schöffengerichts Berlin gegen zwei Sektionsassistenten hervor, das am 31. 5. 1995 rechtskräftig wurde

Nachforschungen des Senats für Gesundheit in Berlin förderten 1996 bei der Firma B. Braun Listen zutage, die angefertigt wurden, um Spender rückzuverfolgen. B. Braun soll demnach im Zeitraum von 1988 bis 1993 von Berliner Krankenhäusern 3573 harte Hirnhäute erhalten haben. Dabei machte man eine erschreckende Entdeckung: Von den überhaupt identifizierbaren Spendern hatte jeder zwanzigste eine ansteckende Krankheit, die eine Weitergabe der Hirnhaut hätte ausschließen müssen. Die Bilanz der verseuchten Leichengewebe: einmal HIV, viermal Hepatitis, viermal Syphilis, 28-mal Tuberkulose sowie 41-mal Krebs. Ein niederschmetterndes Ergebnis, auch wenn die Firma ein Sterilisierungsverfahren einsetzte, um mögliche Erreger abzutöten.[63]

Prionen – die tödliche Gefahr

Das größte Problem von Dura-mater-Transplantaten war aber damit noch gar nicht erfasst: infektiöse Prionen, die das tödliche Gehirnleiden Creutzfeldt-Jakob (Creutzfeldt-Jakob-Disease – CJD) auslösen. Die Gefahr wurde erstmals 1987 offenbar – es kann Jahrzehnte dauern, bis die Krankheit zum Ausbruch kommt. Damals verschickte die amerikanische Gesundheitsbehörde FDA eine Sicherheitswarnung[64] an Tausende von Kliniken und forderte sie dazu auf, alle Lyodura-Packungen zu entsorgen, die keine Chargenbezeichnung trugen oder deren Chargennummer mit einer »2« begann. Der Grund: Eine junge Frau war in den USA gestorben, nachdem sie 22 Monate zuvor ein Stück Hirnhaut eingepflanzt bekommen hatte. Das Transplantat mit der Chargennummer 2105 war nach FDA-Angaben 1982 von B. Braun in Westdeutschland verpackt und von Tri Hawk International in Montreal vertrieben worden. Wenige Wochen nach der Sicher-

---

63 Die Listen liegen der Autorin vor; die Firma B. Braun weist darauf hin, dass sie über ein Sterilisierungsverfahren mit Inaktivierungsschritten verfügt habe, das Erreger sicher inaktivierte
64 www.fda.gov/cdrh/safety/042887-dura.pdf. FDA SAFERY ALERT vom 28. 4. 1987

heitswarnung gab die FDA eine Importwarnung an lokale Zollstationen heraus: »Halten Sie alle Lyodura-Sendungen (Dura mater) von Tri Hawk International, Inc., Montreal, Quebec, Canada oder der B. Braun AG in Westdeutschland zurück«, verlangte die Behörde. »Dies ist der erste bekannte Fall einer CJD-Übertragung im Zusammenhang mit Dura mater. Derzeitige Sterilisierungsmethoden inaktivieren den CJD-Erreger nicht vollständig.«[65]

Die Experten der staatlichen Centers for Disease Control and Prevention forschten gemeinsam mit der FDA nach der Ursache der Infektion, indem sie zehn andere Dura-mater-Hersteller nach ihrer Produktionsweise befragten. Dabei traten bemerkenswerte Unterschiede zutage:

– Alle befragten Hersteller verfügten über Daten, die es erlaubten, jeden einzelnen Spender zu identifizieren. Im Fall des fraglichen Lyodura-Produkts mit der Chargennummer 2105 gelang es den Experten nicht, den Spender zu identifizieren. Ein Vertreter von B. Braun teilte laut CDC und FDA mit, die Firma besitze keine Daten zur Spenderidentifikation.[66]

– Die befragten Hersteller verarbeiteten jede Hirnhaut einzeln. B. Braun jedoch mischte die Hirnhäute verschiedener Spender bei der Herstellung einer Charge.[67] Dieses sogenannte Pooling

---

65 www.fda.gov/ora/fiars/ora_import_ia8403.html Import alert vom 27. 6. 1987

66 http://www.cdc.gov/mmwr/preview/mmwrhtml/00019036.htm. Epidemiologic Notes and Reports Update: Creutzfeldt-Jakob Disease in a Patient Receiving a Cadaveric Dura Mater Graft, in: *Morbidity and Mortality Weekly Report* vom 5. 6. 1987, Bd. 36, Nr. 21. Die Firma Braun teilt dazu im Schreiben vom 12. 3. 2008 mit, ihre Entnahmevorschriften hätten unter anderem vorgesehen, »dass wir für jede erhaltene Dura mater Angaben zur Institution, aus der die jeweilige Dura mater stammte, erhielten, sowie die Sektionsnummer, die im Bedarfsfalle eine Rückverfolgung zum Spender ermöglichte. Ein direkter Zugriff auf Patientendaten – ohne Einschaltung der medizinischen Institution – war uns aus Gründen des Datenschutzes verwehrt.«

67 B. Braun bestätigt: »Da nach dem seinerzeitigen Stand der wissenschaftlichen Erkenntnisse eine Sterilisation mit Gammastrahlen mit

war bei den befragten Herstellern mit gutem Grund schon damals verpönt: Falls das Sterilisierungsverfahren versagte, konnte eine einzige infizierte Hirnhaut unter Umständen auch andere verseuchen.

Das Fazit der Ermittler: »Aufgrund der Unterschiede bei der Herstellung von Lyodura und anderen Produkten könnte Lyodura ein höheres Risiko haben, die CJD zu übertragen als andere in den USA eingesetzte Dura-mater-Produkte.[68]

B. Braun reagierte umgehend auf den ersten bekannt gewordenen CJD-Verdachtsfall, indem es sein Sterilisierungsverfahren verbesserte[69] und weltweit Lyodura-Packungen der Charge 2105 vom Markt zurückrief. Allerdings ließ die Firma die übrigen nach der alten Methode hergestellten Produkte noch etwa zwei Jahre im Handel – und brachte damit weitere Patienten in Gefahr. Erst Anfang 1989 entschloss sie sich zum Rückruf dieser Packungen.

Die breite Öffentlichkeit in Deutschland erfuhr davon erst Jahre später: »Es wurde uns im Zusammenhang mit unserem Implantat Lyodura ein möglicher zweiter Verdachtsfall gemeldet«, begründete 1996 der für das Lyodura-Marketing zuständige Gerhard Meil[70] im Hessischen Fernsehen den Schritt der Firma, »wir haben daraufhin vorsorglich, obwohl unser Produkt nach unserer

---

einer Dosis von 2,5 MradCo60 als eine Methode angesehen wurde, die zu einer vollständigen Inaktivierung aller seinerzeit bekannten Erreger, die Krankheiten übertragen konnten, führt, erfolgte bis Mai 1987 sowohl die Sammlung von Dura mater als auch deren Aufbereitung zu Lyodura gemeinsam.«

68 Im Schreiben von B. Braun heißt es: »Es ist niemals festgestellt worden, dass Lyodura ursächlich für die angebliche CJD-Erkrankung der Frau war.«

69 Im Schreiben von B. Braun heißt es: »Zusätzlich zu den bisherigen Prozessierungsschritten wurden die Transplantate in Natronlauge behandelt; die Hirnhäute wurden nun auch einzeln gesammelt und separat verarbeitet.«

70 Laut B. Braun war Gerhard Meil ab Oktober 1995 Prokurist einer Tochtergesellschaft von B. Braun und für das Marketing von Lyodura bis zu deren Vertriebseinstellung im Juni 1996 zuständig

Auffassung nach wie vor sicher war, einen weltweiten Rückruf durchgeführt.«»Braun hatte zwar aus Sicherheitsgründen das Reinigungsverfahren verbessert«, spottete seinerzeit der Autor des Beitrags, Herbert Stelz, »doch für die Patienten waren auch die weniger sicheren Produkte noch sicher genug.«[71]

Stelz trug durch seine Recherchen wesentlich dazu bei, dass die Geschehnisse um Lyodura der Öffentlichkeit bekannt wurden. Tausende von deutschen Patienten hatten jährlich Transplantate von B. Braun eingepflanzt bekommen. Unter ihnen soll eine junge Frau aus einer Kleinstadt im Fränkischen gewesen sein. 1984 wurde die 18-Jährige im Leopoldina-Krankenhaus der Stadt Schweinfurt operiert – ein Tumor im Rückenmark musste entfernt werden. Die Ärzte schlossen die Wunde mit einem wenige Zentimeter großen Stück Hirnhaut. Die junge Frau erholte sich von dem Eingriff und konnte wieder arbeiten gehen. Sieben Jahre später allerdings wurde sie erneut eingeliefert, diesmal in die Universitätsklinik Erlangen. Die Patientin zitterte stark und hatte Sprachstörungen, ihre Muskeln zuckten und krampften, sie konnte ihre rechte Körperhälfte zunehmend schlechter bewegen, mitunter bekam sie Schreianfälle. Eine Computertomographie ergab keinen Hinweis, dass sich der Tumor erneut gebildet hatte. Am Ende ihrer Leidenszeit lag die Frau im Wachkoma. Zwei Monate nach Ausbruch der Krankheit starb sie mit 26 Jahren.

Mediziner der Universitätsklinik Erlangen und des Leopoldina-Krankenhauses in Schweinfurt arbeiteten den Fall auf, unterstützt durch den renommierten Creutzfeldt-Jakob-Forscher Paul Brown von den National Institutes of Health in den USA: »Wir glauben, dass diese Patientin die erste Deutsche ist, die Creutzfeldt-Jakob durch eine Hirnhaut-Implantation übertragen bekam«, schrieben sie 1995 im *European Journal of Epidemiology*[72] und: »Das Hirnhaut-Material wurde 1983 durch die B. Braun Dexon GmbH

71 Herbert Stelz: Neues von Braun Melsungen, in: Trends: Neues aus der Wirtschaft, gesendet am 10. Juli 1996, Hessen drei

72 C. J. G. Lang u. a.: Probable Creutzfeldt-Jakob disease after a cadaveric dural graft, in: *European Journal of Epidemiology*, 11, 1995

aufbereitet, eine Tochterfirma der B. Braun AG, Deutschland.[73]«
In diesem Zusammenhang fielen den Medizinern Ähnlichkeiten
mit anderen weltweit gemeldeten Fällen auf: »Darüber hinaus haben beinahe alle diese Fälle, wie der unsrige, Lyodura-Implantate
erhalten, die in der Zeit von 1983 bis 1985 hergestellt worden waren.« Die Firma B. Braun erfuhr nach eigenen Angaben erstmals
1993 durch das damalige Bundesgesundheitsamt von dem Fall. Bis
heute hält sie es nicht für erwiesen, dass die Patientin ein Lyodura-
Transplantat transplantiert bekam. Auch sei nicht sicher, ob die
Frau tatsächlich an CJD erkrankt gewesen sei, vor allem weil weder zu Lebzeiten eine Gewebeprobe entnommen, noch nach ihrem Tod eine Obduktion durchgeführt wurde. Ein kausaler Zusammenhang zwischen Transplantation und Erkrankung sei nicht
zu belegen.

Herbert Stelz spürte die Angehörigen der Patientin 1996 in mühsamer Suche auf. Erst durch ihn erfuhren die Eltern und Brüder der
Verstorbenen von der Todesursache. »Wir wussten davon nichts.
Wir haben an alle möglichen Punkte gedacht, aber an den Punkt mit
der künstlichen Hirnhaut haben wir nicht gedacht«, sagte einer der
Brüder im Fernsehsender Hessen drei. Fassungslos kommentierte
er auch das Verhalten der Herstellerfirma: »Ich find's halt in dem
Fall unverantwortlich, weil meine Schwester mit Sicherheit kein
Einzelfall ist … Da haben ja mit Sicherheit mehrere Leute noch diese Hirnhaut eingepflanzt gekriegt.«[74] Anfang 1998 wandte sich ein
Anwalt der Angehörigen an B. Braun und forderte Schadensersatz
und Schmerzensgeld. Nach Angaben der Firma bearbeitete ihr Versicherer den Fall weiter. Aber wegen der fehlenden Nachweise ist
laut B. Braun davon auszugehen, dass weder Schadensersatz noch
Schmerzensgeld oder Entschädigung gezahlt worden sei.

---

73 B. Braun war nach eigenen Angaben von 1972 bis 1996 gemeinsam mit
   einem Dritten zu gleichen Teilen an der B. Braun Dexon GmbH beteiligt
74 Herbert Stelz: Creutzfeldt-Jakob durch Leichenhirnhaut? In: DIENSTAG – Das starke Stück der Woche gesendet am 18. 6. 1996, Hessen
   drei

B. Braun stellte die Produktion und den Vertrieb der Hirnhäute im Juni 1996 ein. Wegen »Art und Form der öffentlichen Diskussion«, so lautete die Begründung der Firma seinerzeit.

Katastrophe in Japan

Für viele Patienten kam der Schritt zu spät. Bis heute infizierten sich weltweit 196 Menschen mit der Creutzfeldt-Jakob-Krankheit, nachdem sie Dura-mater-Transplantate unterschiedlicher Hersteller, darunter B. Braun, eingepflanzt bekommen hatten. In Deutschland waren acht Patienten betroffen. Die Zahlen ermittelten internationale Forscher um den Spezialisten Paul Brown, unterstützt von nationalen Creutzfeldt-Jakob-Überwachungsteams. »Für Empfänger von Dura-mater-Transplantaten war der einzige Risikofaktor der Gebrauch von Transplantaten der Marke Lyodura, die vor 1987 prozessiert wurden«, schreiben die Autoren. Nur sehr wenige Fälle hätten nicht im Zusammenhang mit Lyodura-Transplantaten gestanden.[75] Die Firma B. Braun teilt dazu mit, es müsse stets ermittelt werden, ob tatsächlich Lyodura und nicht Dura mater eines anderen Herstellers verpflanzt worden sei. Nach ihrem derzeitigen Informationsstand würden weltweit 144 Fälle einer Creutzfeldt-Jakob-Erkrankung mit Lyodura in Verbindung gebracht, in Deutschland vier. Ein Kausalzusammenhang sei nicht in einem einzigen Fall gerichtlich belegt.[76]

Am schwersten traf der Hirnhautskandal Japan, wo das Gesundheitsministerium die Verwendung von Lyodura erst 1997 verbot, zehn Jahre nach der Importwarnung der amerikanischen Gesundheitsbehörde. Bislang habe man in Japan 123 Fälle einer Creutzfeldt-Jakob-Infektion im Zusammenhang mit Dura-mater-Transplantation registriert, so die Veröffentlichung in der Fachzeitschrift *Neurology*. Nach Angaben von B. Braun werden davon

---

75 Paul Brown u. a.: Iatrogenic Creutzfeldt-Jakob disease: The waning of an era, in: *Neurology* 67/2006; zunächst online veröffentlicht am 19. 7. 2006

76 Schreiben vom 12. 3. 2008 und Mitteilung vom 4. 7. 2008

115 mit einem Lyodura-Transplantat in Verbindung gebracht.[77] Zahlreiche japanische Patienten klagten gegen B. Braun und den Importeur der Firma auf Schadensersatz. Im Jahr 2002 stimmte B. Braun nach eigenen Angaben einem Vergleich mit mehreren Klägern zu. Laut Satoshi Imoto, Deutschlandkorrespondent des japanischen Fernsehens, zahlten neben B. Braun auch die Vertriebsfirma Nihon BSS sowie die japanische Regierung erhebliche Summen. Nach den Recherchen von Imoto, Autor von mehreren Fernseh-Dokumentationen über die Lyodura-Fälle, wurden in Japan bis heute insgesamt mehr als 100 Personen durch die verschiedenen Parteien abgefunden.[78] B. Braun macht über die Höhe der Entschädigungszahlungen und die Zahl der abgefundenen Kläger keine Angaben.

Eine Schuld vermag die Firma in keinem der weltweit dokumentierten Fälle zu erkennen: »Bisher ist in keinem einzigen gerichtlichen Verfahren rechtskräftig festgestellt worden, dass ein kausaler Zusammenhang zwischen der Implantation von Lyodura und dem Ausbruch einer CJD besteht.«

---

77 Schreiben B. Braun Melsungen vom 12. 3. 2008 und vom 4. 7. 2008
78 Mail von Satoshi Imoto vom 19. 3. 2008

Exkurs

Rechtsmedizin im Krimi – Fakten, Fakten, Fakten

Der nette Quincy machte den Anfang. Anfang der 1980er lernten deutsche Fernsehzuschauer den Rechtsmediziner aus Los Angeles während einiger Folgen in der ARD kennen, in den 1990er Jahren konnten sie auf RTL die restlichen 129 sehen. Quincy, dessen Vornamen man nie erfuhr, gab Kriminalfällen unverhoffte Wendungen, dank akribischer Arbeit an der Leiche und im Labor. Jack Klugman verkörperte seinen Quincy mit Witz und Eigensinn. Von seinen Nachfolgern in neueren Serien hält er nicht allzu viel: »Alle diese anderen Shows haben uns nachgemacht, bloß mit mehr Blut und Sex. Unsere Show hatte noch ein Anliegen, wir hatten eine Botschaft und eine Moral. Aber man kann ja Gold nicht mit Blech vergleichen …«[1]

Seit *Quincy* sind Rechtsmediziner als TV-Helden in Mode gekommen. Im Jahr 2000 startete in den USA die Serie *CSI (Crime Scene Investigation): Den Tätern auf der Spur*, die zeitweise 55 Millionen Zuschauer hat. Eine Sonderkommission der Polizei versucht mit modernsten Methoden der Kriminalistik Verbrechen aufzuklären. Die Toten sind nicht nur Ausgangspunkt für Ermittlungen, sondern selbst im Zentrum der Serie. Man sieht detaillierte Beweisaufnahmen am toten Körper, in rasanten Clips werden Tathergang und Todesmoment nachgestellt – so kann man etwa den Weg einer Kugel durch den Körper verfolgen. Während bei *Quincy* das psychologische Umfeld eines Opfers noch von Bedeutung war, bleibt bei *CSI* keine Zeit für eine Story oder die Motive des Täters. Es geht um die Fakten, die aus der Leiche sprechen. In *CSI* würden Tote »als wissenschaftliche Forensikobjekte« funktiona-

---

1 http://www.imdb.com/name/nm0001430/bio
The Internet Movie Database, Biography for Jack Klugman, Personal Quotes on his show Quincy M. E.

lisiert, sagt die Berliner Sozialwissenschaftlerin Tina Weber, die eine Dissertation über filmische Inszenierungen des Todes und den kulturellen Umgang mit dem Tod schreibt.[2]

CSI war so erfolgreich, dass die Serie zahlreiche Ableger hatte: neben *CSI Miami* und *CSI New York* auch die Serien *Autopsy* oder *Crossing Jordan*. Fernsehzuschauer hierzulande bekommen neben amerikanischen Serien zunehmend deutsche Eigenproduktionen präsentiert. Zum Beispiel den *CSI*-Klon *Post Mortem*, bei dem ein Team um den Rechtsmediziner Dr. Koch (Hannes Jaenicke) mit Mikroskop, Pinzette und Computersimulation das Sterben von Verbrechensopfern rekonstruiert. Bei Sat 1 heißt der *CSI*-Abklatsch Rechtsmedizinische Investigative Sonderkommission, kurz *R. I. S. – Die Sprache der Toten*.

Im ZDF lief bereits seit 1998 die Serie *Der letzte Zeuge* mit dem verstorbenen Oscar-Preisträger Ulrich Mühe in der Rolle des Gerichtsmediziners Robert Kolmaar. Auch in herkömmlichen Krimis wie *Tatort* spielen Rechtsmediziner zunehmend tragende Rollen. Prominentestes Beispiel ist Jan Josef Liefers alias Professor Karl-Friedrich Boerne vom *Tatort*-Team in Münster.

Die Medienpräsenz der Rechtsmediziner beeinflusst laut einer Umfrage von Wissenschaftlern aus Mainz und Düsseldorf bereits den Berufswunsch von Medizinstudenten. Dabei haben die Fernsehkrimis mit der Realität oft wenig zu tun. »Was dort gezeigt wird, ist Zauberei«, sagte der Frankfurter Rechtsmediziner Hansjürgen Bratzke der *Ärzte Zeitung*.[3]

---

2 Tina Weber: Die Aussagen der Toten über das Leben. Pathologie als Thema aktueller Fernsehserien. Vortrag bei der Veranstaltung *Tabuthema Tod. Präsent in den Medien, verdrängt im Alltag* in der Reihe tv impuls der Freiwillige Selbstkontrolle Fernsehen e. V. vom 15. 12. 2006

3 Pete Smith: TV-Serien motivieren Medizinstudenten, in: *Ärzte Zeitung* vom 18. 1. 2008

»Wir können zwar auch zaubern, aber es dauert viel länger.«
Zum Beispiel lassen sich DNA-Spuren nicht mal eben schnell
am Tatort analysieren. Auch beugen sich Ermittlerinnen ge-
wöhnlich nicht mit langem offenem Haar über Leichen, weil
das Beweise kontaminieren könnte, und Insekten werden
nicht einzeln unterm Mikroskop seziert, sondern üblicherweise in einen Mixer geworfen.

Solche Fehler ändern nichts an der Beliebtheit von Forensik-Krimis. Hierzulande sehen oft mehr als fünf Millionen Menschen eine *CSI*-Episode. Die Begeisterung des Pu-
blikums für alles, was mit Tod und dem toten Körper zu tun
hat, steht in seltsamem Kontrast zum Verschwinden der Leiche aus dem Alltagsleben (s. Seite 171). Zwar ist unter Wissenschaftlern umstritten, ob der Tod in unserer Gesellschaft
tatsächlich verdrängt wird, wie es der Historiker Philippe
Ariès in seiner *Geschichte des Todes* behauptet. Fakt ist aber,
dass vor allem viele junge Menschen in ihrem Leben noch nie
einen Toten gesehen haben. Es ist zur Ausnahme geworden,
dass Angehörige ihrem Verstorbenen einen letzten Liebesdienst erweisen, indem sie ihn selber waschen. Von dieser
Scheu vor der Leiche und der Ferne zu ihr ist nichts zu spü-
ren, wenn es in den Fernsehkrimis zur Sache geht. Da werden Knochen mit cooler Selbstverständlichkeit zersägt und
Schnibbeleien am Seziertisch mit Freude am Detail ins Bild
gerückt.

Für den Medienwissenschaftler Norbert Schneider, Direktor der Landesanstalt für Medien Nordrhein-Westfalen,
spiegelt sich in Serien wie *CSI* ein sehr aktuelles Bild vom
Menschen. »Es ist eine Fokussierung des Menschen auf seinen Körper«, schreibt er in der *FAZ*. »Sie erinnert an eine
Vorstellung, die in andern Disziplinen Biopolitik genannt
wird.«[4] Der Begriff Biopolitik, geprägt von dem Philosophen

---

4 Norbert Schneider: Der Mensch als toter Körper, in: *Frankfurter
Allgemeine Zeitung* vom 21. 2. 2006

Michel Foucault, bezeichnet die Tendenz des modernen Staates, den menschlichen Körper zu kontrollieren. In Forensik-Krimis ist zumindest der *tote* menschliche Körper fest im Griff der Rechtsmedizin. Er wird begutachtet, vermessen und zerlegt, jeder Fussel, jede zerquetschte Fliege in einer Wunde, jeder Stichkanal wird zum Indiz. Am Ende einer Folge gibt es stets eine Art Happy-End. Zwar wird der Tote nicht wieder lebendig, aber man weiß zumindest genau, wie er gestorben ist. Der Körper wird posthum zum Sprechen gebracht.

Das alles wirkt beruhigend auf die Zuschauer und schafft Sicherheit. Trotz der ständigen Präsenz von Leichen auf dem Bildschirm müssen sie sich nicht wirklich mit den letzten Dingen befassen. Vielmehr können sie sich ohne größeren Gefühlsaufwand auf Haarproben, DNA-Analysen und Fingerabdrücke konzentrieren. Das Faktische siegt, die Metaphysik bleibt draußen. Die Flut rechtsmedizinischer Fernsehkrimis steht somit nicht für ein neu erwachtes Interesse an Sterben und Tod, und sie widerspricht auch nicht der Beobachtung, dass der tote Körper im Alltag nahezu aus unserem Blickfeld verschwunden ist.

Ein Tätigkeitsgebiet der Rechtsmediziner haben die Drehbuchschreiber bislang übrigens vernachlässigt: die Gewebeentnahme, etwa für pharmazeutische Hersteller. Allerdings soll bereits ein Kriminalroman in Arbeit sein, in dem es um kommerzielle Leichenverwertung geht. Die Autorin sprach unlängst mit den einschlägigen Experten der Bundesärztekammer, um sich zu vergewissern, dass ihr Plot realistisch sei.

Gewebemedizin in Deutschland:
Zwischen Altruismus und Kommerz

Blick zurück: Der Scharfrichter als Heilmittelproduzent

Der Handel mit Leichenteilen ist keine Erfindung der Moderne. »Wir sind Produkt einer Kultur, die sich mit dem Eingriff in den menschlichen Körper und dem Zerlegen desselben nicht allzu schwertut«, sagt der Historiker Valentin Groebner von der Universität Luzern. Ein Beispiel für frühe Kommerzialisierung sind Reliquien, die seit dem frühen Mittelalter gehandelt wurden. Knochenstücke von Heiligen oder Teile ihrer mumifizierten Körper galten »als die sakrale und Wunder wirkende Materie schlechthin«, so Groebner. Zwar verbot das Kirchenrecht ab dem 13. Jahrhundert, die Reliquie selbst zu kommerzialisieren – sie galt als Donatio, Spende – aber es fand sich ein Weg, um dennoch daran zu verdienen: Geschäftstüchtige Glaubensbrüder verkauften das Behältnis umso teurer. Groebner erinnert das an die moderne Gewebespende: »Ich glaube nicht, dass die Gewebebanken die mittelalterlichen Theologen gelesen haben, aber der Begriff Spende wird immer dann eingesetzt, wenn man ein soziales System am Laufen halten will, das kommerzielle Transaktionen mit einschließt.«[1]

Reliquien waren ein begehrtes Gut. Der Nürnberger Bankier Nikolaus Muffel notierte sorgfältig die Preise der 160 »Stück Heiltum«, die er 1452 in Rom erstand. Der sächsische Landgraf Friedrich der Weise, ein Beschützer Luthers, trug zu Beginn des 16. Jahrhunderts eine Sammlung von immerhin 18 970 Körpertei-

---

1 Nur Haut und Knochen? Wert und Würde der Leiche. Diskussion im Anschluss an das Feature *Über Leichen* der Autorin, aufgezeichnet am 28. 9. 2007 in der Reihe *Hörwelten*, gesendet am 1. 10. 2007 auf WDR 5

len zusammen.[2] Etwa um diese Zeit tauchten in medizinischen Schriften Hinweise auf Körperteile ganz anderer Herkunft auf – sogenannte Mumia, Teile ägyptischer Mumien. Mumia war paraffinhaltiges Erdöl, das ab etwa 1500 vor Christus in Ägypten zum Einbalsamieren von Leichen verwandt wurde. Es galt als besonders heilwirksam, wenn es mit Leichenteilen in Berührung gekommen und davon durchsetzt war.[3] Bis zu Beginn des 20. Jahrhunderts war Mumia selbstverständlich Teil von Apothekeninventaren. In den offiziellen Hamburger Apothekerverordnungen des 16. und 17. Jahrhunderts ist unter anderem der offiziell festgelegte Preis nachzulesen.

Die echten, importierten Mumia waren knapp und äußerst teuer, zumal der Export nach Europa im 16. Jahrhundert verboten wurde. Viele Mumienhändler wussten sich zu helfen. Sie vergruben Gehängte und frisch Gestorbene im Wüstensand und kreierten so neue Mumien. Zudem riet 1563 das weitverbreitete, in mehr als 60 Auflagen erschienene »Kräuterbuch« des Petrus Andreas Mattiolus, aus Leichen in Spitälern Mumia zu gewinnen, indem man sie mit Aloe, Myrrhe und Bitumen behandelte und trocknete.[4] Welche Körper da verarbeitet wurden, beschrieb 1656 der Arzt und Philosoph Jan van Beverwijck: »Das meiste an Fleisch und Knochen stammt von armen Leuten, deren Leichnam der geringeren Kosten wegen nur balsamiert ist mit Asphalt oder Judenleim.«

Arzneibücher des 16. und 17. Jahrhunderts sind auch sonst für Überraschungen gut. »Der Mensch/das Ebenbild/welchs Gott is angenehm/hat vier und zwanzig stuck zur Artzney bequem« dichtete der Leibarzt des bayrischen Kurfürsten Johannes Becher in seinem 1663 in Ulm erschienenen »Parnassus medicinalis illustratus«. Herzen, Hirne, Fett, Haut und geraspelte Schädelknochen durften in einer gut sortierten Apotheke nicht fehlen. Insbesondere Menschenfett galt als Grundlage für verschiedene medizini-

---

2 Valentin Groebner: Fleisch und Blut, Haut und Haar, in: *Mittelweg* 36, Zeitschrift des Hamburger Instituts für Sozialforschung, Dezember 2007
3 Heinz Schott: Der Leichnam in medizinhistorischer Sicht, in: Dominik Groß u. a. (Hg.): Tod und toter Körper. Kassel University Press 2007
4 Groebner: Fleisch und Blut, Haut und Haar, a. a. O.

sche Präparate. Man solle »das ganze Fett abschöpfen und in ein gewöhnliches Gefäss geben, mit Rücksicht auf das gemeine Volk, weil ihm das Fett bei der Wundheilung sehr nutzt«, mahnte der Anatom Andreas Vesalius 1543 in seinem Lehrbuch »De humani corporis fabbrica« im Kapitel über Knochenauskochen.

Es waren nicht irgendwelche Leichen, die da verarbeitet wurden, sondern die Leichen Hingerichteter. »Armsünderschmalz« heißt Menschenfett deshalb in den Quellen. Hingerichtete waren oft gesunde, junge Männer, von deren überschüssiger, noch nicht verbrauchten Lebenskraft man sich besondere Heilwirkung versprach. Auch die moderne Gewebeindustrie ist erfreut über junge Gewebelieferanten.

Die Materialbeschaffung besorgte seinerzeit der Scharfrichter. Anfangs galt der Beruf als »unehrlich«. So war der Tanz mit dem Scharfrichter die Strafe für Unzucht. Später wandelte sich das Ansehen des Berufs. Für seine vielseitigen Tätigkeiten gab es eine Gebührenordnung. Wer Scharfrichter werden wollte, musste eine Lehre mit Meisterprüfung absolvieren. Immerhin galt es elf Hinrichtungsarten, fünf Verstümmelungsstrafen sowie diverse Foltermethoden zu beherrschen.[5]

Im 16. und 17. Jahrhundert mussten Scharfrichter auch lernen, Fett und andere Körperteile zu entnehmen, um daraus Heilmittel herzustellen. Mancher Hinrichtungsspezialist führte in seinem Familienwappen den Äskulapstab. Der Nürnberger Rat erlaubte 1580 dem Scharfrichter Franz Schmidt ausdrücklich, »den enthaupten Cörper zu schneiden, und, was ime zu seiner arznei dienstlich, davon zu entnehmen«.

Ein Münchener Scharfrichter zog 1640 in der Gemeinde Markt Schwaben östlich von München nach der Hinrichtung zwei Leichen die Haut ab und gewann aus den Überresten das Fett und die Herzen. Die Nachwelt weiß davon, weil die Eltern der einen Hingerichteten die Erlaubnis erhielten, ihre Tochter in geweihter Erde zu bestatten, und gegen die Verstümmelung der Leiche protestier-

5   Immo Grimm: Vom Waffenfett zum Liporecycling. Die Anwendung von Menschenfett früher und heute, in: *HNO kompakt*, 15. Jg., Heft 1/2007

ten. Beamte fanden in der Dienstwohnung des Scharfrichters das Herz »hinter dem ofen an einem bändl« zum Trocknen aufgehängt. Es sollte zu Medizinpulver verarbeitet werden.[6]

Menschenfett galt als das beste und teuerste aller Fette. So zahlten Münchener Apotheker dem Scharfrichter bis zur Mitte des 18. Jahrhunderts drei Gulden pro Pfund Menschenfett – so viel wie für 12 Pfund Butter, 36 Pfund Fleisch oder 45 Maß Bier. Der Preis hing von Angebot und Nachfrage ab. Gab es viele Hinrichtungen, konnte er auf 14 Pfennige pro Lot, also 15 Gramm, sinken, gab es wenige, stieg er auf mehr als 70 Pfennige – dann war Menschenfett 300-mal teurer als Schweinefett. Innerlich eingenommen kurierte es angeblich Lungenschwindsucht, Muskelschwund und heftige Zahnschmerzen. Äußerlich wurde es als Nervensalbe bei Geisteskrankheiten auf den Kopf aufgetragen oder gegen rheumatische Schmerzen verwandt. Angeblich half es auch gegen Kopfgrind und Läuse, und in Menschenfett gebratene Kaulquappen schluckte man zur Empfängnisverhütung. Das relativ fetthaltige Gehirn wurde im Mörser zerstampft und mit Spiritus extrahiert. 10 bis 40 Tropfen täglich nahm man gegen Epilepsie.

Ein populäres Produkt war seinerzeit Waffensalbe. Zur Rezeptur gehörten Menschenfett, pulverisierte Edelsteine, Mumia, eine Art Heilerde, Blut und Schädelmoos – der schimmelige Bewuchs, der sich bildete, wenn ein Schädel in der Erde lag. Die Waffensalbe wurde bei Stich- und Schusswunden verordnet – allerdings strich man sie nicht auf die Wunde, sondern auf die Waffe, etwa ein Messer. War sie dort getrocknet, sollte auch die Wunde geheilt sein.

Magische Vorstellungen begleiteten die Verwertung der Leiche. Menschenhaut wurde zu Bändern verarbeitet, die man mit schwarzem Taft oder Samt überzog und als Mittel gegen Kröpfe und Geschwülste um den Hals trug. Hebammen legten ein Stück Menschenhaut als Geburtshilfsmittel auf den Bauch von Gebärenden. Von besonderer Heilkraft war angeblich das warm getrunkene Blut frisch Enthaupteter. Als 1803 Johannes Bückler, bekannt als »Schinderhannes«, zusammen mit 19 Mitgliedern seiner Bande geköpft wurde, hatten die Helfer des Scharfrichters alle Hände voll

---

6   Groebner: Fleisch und Blut, Haut und Haar, a. a. O.

zu tun, um das Blut in Bechern aufzufangen und es den wartenden Kranken zu verabreichen.[7]

Die Körper von Hingerichteten waren nicht nur die Quelle, aus der städtische Scharfrichter medizinische Präparate herstellten und legal verkauften. Sie lieferten auch den Rohstoff für die anatomische Sektion in der Medizinerausbildung. Als im 18. Jahrhundert die Zahl der Hinrichtungen stark abnahm, zahlten Medizinstudenten viel Geld dafür, Leichen zum Sezieren zu bekommen. Die Ausbildung von Ärzten stand laut Groebner durchaus nicht »außerhalb des Ökonomischen, auch wenn seine Protagonisten das gerne behaupten«. Die Universitäten suchten neue Quellen für menschliche Leichen und fanden sie in Armenhäusern, Hospitälern und Gefängnissen. Die Körper verstorbener Insassen sollten den Bedarf decken helfen. Unter diesen wiederum waren nach Recherchen der Halleschen Historikerin Karin Stukenbrock Kinder- und Frauenleichen in der Mehrzahl – mitunter stellten sie mehr als 70 Prozent.[8] Auch Verstorbene aus Strafanstalten wurden an die Anatomie geliefert.

Wessen Leichnam verschont wurde, war eine Frage des Geldes, wie die Aachener Medizinhistoriker Dominik Groß und Gereon Schäfer belegen:[9] Mittellose versuchten der Sektion zu entgehen, indem sie Geld für die Beerdigung beschafften. Sträflinge gründeten Beerdigungskassen, in die sie freiwillige Beiträge einzahlten. Honoratioren schlossen sich zu »Totenbrüderschaften« zusammen, deren Mitglieder an öffentlichen Sektionen teilnehmen durften, aber das Vorrecht erhielten, selbst nicht seziert zu werden. In England und Schottland heuerten einzelne Leiter von Anatomieschulen sogenannte Body-Snatcher an, die frisch bestattete Leichen ausgruben und gegen Bezahlung in die Anatomie transpor-

---

7 Grimm, Vom Waffenfett zum Liporecycling, a. a. O.

8 Karin Stukenbrock: »Der zerstückte Cörper«. Zur Sozialgeschichte der anatomischen Sektionen in der frühen Neuzeit (1650–1800). Franz Steiner Verlag 2001

9 Dominik Groß und Gereon Schäfer: Der Leichnam in medizinhistorischer Sicht, in: Dominik Groß u. a. (Hg.): Tod und toter Körper. Kassel University Press 2007

tierten. Die Bevölkerung reagierte empört. Mancherorts wurden Body-Snatcher ermordet und Anatomieschulen niedergebrannt, etwa 1832 in Aberdeen. Wohlhabende ließen sich vorsichtshalber in diebstahlsicheren Eisensärgen bestatten.

Noch schlimmer trieb es der Ire William Burke. Anfang des 19. Jahrhunderts tötete er mit einem Kompagnon 17 Menschen, um sie als Anatomieleichen zu verkaufen. Der Ausdruck »burking« für Burkes Tötungsmethode hat Eingang in die englische Sprache gefunden und ist sogar zu einem Fachbegriff in der deutschen Rechtsmedizin geworden: Er beschreibt eine spezielle Form des Tötens durch Ersticken.

Die Obduktion verlor ihren anrüchigen Charakter erst, als eine wachsende Zahl von aufgeklärten Ärzten und Naturforschern ihren Leichnam der Wissenschaft vermachten. Die Geschichte der Körperverwertung in der frühen Neuzeit weist für Medizinhistoriker Valentin Groebner dennoch erschreckende Parallelen zu manchen Praktiken der modernen Gewebeindustrie auf: »Früher waren es Hingerichtete, arme Ausländer oder Frauen und Kinder, die in Armenhäusern starben. Heute bedient sich der medizintechnische Apparat bei den Körpern derjenigen, die ungeschützt in der Rechtsmedizin ärmerer Staaten, etwa in Osteuropa, landen.«[10]

Von der Hilfe im Lazarett zur Gewebe-GmbH: Die Branche entdeckt das Geschäft

Die Zeit der modernen Leichenverwertung begann nach dem Zweiten Weltkrieg als Experiment. George Hyatt, ein orthopädischer Chirurg, gründete 1949 am Marine Krankenhaus in Maryland die weltweit erste Gewebebank. Sein Ziel war, im Krieg verletzte Soldaten mit Transplantaten zu versorgen. »Vize-Admiral

---

10 Nur Haut und Knochen? Wert und Würde der Leiche. Diskussion im Anschluss an das Feature *Über Leichen* der Autorin, a.a.O.

Lord Nelson hätte sicher mit Neid auf diese transatlantische Einrichtung gesehen«, erinnerte sich später ein Transplantationsforscher und Zeitgenosse von Hyatt. Lord Nelson hatte 1794 vor Korsika die Sehkraft seines rechten Auges verloren.[11]

Am Anfang bestand die Gewebebank aus nicht viel mehr als einer Haushaltskühltruhe, in der Hyatt Knochen lagerte, die Patienten während einer Operation entnommen wurden, etwa bei einer Amputation. Bald erkannte er, dass auf diese Weise nicht genügend Material zusammenkam, und startete das erste Gewebespendeprogramm der Welt. Aus Leichen gewann er nun auch Muskelhüllen, Haut, Gefäße und Hornhäute. Mit dem Material versorgte er nach kurzer Zeit nicht nur das Marine Krankenhaus, sondern auch zivile Kliniken der Region.[12] Hyatt und seine Kollegen entwickelten die ersten Prozessierungsverfahren, zum Beispiel Methoden, um Gewebe zu desinfizieren.

Das Beispiel machte Schule, und überall in den USA entstanden gemeinnützige Gewebebanken. Kommerzielle Firmen kamen ins Spiel, als geschäftstüchtige Manager erkannten, dass die Aufarbeitung von Gewebe zu einem expandierenden Markt wurde. Die 1980er Jahre wurden zum Schlüsseljahrzehnt. Neben den gemeinnützigen Einrichtungen entwickelten sich eine Reihe von Firmen, die heute zu den weltweit führenden börsennotierten Unternehmen im Gewebesektor zählen:

1984 war die Geburtsstunde von CryoLife Inc. in Kennesaw, Georgia (Jahresumsatz 2007: knapp 95 Millionen Dollar).[13]

1985 folgte Tutogen Medical Inc. in Alachua, Florida (Jahresumsatz 2007: knapp 54 Millionen Dollar).[13a]

---

11 Rupert Billingham: Concerning the Prospects of Cryobiology and Tissue Banks, in: Kenneth Sell, Gary Friedlaender: Tissue Banking for Transplantation. Grune & Stratton 1976
12 Annie Cheney: Body Brokers. Inside America's Underground Trade in Human Remains. Broadway Books 2006
13 CryoLife, Inc. Q4 2007 Earnings Call Transcript vom 21. 2. 2008
13a Tutogen Medical, Inc. Reports Year-End Fiscal 2007 Financial Results vom 10. 12. 2007

1986 wurde Osteotech Inc. in Eatontown, New Jersey, gegründet (Jahresumsatz 2007: gut 104 Millionen Dollar).[14]
Im selben Jahr startete LifeCell Corp. in Branchburg, New Jersey (Jahresumsatz 2007: mehr als 190 Millionen Dollar).[15]

Auch in Europa waren die 1980er Jahre ein wichtiges Jahrzehnt für die Branche. Als länderübergreifende Gewebeorganisation wurde 1988 im holländischen Leiden die gemeinnützige Stiftung Bio Implant Services (BIS) gegründet. Sie ist ein Ableger von Eurotransplant, das die Organverteilung in sieben westeuropäischen Ländern organisiert. BIS ist von seiner Mutterstiftung unabhängig, hat aber seinen Sitz wie Eurotransplant in einem kühlen Betonbau der Biotech-Vorstadt von Leiden. Zudem teilen sich die beiden Stiftungen die Personal- und die EDV-Abteilung. Im Leitungsgremium von BIS sitzen zwei von Eurotransplant benannte Mitglieder.[16] An der Schnittstelle zwischen Organ- und Gewebespende arbeiten BIS und Eurotransplant eng zusammen. »Wir können einander schnell kontaktieren, wenn es ein Problem gibt«, sagt Arlinke Bokhorst, Medizinische Direktorin von BIS.[17]

Die europäische Gewebeverteilzentrale

BIS ist eine Koordierungsstelle, keine Gewebebank. Um die Verteilung von Gewebe zu organisieren, hat die Stiftung ein internationales Netzwerk aus Labors, Spenderkrankenhäusern und Gewebebanken geknüpft. Deutschland ist ein wichtiger Abnehmer von BIS, etwa für Herzklappen, Augenhornhäute oder Knochenprodukte. Deutsche Gewebebanken tragen aber auch ihrerseits zum Gewebepool der Einrichtung bei. Ein langjähriger Partner ist

---

14 Osteotech Reports 2007 Full Year and Fourth Quarter Financial Results vom 20.2. 2008
15 LifeCell Reports Fourth Quarter and Full Year 2007 Financial Results vom 27.2. 2008
16 Stand Juni 2008
17 Interview mit Arlinke Bokhorst in Leiden am 18. 3. 2008

128

beispielsweise die Klappenbank des Deutschen Herzzentrums Berlin (DHZB). Die dort gelagerten Herzklappen und Gefäße werden wie das Inventar anderer Gewebebanken im Computer von BIS registriert. Ähnlich wie bei der Organspende werden die Herzklappen nach Kriterien wie Beschaffenheit oder medizinische Dringlichkeit an Patienten auf einer europäischen Warteliste verteilt, berücksichtigt werden aber auch lokale Faktoren. Kommen mehrere Patienten als Empfänger einer Herzklappe in Frage, erhält derjenige das Transplantat, der in dem Land oder der Region lebt, wo die Klappe gewonnen wurde.

Wenn also das Deutsche Herzzentrum Berlin eine Klappe für einen Kranken benötigt, so setzt es diesen auf die europäische Warteliste von BIS und bekommt, wenn möglich, eine Klappe der eigenen Herzklappenbank zugeteilt. Nur in Notfällen werden Bestände der Berliner Herzklappenbank über BIS an andere europäische Kliniken verteilt. Seinerseits bekommt das Deutsche Herzzentrum in dringenden Fällen von BIS eine Klappe aus dem europäischen Netzwerk, wenn in Berlin kein geeignetes Transplantat für einen Patienten vorhanden ist.

BIS organisiert auch die Gewebegewinnung. 60 Mitarbeiter, meist Teilzeitkräfte, sind in mobilen Entnahmeteams im Einsatz. Obwohl die Stiftung ihre Gewebe europaweit verteilt, akquiriert sie ihre Spender überwiegend unter den Niederländern – im Jahr 2006 waren es mehr als 1800 von knapp 2000 insgesamt. Das kleine Land an der Küste versorgt also halb Europa mit den Knochen, Sehnen oder Augenhornhäuten seiner Verstorbenen. Die gemessen an der Einwohnerzahl hohe Spenderquote erklärt sich dadurch, dass die Niederlande ein zentrales Register haben, in dem jeder Bürger seine Entscheidung zur Organ- und Gewebespende hinterlegen kann. Zudem sind in Holland Klinik- und Hausärzte gesetzlich verpflichtet, potentielle Gewebespender zu melden. 10 000 der jährlich 50 000 potentiellen Kandidaten für die Gewebespende werden so bereits registriert.

Um mehr Gewebe zu gewinnen, will BIS die Spenderquote weiter verbessern, zum Beispiel durch ein computergestütztes Abfragesystem. Es richtet sich an Klinikärzte und soll ihnen helfen, Spender möglichst lückenlos zu erfassen. Wenn jemand gestorben ist, werden künftig routinemäßig bestimmte Daten wie das Alter oder die Todesursache des Verstorbenen erhoben. Anhand der Daten, die der Arzt eingibt, erkennt das System, ob eine Leiche möglicherweise für die Gewebespende in Frage kommt, meldet dies dem Arzt automatisch zurück und hilft ihm so, mögliche Spender zu identifizieren.

Nicht nur in Kliniken betreibt BIS die Gewebeentnahme konsequent. Wenn ein Hausarzt einen Todesfall meldet, haben seine mobilen Teams zeitweise sogar am Sterbebett eines Toten in dessen Privatwohnung Hornhäute entnommen. Man hat es allerdings wieder aufgegeben, im Trauerhaus mit dem Skalpell zu hantieren. »Das war zu stressig für die Familien und auch für unsere Mitarbeiter«, sagt Direktorin Bokhorst. Heute werden die Toten vom Sterbebett in eine gekühlte Leichenhalle oder Klinik gebracht, um dort Augenhornhäute und andere Gewebe zu gewinnen. Anschließend bringt man sie, falls gewünscht, wieder zu ihren Familien.

In Deutschland war die Gewebemedizin anfangs eine »Nebenbeschäftigung« an Krankenhäusern, wie es Dirk Böttcher im Magazin *brand eins* beschrieb. Man sammelte zum Beispiel Gelenkköpfe, die bei Hüft-Operationen anfielen, lagerte sie in Gefriertruhen und pflanzte sie bei Bedarf Patienten ein. Auch Hornhäute und Herzklappen wurden gewonnen, meist in der Rechtsmedizin oder Pathologie. Viele Kliniken unterhielten ein hauseigenes Ersatzteillager, auf das auch mal die Kollegen anderer Einrichtungen zugreifen durften. Der Austausch war stets unentgeltlich, Kosten fielen zumindest auf dem Papier kaum an, da sie nicht berechnet wurden – das Personal vor Ort erledigte anfallende Arbeiten einfach mit. So entstanden in Deutschland Hunderte kleiner Gewebebanken – die genaue Zahl kennt bis heute niemand.

Seit den 1970er Jahren erkannten profitorientierte Gewebeverarbeiter das ökonomische Potential menschlicher Überreste. Rechtsmediziner und Sektionsgehilfen arbeiteten ihnen bereitwillig zu. Gegen eine geringe Aufwandsentschädigung lieferten sie Rohmaterial auch an kommerzielle Firmen wie Biodynamics International, die spätere Tutogen Medical GmbH, oder B. Braun-Melsungen. Die Angehörigen erfuhren häufig nichts davon. Aus dem Rohmaterial stellten die Firmen Transplantate her, die sie teuer verkauften (s. Seite 109). Irgendwann begannen die Gewebebanken, ihren Aufwand zu berechnen, wenn sie Gewebe weitergaben. Sie lernten zu kalkulieren – zum Beispiel Labor-, Lager- und Transportkosten. So gab es auf einmal Preise für etwas, das eigentlich kein kommerzielles Gut ist und nicht gehandelt werden darf.

»Unsere Bauern sind nicht krank«

Die Branche entwickelte sich weitgehend unkontrolliert und ungeregelt. Mitunter fehlte jegliches Bewusstsein dafür, dass eine Gewebeverpflanzung für den Empfänger Risiken barg. Der Chirurg Axel Haverich von der Medizinischen Hochschule Hannover erzählt gerne eine Begebenheit, die er noch Mitte der 1990er Jahre in Schleswig-Holstein erlebte: In einer Runde von Medizinern kam das Gespräch auf Knochenbanken im Land. Haverich fragte, wie es mit HIV- und Hepatitis-Tests bei den Gewebespendern aussehe. Der Chefarzt einer Unfallchirurgie in einem städtischen Krankenhaus antwortete: »Unsere Bauern sind nicht krank!« An der betreffenden Klinik wurden routinemäßig Hüftköpfe von Patienten entnommen, gelagert und wieder eingepflanzt.[18]

Wie Gewebe am besten zu prozessieren sei, fanden die Gewebebanken erst nach und nach heraus. Nur langsam entwickelten sich Standards (s. Seite 37). So erarbeitete die Bundesärztekammer in den 1990er Jahren verbindliche Richtlinien, wie eine Knochenbank zu führen sei.[19] Ob sie befolgt wurden, war eine andere Frage,

---

18 Axel Haverich in der Begrüßungsrede des Schirmherrn bei der Expertentagung 2006 der Gemeinnützigen Gesellschaft für Gewebetransplantation DSO-G vom 3. 3. 2006 in Hannover
19 Richtlinien zum Führen einer Knochenbank, in: *Deutsches Ärzteblatt*, Heft 1/2 (1990), novelliert 1996 und 2001

wie eine Veröffentlichung in der Fachzeitschrift *Der Unfallchirurg* zeigte: 1999 erfüllten nur gut ein Drittel von 120 erfassten chirurgischen Knochenbanken vollständig die geltenden Richtlinien (s. Seite 37).

Gewebebanken pflegen zu behaupten, ihre Transplantate seien sicher. Allerdings hat sich jahrzehntelang kaum jemand sonderlich für unerwünschte Wirkungen und schwerwiegende Zwischenfälle interessiert. Ein zentrales Register, das Infektionen von Transplantatempfängern systematisch erfasst hätte, gab es nicht.

In den 1990er Jahren entwickelte sich die Gewebetransplantation zu einem aufstrebenden Medizinsektor, der aber weiterhin nur sehr lückenhaft reguliert war. In dieser Situation ergriff die gemeinnützige Deutsche Stiftung Organtransplantation (DSO) die Initiative. Nach dem Vorbild ihres europäischen Pendants Eurotransplant gründete sie eine Gewebetochter: die Gemeinnützige Gesellschaft für Gewebetransplantation mit beschränkter Haftung DSO-G. Die Entscheidung für die Rechtsform einer GmbH weckte Verwunderung – man kennt GmbHs aus der kommerziellen Wirtschaft. Die DSO-G entwickelte sich zu einem seltsam gemischten Gebilde – einerseits eine Gewebebank wie andere Gewebebanken auch. Zugleich sollte sie nach dem Willen ihrer Gründer die Gewebespende bundesweit organisieren, so wie die DSO selbst die Organspende koordiniert. Allerdings hat die DSO einen gesetzlichen Auftrag. Ihre Gewebe-Tochter hingegen machte sich selbst zu einer Art Koordinationsstelle für die Gewebespende – ganz ohne Mandat.

Die Gewebe GmbH und der Leberzellproduzent

Während der ersten Jahre hatte die DSO-G ihren Sitz in Neu-Isenburg bei Frankfurt am Main, wo auch die DSO bis 2007 angesiedelt war. Ende 2004 wurde entschieden, den Sitz der gemeinnützigen GmbH nach Hannover zu verlegen, in den dortigen Medical Park, wo sich zahlreiche Spin-Offs der Medizinischen Hochschule Hannover eingemietet haben. »Der Standort Hannover kristallisiert sich immer stärker als logistische Schnittstelle der Gewebetransplantation heraus«, erklärte Geschäftsführer Martin Börgel den Standortwechsel.[20] Genau genommen hatte die DSO-G eine logistische Schnittstelle sogar im Haus: Sie arbeitete im selben Gebäude wie die kommerzielle Biotech-Firma Cytonet, die im Gewebesektor höchst aktiv ist. Cytonet hat Räume im dritten und vierten Stock der Feodor-Lynen-Str. 21, die DSO-G logiert im zweiten. Die Biotech-Firma Cytonet fertigt in ihrer Hannoveraner Produktionsstätte zum Beispiel Leberzell-Toxikologie-Kits – das sind Testplättchen, die im Vorfeld klinischer Studien die Wirkung neuer Medikamente auf den menschlichen Stoffwechsel untersuchen helfen sollen. Laut Cytonet werden für die Toxikologie-Kits Leberresektate verwandt – bei einer Operation entfernte Gewebestücke.

Zudem produziert die Firma aus nicht-transplantablen Lebern Zellsuspensionen, die sie später einmal als Medikament verkaufen will (s. Seite 53ff.). Cytonet und die DSO-G hielten gute Nachbarschaft. Die Gewebe-GmbH ließ bei Cytonet die Herzklappen für ihre Gewebebank prozessieren, weil die Firma die dafür nötigen Reinräume hat. Ihrerseits lieferte sie dem Partner das für sein Produkt benötigte Rohmaterial, im Zeitraum von 2003 bis Ende 2007 insgesamt 223 nicht-transplantable Lebern, so Cytonet.[21] Seit 2008 bekommt die Firma nach eigenen Angaben von der Nachfolgegesellschaft der DSO-G keine Organe mehr.[22]

Wie passten die Lieferungen zum Credo der Gemeinnützigkeit der DSO-G? Geschäftsführer Börgel versicherte, die Zusammenarbeit mit der kommerziellen Firma sei eine Ausnahme gewesen.

---

20 Zitiert nach Impulsiv, Newsletter von Hannover Impuls 2/05
21 Auskunft Cytonet vom 3.2.2008
22 Laut dem Jahresbericht 2007 der Deutschen Gesellschaft für Gewebetransplantation wurde die Lieferung von Lebern an Cytonet bereits zum 1. August 2007 eingestellt. Im Wortlaut heißt es: »Hingegen gehört die Koordinierungsfunktion für Lebern, die als komplette Organe nicht transplantationsfähig sind, seit dem 01. August 2007 nicht mehr zu den Tätigkeitsfeldern der DGFG. Grund dafür ist, dass es keine vertragliche Vereinbarung zwischen der Deutschen Stiftung Organtransplantation (DSO) und der DGFG mehr gibt, durch die die DGFG beauftragt wird, diese Koordinierungsfunktion wahrzunehmen.«

Viel lieber hätte man mit einem gemeinnützigen Partner kooperiert. Doch Cytonet verfüge nun mal als einziges Unternehmen in
Deutschland über das Know-how, Leberzellen für die Transplantation aufzuarbeiten. So habe man sich mit der zweitbesten Lösung
zufriedengegeben.[23] Selbstverständlich ließ sich die DSO-G von
Cytonet ihren Aufwand erstatten. 154 048 Euro zahlte Cytonet im
Jahr 2005 laut dem Jahresbericht der DSO-G als Aufwandsentschädigung für Leistungen, die bei der Vermittlung des Rohmaterials erbracht wurden. Im Jahr 2005 erhielt Cytonet 43 nicht-transplantable Spenderlebern. Das macht pro Organ 3582,51 Euro.
Viel Geld für ein nicht handelbares Gut ohne kommerziellen
Wert. Zumal wenn man bedenkt, dass die DSO den Aufwand mit
der Organentnahme hatte. Sie stellte ihrer Tochter dafür auch eine
Rechnung – über rund 730 Euro. Hinzu kam ein Honorar für den
entnehmenden Chirurg in der Größenordnung von 250 bis 500
Euro. Bleibt für die Gewebe-GmbH eine Aufwandserstattung von
mehr als 2000 Euro. Welche Leistungen hat sie dafür wohl erbracht? Die DSO-G versichert, zu den angeführten Erstattungen
kämen noch »Aufwändungen wie die Aufrechterhaltung des 24-
Stunden-medizinischen Rufbereitschaftsdienstes, Personalkosten,
Aufwändungen der Spendekrankenhäuser oder Transportkosten«.[24]

Streit am Operationstisch

Die DSO-G war zwar im Prinzip nur eine Gewebeeinrichtung wie
andere auch – aber recht privilegiert: Die DSO-Koordinatoren
konnten das eigene Tochterunternehmen berücksichtigen, wenn
bei einer Organspende auch Gewebe entnommen wurde – Regeln
für die Verteilung von Gewebe existieren, anders als bei der
Organspende, bis heute nicht. »Tatsächlich ist es zu Situationen gekommen, wo eine Bevorzugung der DSO-G erkennbar wurde«,
sagte der Herzchirurg Roland Hetzer vom Deutschen Herz-

---

23 Interview mit Martin Börgel am 18.10.2006
24 Auskunft der DSO-G-Nachfolgerin Deutsche Gesellschaft für Gewe-
    betransplantation vom 8.4.2008

zentrum Berlin, der die Herzklappen für seine eigenen Patienten wollte.[25] Früher hätten seine Entnahmeteams bei Einsätzen in anderen Krankenhäusern Herzklappen für die hauseigene Gewebebank mitgenommen, wenn die entnommenen Herzen für die Transplantation nicht taugten. Seit es die DSO-G gab, habe man einen deutlichen Rückgang verzeichnet. Rudolf Meyer, Leiter der Herzklappenbank des Deutschen Herzzentrums Berlin, beziffert ihn mit rund 30 Prozent.[26] Vor einigen Jahren gab es in Göttingen sogar fast Streit am OP-Tisch, erinnert sich Roland Hetzer, »wo dann mein Entnahmechirurg gesagt hat, jetzt würde er das Herz mitnehmen, und wo der Koordinator der DSO gesagt hat, nein, das muss jetzt zur DSO-G gehen. Um keinen weiteren Streit zu produzieren, ging es dann an die DSO-G.«[27] Der Vorfall inspirierte die *Süddeutsche Zeitung* zu der Titelzeile *Stare am Operationstisch*.[28]

Unterdessen wurde die Kritik an der privilegierten Stellung der DSO-G immer lauter. Während der Diskussion um ein neues Gewebegesetz bezog sogar der Bundesrat Stellung. Vor dem Hintergrund der absehbaren weiteren Kommerzialisierung von Gewebe warnte er: »Mögliche Interessenkonflikte könnten bei gleichzeitigem Betrieb … der Koordinierungsstelle und einer Gewebeeinrichtung auftreten.«[29] Der DSO blieb nichts anderes übrig, als sich von ihrer Gewebetochter zu trennen. Kurz vor Inkrafttreten des Gewebegesetzes verkaufte sie die DSO-G an ein Konsortium der Medizinischen Hochschule Hannover sowie der Universitätskliniken Leipzig und Dresden. Die drei Universitätskliniken führen die DSO-G als gemeinnützige GmbH weiter. Der neue Name lautet Deutsche Gesellschaft für Gewebetransplantation (DGFG).

Wie begehrt Gewebe auch unter gemeinnützigen Einrichtun-

25 Martina Keller: Frische Leichenteile weltweit, in: *Die Zeit* vom 15. 02. 2007 Nr. 08/2007
26 Auskunft Rudolf Meyer vom 31. 1. 2008
27 Martina Keller: Frische Leichenteile weltweit, a. a. O.
28 Christina Berndt: Stare am Operationstisch. »Ich habe es entnommen, also ist das Herz jetzt meins«, in: *Süddeutsche Zeitung* vom 9. 3. 2005
29 Bundesrat Drucksache 543/06 (Beschluss) vom 13. 10. 2006. Stellungnahme des Bundesrats zum Entwurf eines Gesetzes über Qualität und Sicherheit von menschlichen Geweben und Zellen (Gewebegesetz)

gen ist, zeigen die Umstände des Eigentümerwechsels. Kaum war bekannt, dass die DSO-G verkauft werden sollte, standen die Interessenten schon Schlange: das Deutsche Herzzentrum Berlin, das Herzzentrum Bad Oeynhausen und BIS, die europäische Gewebeverteilzentrale. BIS zeigte sich insbesondere beeindruckt vom Vorrat an Herzklappen, den die DSO-G im Laufe der Zeit an ihren verschiedenen Standorten gehortet hatte. Arlinke Bokhorst, die medizinische Direktorin von BIS, spricht von einem Bestand von 600 Klappen: »Damit können Sie die Patienten in Europa drei Jahre lang versorgen.« Auf der Grundlage des Bestands schätzte BIS den Wert der DSO-G in einer ersten groben Kalkulation auf rund eine Million Euro. Die DSO, die den Verkauf abwickelte, weiß nach eigenen Angaben nichts von der BIS-Kalkulation. Zur Zahl der Herzklappen teilt sie mit: »Es ist zu unterscheiden zwischen gebrauchsfähigen Herzklappen normaler Größe und solchen, die aufgrund ihrer Größe oder ausstehenden Sicherheitstestungen nur schwer oder gar nicht verwendbar sind. Die Zahlen können daher nicht bestätigt werden. Demnach variiert der Wert einzelner Herzklappen auch sehr stark.«

Der Verkauf der Gewebe-GmbH

Für BIS relativierte sich der Wert der Herzklappen, als der Einrichtung klar wurde, dass sie die Klappen nicht ohne Weiteres an Kunden verteilen konnte. Die Herzklappenbanken des DSO-G-Netzwerks in Hannover und Kiel hätten nicht die nötigen Genehmigungen zum In-Verkehr-Bringen besessen, so Bokhorst.[30] BIS hätte die Banken vielleicht dennoch evaluieren lassen, so die Direktorin weiter, doch bevor es dazu gekommen sei, hätte die DSO ihre Tochter schon verkauft gehabt. Die DSO teilt dazu mit, zum Zeitpunkt der Entscheidung über den Verkauf am 18. Juni 2007 habe nur ein Angebot der drei Universitätskliniken vorgelegen. BIS habe lediglich mehrfach angekündigt, eine Wirtschafts-

---

30 Interview mit Arlinke Bokhorst in Leiden am 18. 3. 2008 und Auskunft vom 27. 4. 2008

prüfungsgesellschaft »zwecks Findung eines Angebotspreises« zu beauftragen und gegenüber der DSO zu benennen. »An diese hätten wir dann gerne die für eine Wertermittlung benötigten Unterlagen übersandt.«[31]

Laut Roland Hetzer war auch das Deutsche Herzzentrum Berlin am Kauf der DSO-G interessiert. »Die Geschäftsführer von DSO und DSO-G waren hier, 600 000 Euro waren als Kaufpreis im Gespräch«, berichtet er.[32] Im Juni 2007 sei dann bekannt geworden, dass die DSO-G für 53 000 Euro an das Konsortium der jetzigen Eigentümer verkauft werden solle. Daraufhin habe das Deutsche Herzzentrum Berlin kurzfristig 100 000 Euro geboten. Es sei dann aber mitgeteilt worden, es gebe bereits einen Notariatstermin, so Hetzer.

Die DSO versichert, es habe im Vorfeld des Verkaufs lediglich eine Offerte in Höhe des Stammkapitals der DSO-G vorgelegen – 51 129,19 Euro. Diese sei aber wieder zurückgezogen worden. Zum Zeitpunkt der Entscheidung des Stiftungsrats, am 18. Juni 2007, habe es dann nur noch ein Angebot der drei Universitätskliniken gegeben, welches der Höhe nach über dem Stammkapital gelegen habe. Dieses Angebot habe auf der Wertermittlung durch eine Wirtschaftsprüfungsgesellschaft beruht, so die DSO.[33]

Holger Baumann, Sprecher des Konsortiums der drei Universitätskliniken, sagt, das Konsortium habe mit der DSO lediglich die Schlussverhandlungen geführt. Was im Vorfeld verhandelt worden sei, wisse er nur vom Hörensagen.[34]

Der Verteilungskampf hat begonnen

Allerdings ist nicht nur Herzchirurg Hetzer über die Umstände des Verkaufs verärgert. Auch das Herz- und Diabeteszentrum im westfälischen Bad Oeynhausen fühlte sich nach Auskunft seines

31 Auskunft der DSO vom 26. 6. 2008
32 Martina Keller: Gerangel um Gewebe, in: *Bioskop* Nr. 39/2007
33 Auskunft der DSO vom 26. 6. 2008
34 Interview mit Holger Baumann und Martin Börgel am 14. 11. 2007

Ärztlichen Direktors Reiner Körfer durch die neue Konstruktion übergangen.[35] Bruno Meiser, Präsident von Eurotransplant und geschäftsführender Oberarzt der Herzchirurgischen Klinik Großhadern in München, beklagte zudem im *Focus* eine »Tendenz zur Monopolisierung«.[36] Auf Anfrage teilt er mit, der Name Deutsche Gesellschaft für Gewebetransplantation sei »unglücklich gewählt, weil er impliziert, dass es sich um eine offizielle Fachgesellschaft handelt, die für ganz Deutschland die Gewebetransplantation organisiert«. In Wirklichkeit sei dies aber »eine ganz normale Firma, eine gemeinnützige natürlich, aber eine Firma«. Im Gesellschaftervertrag gebe es zwar einen Paragraphen sieben, der zum Ausdruck bringe, dass die Beteiligung weiterer Kliniken gewünscht sei. Die anderen Inhalte und Paragraphen dieses Vertrages seien aber noch weitgehend unbekannt. Insbesondere gelte das für die Pflichten, die sich aus dem Vertrag für die Käufer ergeben.[37]

Der Verteilungskampf ums Leichengewebe hat nun erst recht begonnen. »Es ist wichtig, dass eine Organisation geschaffen wird, die keine Zweifel und keine Fragen offenlässt«, verkündete Chefchirurg Hetzer nach dem Eigentümerwechsel der DSO-G, »dieser Vorgang hat mich zweifeln lassen, dass dies gegeben ist.«[38] Das Deutsche Herzzentrum Berlin hat inzwischen selber die Gründung einer Gewebeeinrichtung bekannt gegeben, der Stiftung Europäische Gewebebanken. Im Stiftungsrat sind neben dem Deutschen Herzzentrum Berlin unter anderem das Klinikum Großhadern und das Herz- und Diabeteszentrum im westfälischen Bad Oeynhausen vertreten. Die Stiftung betreibt keine eigenen Gewebebanken oder Gewebeentnahme-Einrichtungen, sondern will über ein Netzwerk die Versorgung mit Geweben in Deutschland sicherstellen.

Auch in München ist eine neue Gewebeeinrichtung geplant.

---

35 Auskunft Reiner Körfer vom 10. 6. 2008
36 Kurt-Martin Mayer: Wer erhält die Klappe? Unter Transplantationsmedizinern erwächst ein Verteilungskampf um die kleineren Ersatzteile des Menschen, in: *Focus* Nr. 33/2007
37 Auskunft Bruno Meiser vom 25. 6. 2008
38 Martina Keller: Gerangel um Gewebe, a. a. O.

Laut Bruno Meiser vom Klinikum Großhadern werden das Klinikum der Universität und das Deutsche Herzzentrum München die gemeinnützige Gewebebank Süd GmbH gründen. Eine Öffnungsklausel soll anderen bayerischen Kliniken ermöglichen, der GmbH beizutreten. Ziel ist es, den süddeutschen Raum mit Geweben zu versorgen.[39]

Konkurrenz um den Leichnam: Ein Medizinsektor organisiert sich neu

So eine Katastrophe soll es nicht wieder geben: Seit Ende der 1970er Jahre hatten sich weltweit Tausende von Menschen durch verseuchte Blutkonserven mit HIV und Hepatitis C infiziert. Als die Vorkommnisse in Deutschland 1993 bekannt wurden, schaffte es das Wort *Blutskandal* in die Liste der Wörter des Jahres. Ständig hatten Hersteller ihre Inaktivierungsverfahren verändert, oft ohne die zuständigen Behörden darüber zu informieren. Deren offensichtliches Versagen war der Anlass, das Bundesgesundheitsamt aufzulösen.

Die undurchsichtigen Strukturen von damals ähneln in manchem der Situation, die bis vor Kurzem die Gewebebranche bestimmte: Niemand überblickte vollständig die Kanäle des internationalen Geschäfts oder kannte die Zahl der Produzenten, die Kontrolle der Verarbeitungspraktiken war lückenhaft. Da der Gewebesektor in den vergangenen Jahren immer wichtiger wurde, entschloss sich die Europäische Union (EU) zu handeln: Sie erließ 2004 eine Richtlinie, die Mindeststandards im Umgang mit Zellen und Geweben festlegt – und zugleich den Austausch von Gewebeprodukten über Ländergrenzen hinweg erleichtert.

Mit der Umsetzung in nationales Recht tat sich die Bundesregierung schwer. Ihr Gesetzentwurf war fast so umstritten wie die

---

39 Auskunft Bruno Meiser vom 25. 6. 2008

Gesundheitsreform, nur dass der Streit mit Rücksicht auf die Nähe zur Organspende lange Zeit nicht in der Öffentlichkeit ausgetragen wurde: Die Bundesärztekammer (BÄK) erarbeitete eine 68-seitige Stellungnahme.[40] Der Bundesrat verfasste eine Kritik mit nicht weniger als 45 Einzelanmerkungen.[41] Die Deutsche Krankenhausgesellschaft und die Spitzenverbände der gesetzlichen Krankenkassen lehnten den Entwurf in seltener Einmütigkeit ab. Mehr als 50 Änderungen mussten eingearbeitet werden, bevor der Bundestag das Gesetz verabschiedete.

Am 1. August 2007 trat das Regelwerk in Kraft, mit mehr als einem Jahr Verspätung. Es soll nun Sicherheit und Transparenz in der Gewebespende garantieren.

Ein Monstrum namens Gewebegesetz

Mit der Transparenz ist es allerdings so eine Sache. Die neuen Bestimmungen sind über drei Gesetze, mehrere Verordnungen und Richtlinien sowie Leitfäden zur Guten Fachlichen Praxis verstreut. Selbst Experten tun sich schwer, das bürokratische Monstrum zu verstehen oder auch nur zu lesen. Die Jura-Professorin Brigitte Tag, spezialisiert auf Fragen des Umgangs mit der Leiche und beteiligt an der Autopsie-Richtlinie der Bundesärztekammer, ließ von einer Mitarbeiterin erst einmal eine Synopse der wichtigsten veränderten Normen erstellen. Die Materie ist so kompliziert, dass ein Dienstleister für die Pharmaindustrie die Gunst der Stunde nutzen will. Die Diapharm Biotech GmbH in Lübeck bietet Gewebebanken gegen Bezahlung Hilfe bei der Erstellung der nötigen Dossiers für Genehmigungen an.[42] Die zuständige Behörde, das Paul-Ehrlich-Institut im hessischen Langen, ist derzeit nicht

---

40 Stellungnahme zum Regierungsentwurf für ein Gewebegesetz vom 4. 9. 2006
41 Bundesrat Drucksache 543/06 (Beschluss) vom 13. 10. 2006. Stellungnahme des Bundesrats zum Entwurf eines Gesetzes über Qualität und Sicherheit von menschlichen Geweben und Zellen (Gewebegesetz)
42 Auskunft des General Managers Guido Middeler vom 25. 6. 2008

zu beneiden. Rund 340 Anträge für nicht industriell hergestellte Gewebezubereitungen sind bis Februar 2008 bei ihr eingegangen.[43] Die Bearbeitung wird Monate dauern.

In einem wesentlichen Punkt hat die Bundesregierung die EU-Richtlinie anders umgesetzt als alle anderen europäischen Staaten. Sämtliche Gewebe unterliegen jetzt in genehmigungsrechtlichen Fragen den strengen Auflagen des Arzneimittelrechts. Andere wichtige Fragen, etwa die Voraussetzungen der Spende, das Verbot, mit Organen und Geweben zu handeln, oder der Vorrang der Organ- vor der Gewebespende sind wie bisher schon im Transplantationsgesetz geregelt.

Die Regulierung im Arzneimittelrecht war eine der strittigsten Entscheidungen des Gesetzgebers. Sie soll der Sicherheit der Patienten dienen, doch viele Experten fürchten eine weitere Kommerzialisierung des Gewebesektors: Was im Arzneimittelgesetz geregelt ist, gilt als Arzneimittel – und mit Arzneimitteln dürfen im Prinzip Gewinne gemacht werden. Für Gewebezubereitungen trifft das allerdings nur zu, wenn sie nach Paragraph 21 als klassische Arzneimittel zugelassen sind. Dennoch hätten die Kritiker die Gewebespende lieber in einem eigenen Gesetz oder vollständig im Transplantionsgesetz geregelt gesehen.

Immerhin führte der Gesetzgeber auch aufgrund ihrer Proteste im Arzneimittelgesetz eine Unterscheidung ein: Für Gewebezubereitungen, die nicht industriell hergestellt werden oder in der EU hinreichend bekannt sind, gibt es ein erleichtertes Genehmigungsverfahren, und sie dürfen nicht gehandelt werden – das Handelsverbot aus dem Transplantationsgesetz gilt für sie weiter. Dies betrifft beispielsweise Augenhornhäute, Herzklappen oder Gefäße. Hingegen müssen industriell hergestellte Produkte wie Knochenblöcke oder Knochenpasten, Sehnen oder Faszien (Muskelhüllen) wie zuvor schon als klassische Arzneimittel zugelassen werden – und dürfen somit auch kommerzialisiert werden.

---

43 Anträge auf Genehmigung nach § 21 a des Arzneimittelgesetzes; hinzu kommen circa 70 Anträge auf Genehmigung von Stammzellzubereitungen aus Knochenmark (Auskunft des Paul-Ehrlich-Instituts vom 20. 3. und 14. 4. 2008)

Das Gesetz sieht gemäß den Vorgaben der EU-Richtlinie umfangreiche Meldepflichten vor. Schwerwiegende Zwischenfälle und unerwünschte Reaktionen auf Gewebetransplantate müssen umgehend der zuständigen Bundesbehörde, dem Paul-Ehrlich-Institut, bekannt gemacht werden. Die Gewebebanken müssen zudem dokumentieren, was sie einführen, verarbeiten, lagern und ausliefern. Das Deutsche Institut für Medizinische Dokumentation und Information wird ein öffentlich zugängliches Register aller Gewebeeinrichtungen führen, so dass überschaubar wird, wer im Gewebesektor aktiv ist. Auch die Aufklärungspflichten gegenüber Angehörigen wurden geregelt – es ist nun vorgeschrieben, wer diese Aufgabe übernehmen muss. Offen blieb allerdings, worüber im Einzelnen aufzuklären sei (s. Seite 193 ff.). Schließlich hat der Gesetzgeber den Vorrang der altruistischen Organspende vor der teilweise kommerziellen Gewebespende explizit festgeschrieben. Wenn also ein Spender für die Organ- und Gewebespende gleichermaßen infrage kommt, darf mit der Gewebeentnahme erst begonnen werden, wenn die Deutsche Stiftung Organtransplantation (DSO) als Koordinierungsstelle für die Organspende diesen Spender freigegeben hat.

Leberspenden für den Müll?

Doch gerade an der Schnittstelle zwischen Organ- und Gewebespende entwickelte sich die Lage nach Inkrafttreten des Gesetzes chaotisch. Im Prinzip können Herzen oder Lebern von Organspendern, wenn sie nicht zur Transplantation taugen, immer noch für die Gewebetransplantation genutzt werden: Herzen entnimmt man die Klappen, Leberzellen können zu einem Fertigarzneimittel verarbeitet werden, das künftig durch die Europäische Arzneimittelagentur zugelassen werden könnte[44] (s. Seite 54 f.). Früher hatte die DSO solche nicht-transplantablen Organe wie selbstverständlich an Gewebebanken weitergeleitet – häufig an ihre eigene Tochtergesellschaft, die Gemeinnützige Gesellschaft für Gewebe-

---

44 Pressemitteilung der Firma Cytonet vom 20.10.2006

transplantation mit beschränkter Haftung. Nach dem Verkauf der Gewebe-GmbH und mit Inkrafttreten des neuen Gesetzes besann sie sich auf ihren Auftrag, die Organspende zu koordinieren. Nichttransplantable Organe wie Herzen oder Lebern sowie Hornhäute gibt sie seither nicht mehr weiter. So versiegte zum Beispiel der stete Nachschub an Lebern für die Firma Cytonet – ausgerechnet zu einem Zeitpunkt, da zwei klinische Studien zur Leberzelltherapie begonnen haben (s. Seite 55). »Wir bekommen derzeit Lebern, aber nicht aus Deutschland«, sagt ein Sprecher der Firma. Im Umkehrschluss heißt das: Lebern, die für die Gewebespende geeignet wären, werden im Körper des Spenders gelassen – oder wandern in den Müll, falls sich erst nach der Entnahme herausgestellt hat, dass sie nicht transplantabel sind.[45]

Die Firma Cytonet wusste sich indes zu helfen. Nach Mitteilung ihres Geschäftsführers Wolfgang Rüdinger überbrückt sie den Engpass mit Lebern aus Spanien und den USA, wo Cytonet in North Carolina eine ähnlich aufgebaute Fertigungseinrichtung wie in Hannover betreibt.[46] Für die DSO allerdings ist die Situation höchst unangenehm. Angehörige von Verstorbenen, die sich durchgerungen haben, der Organ- und Gewebespende zuzustimmen, werden wenig Verständnis dafür aufbringen, wenn man ihnen auf Nachfrage mitteilt, eine gespendete und entnommene Leber sei entsorgt worden. Solche Zustände können das Image der Organspende schädigen. Offiziell war die Stiftung zu keiner Stellungnahme bereit. Während einer Tagung in Halle im Frühjahr 2008 spielte DSO-Vorstand Günter Kirste das Problem jedoch herunter. Mittlerweile würden auch weniger hochwertige Lebern noch im Ganzen transplantiert, so dass für Cytonet sowieso kaum etwas übrig bliebe. Strebt die DSO nun doch ein zumindest begrenztes Mandat für die Gewebespende an? Für alle Fälle hat sie eine Erlaubnis beantragt, Gewebe entnehmen zu dürfen.[47]

45 Dieser Zustand wird voraussichtlich bis mindestens September 2008 anhalten (dann tagt eine Arbeitsgruppe unter Beteiligung von Bundesärztekammer, DSO, DGFG, die sich seit Längerem um eine Lösung bemüht)
46 Interview mit Wolfgang Rüdinger am 5. 3. 2008
47 Mitteilung des Regierungspräsidiums Darmstadt vom Februar 2008

Wie soll es weitergehen an der Schnittstelle zwischen Organ- und Gewebespende? Laut Gewebegesetz endet die Zuständigkeit der DSO als Koordinierungsstelle für die Organspende, wenn ein Arzt in ihrem Auftrag festgestellt hat, dass ein Organ nicht transplantabel ist. Nun stellt sich die Frage, wie das ausgemusterte Organ von der Klinik zu einer Gewebebank oder zu einem Hersteller kommt. Der Gesetzgeber hat vorgesehen, dass Gewebebanken und Hersteller, also auch Cytonet, Kooperationsverträge mit einzelnen Kliniken schließen können. Unter dem Dach des Vertragspartners hätten die Kliniken dann das Recht, Gewebe zu entnehmen, zu verpacken und zu verschicken. Allerdings müsste Cytonet mit sehr vielen Kliniken Verträge schließen, und bei frischen Leberzellen ist das Zeitfenster für den Transport sehr eng, es bleiben dafür wenige Stunden. Die Kliniken müssten rund um die Uhr eine Bereitschaft vorhalten, um eine Leber zur Not auch mitten in der Nacht zu Cytonet zu bringen – ob sie diesen Aufwand auf sich nehmen werden, ist fraglich.

Wer kriegt welches Gewebe?

Damit wenigstens nicht-transplantable Herzen genutzt werden konnten, ging man pragmatisch vor: Die jeweiligen lokalen Entnahmeteams brachten die Herzklappen in die eigene Gewebebank. Martin Börgel, Geschäftsführer der früheren DSO-G und heutigen Deutschen Gesellschaft für Gewebetransplantation, hielt das für keine gute Lösung. Er forderte Kriterien für die Verteilung und beklagte fehlende Transparenz[48] – undurchsichtige Vergabekriterien stören ihn verstärkt, seit die DSO-G nicht mehr von der einseitigen Gunst ihrer Mutter profitiert. Mit seiner Forderung nach Regeln für die Verteilung steht Börgel allerdings nicht allein da. Dass es solche Regeln nicht gibt, ist eine viel kritisierte Lücke im Gesetz. Die Bundesregierung hatte unterstellt, es gebe keinen Mangel an Gewebe und von daher brauche es auch keinen Allokationsmodus. Sie hatte allerdings nicht bedacht, dass verschiedene

---

48 Interview mit Martin Börgel und Holger Baumann am 14. 11. 2007

Bewerber am Markt sind, deren Gewebehunger nicht leicht zu stillen ist.

Wie viele Gewebeeinrichtungen es geben wird, ist derzeit noch unklar, die Branche ist im Umbruch. Man weiß zum Beispiel nicht, welche lokalen Gewebebanken nach neuem Recht weiter Bestand haben werden. Regionale wie die Gewebebank Süd GmbH in Martinsried werden hinzukommen. Außerdem gibt es mit der Deutschen Gesellschaft für Gewebetransplantation (DGFG) und der unter anderem vom Deutschen Herzzentrum Berlin gegründeten Stiftung Europäische Gewebebanken mindestens zwei überregionale deutsche Gewebeeinrichtungen, die beide den Anspruch haben, die Verteilung von Gewebe zu organisieren. Zu diesem Zweck versucht jede, möglichst viele Partner für ihr eigenes Netzwerk zu gewinnen, und beäugt misstrauisch die Konkurrenz. »Schon die DSO-G ist der Aufgabe kaum gerecht geworden, Gewebe unter Wahrung der höchsten Qualitätsstandards zu entnehmen, die Gewebe allein nach medizinischen Kriterien zu verteilen und den Bedarf der chirurgischen und transplantierenden Einrichtungen zu befriedigen«, heißt es in einem Konzeptpapier der späteren Stiftung Europäische Gewebebanken: Die neue DGFG »wird diesen Anforderungen noch weniger gerecht«.[49]

Fest steht eines: Gewebe ist ein begehrtes Gut, auch unter gemeinnützigen Organisationen, die den Gewebesektor in Deutschland überwiegend organisieren. Zudem hat der Gesetzgeber eine Entscheidung getroffen. Durch ihre rechtliche Einordnung sind Gewebezubereitungen Arzneimittel, grundsätzlich ist eine Gewinnspanne möglich. »Ich würde nicht sagen, der tote Körper wird nun kommerzialisiert, er ist schon seit Langem kommerzialisiert – aber dies wurde noch einmal legitimiert in diesem speziellen Bereich«, sagt die Juristin Brigitte Tag.[50] Zwar besteht die Möglichkeit, Handel zu treiben, nicht uneingeschränkt: Für Gewebezubereitungen wie Herzklappen oder Augenhornhäute, die nach einem vereinfachten Verfahren genehmigt werden, gilt das entsprechende Verbot aus dem Transplantationsgesetz weiter. Allerdings lässt das Gesetz ein

---

49 Das Papier liegt der Autorin vor
50 Interview mit Brigitte Tag vom 8. 6. 2007

Schlupfloch: Nach Auskunft des Paul-Ehrlich-Instituts ist es denkbar, dass ein Hersteller Herzklappen mithilfe eines industriellen Verfahrens produziert. Solche Gewebezubereitungen benötigen eine Zulassung als klassisches Arzneimittel. Für industriell hergestellte und als klassisches Arzneimittel zugelassene Herzklappen besteht kein Handelsverbot, sie dürfen mit Gewinn verkauft werden.

Das Handelsverbot – ein Papiertiger?

Greift das Handelsverbot bei Importen kommerzieller Hersteller aus dem Ausland? Zum Beispiel hat CryoLife Europa, Ltd., eine hundertprozentige Tochter des US-Unternehmens CryoLife Inc., vom deutschen Paul-Ehrlich-Institut die Genehmigung erhalten, menschliche Herzklappen, Gefäße und weitere Herzgewebe in Verkehr zu bringen.[51] Laut Klaus Cichutek, Vizepräsident des Paul-Ehrlich-Instituts, dürfen solche nicht-industriell hergestellten Gewebezubereitungen nicht gehandelt werden, selbst wenn der Hersteller seinen Sitz im Ausland hat. Nun ist CryoLife Inc. eine börsennotierte Firma. Ist es vorstellbar, dass Gewebe ohne Profit exportiert werden? Ashley Lee, Geschäftsführer der Firma, versichert auf Anfrage, in den USA sei es verboten, Gewebe zu kaufen oder zu verkaufen. CryoLife berechne für seine Gewebe daher lediglich eine Aufwandsentschädigung, die sämtliche Kosten für Entnahme, Transport, Verarbeitung und Lagerung abdecke.[52] Wie viel beispielsweise prozessierte Herzklappen kosten, teilt Lee vorsichtshalber nicht mit. Doch eine Mitarbeiterin einer für Importe zuständigen Landesbehörde – sie möchte nicht namentlich zitiert werden – vertritt auf Nachfrage sowieso eine andere Rechtsauffassung als das Paul-Ehrlich-Institut. Aus ihrer Sicht gilt das Kom-

---

51 Wie CryoLife in einem Schreiben an die Autorin vom 16.5.2008 formuliert: »CryoLife Europa, Ltd., (…) has received authorisation from the Paul-Ehrlich-Institut to market the services for the distribution of the Company's processed human aortic valves, pulmonary valves and vessels and non-valved cardiac tissues.«

52 Schreiben der Firma CryoLife vom 16.5.2008

merzialisierungsverbot nur für deutsche Firmen. Was in den USA sei, könne eine deutsche Behörde schließlich nicht beeinflussen.

Wie soll das Handelsverbot Wirkung zeigen, wenn die Behörden untereinander nicht einmal einig sind, wen es betrifft und wen nicht?

Gemeinnützige Gewebeeinrichtungen sprechen stets von Aufwandsentschädigung, wenn sie für ihre Produkte Geld verlangen. Der Begriff Aufwandsentschädigung ist allerdings dehnbar, wie das Beispiel der Hornhautbank München zeigt. Die gemeinnützige GmbH wurde 1991 von Thomas Neuhann gegründet. Der renommierte Augenchirurg transplantiert im OcuNet Zentrum München rund 300 Hornhäute jährlich, die er aus der Hornhautbank München bezieht. Diese versorgt aber auch Ärzte und Kliniken in ganz Deutschland mit Transplantaten. Zeitweise gingen bis zu 1200 Hornhäute durch die Hornhautbank München. In den letzten Jahren lag der Schnitt bei etwa 800 Hornhäuten, nur etwa die Hälfte davon gewinnt die Einrichtung selbst. Die andere Hälfte, durchschnittlich rund 400, importiert sie aus den USA, wo Hornhäute im Überfluss vorhanden sind. Bevor die US-Banken internationalen Partnern etwas anbieten, sortieren sie allerdings vor, die meisten Hornhäute sind für amerikanische Patienten. »Diese Hornhäute, die auf den internationalen Markt kommen – das muss man nüchtern sehen – sind alles Transplantate, die in den USA nicht transplantiert werden können«, sagt Andrea Gareiss-Lok, gemeinsam mit Neuhann Geschäftsführerin der Bank: »Bevor die Transplantate verworfen werden, bietet man sie auf dem internationalen Markt an.« Die überschüssigen Hornhäute aus den USA sind preiswert. Die Münchener Hornhautbank zahlt 1100 bis 1200 Euro Aufwandsentschädigung inclusive Transportkosten. Ihren Abnehmern berechnet sie jedoch 1500 Euro. Durch die Weitergabe der Transplantate entstünden zusätzliche Kosten, die in Rechnung gestellt würden, erklärt Gareiss-Lok: »Wir finanzieren uns ausschließlich durch Abgabe der Transplantate, öffentliche Zuschüsse bekommen wir nicht.«[53]

Ist so ein satter Aufschlag noch Aufwandsentschädigung oder schon Handel? Das interessiert letztlich niemanden.

---

53 Interview mit Andrea Gareiss-Lok vom 15. 3. 2008 und Fax vom 30. 4. 2008

Jeder Tote ein potentieller Spender: Hamburger Rechtsmediziner optimieren die Gewebegewinnung

Alle großen rechtsmedizinischen Institute wie etwa Frankfurt, München oder Berlin entnehmen Leichengewebe. Nirgendwo ist dies allerdings so perfekt organisiert wie an der Hamburger Universitätsklinik. Schon 2006, ein Jahr vor Inkrafttreten des Gewebegesetzes im August 2007, hatte man sich dort auf die Zukunft eingestellt: Das Institut für Rechtsmedizin vereinbarte eine Kooperation mit dem Deutschen Institut für Zell- und Gewebeersatz (DIZG) in Berlin und holte erforderliche Genehmigungen bei Behörden ein. Als Betriebsstätte des gemeinnützigen pharmazeutischen Herstellers besitzt es seither die Erlaubnis, Verstorbenen Knochen, Sehnen, Bänder und Hautstreifen zu entnehmen.[54] Nach der Entnahme wird das Material verpackt und tiefgefroren und in größeren Sendungen per Kurier nach Berlin geschickt (s. Seite 19).

Die Gewebegewinnung in Hamburg hat Tradition. Bereits Ende der 1970er Jahre lieferte das Institut für Rechtsmedizin Pharmafirmen sogenannte harte Hirnhäute – ganz im Stil der Zeit häufig ohne die explizite Einwilligung der Angehörigen. Praktiziert wurde eine Art Widerspruchslösung: Schweigen galt demnach als Zustimmung (s. Seite 209). Die Hals-Nasen-Ohren-Chirurgie im eigenen Haus erhielt Gehörknöchelchen und Rippenknorpel. Anfang der 1980er Jahre wurde die Hornhautbank des Universitätsklinikums aufgebaut. Nunmehr achtete man streng darauf, die Zustimmung der Angehörigen einzuholen. Teilweise gewannen die Rechtsmediziner mehrere hundert Transplantate jährlich. Bis Anfang der 1990er Jahre verschickte das Institut zudem Herzklappen und Gefäße an die Europäische Homograft Bank in Brüssel. Unter der Regie von Klaus Püschel, der 1991 Leiter des Instituts

---

54 Thomas Karbe u.a.: Das neue deutsche Gewebegesetz unter Berücksichtigung des TPG-Gewebeverordnungsentwurfs hinsichtlich praktischer Umsetzung der postmortalen Gewebespende, in: *Rechtsmedizin* Bd. 17, Nr. 6/2007

wurde, entnahmen die Rechtsmediziner 2002 erstmals in sieben Fällen auch Knochen, Sehnen und Faszien, also Muskelhüllen, Verstorbener. Kurze Zeit arbeitete das Institut damals mit dem Unternehmen Tutogen Medical GmbH zusammen, das aus solchem Rohmaterial eine breite Produktpalette fertigt (s. Seite 50).[55]

Püschel hat ein straffes Management für die Gewebeentnahme eingeführt. Die Mitarbeiter des Instituts werden in Zusammenarbeit mit dem DIZG darin geschult, Haut, Knochen und Sehnen so zu entnehmen, wie das verarbeitende Institut sie braucht. Rund um die Uhr prüft ein Bereitschaftsdienst, ob angelieferte Leichen für die Explantation geeignet sind. Die Abläufe in einem solchen Fall regelt eine Verfahrensanweisung. Die Erstuntersuchung liefert grundlegende Informationen über den Verstorbenen, zum Beispiel Angaben zum Todeszeitpunkt. Es folgt die äußere Leichenschau. Wenn sich dabei keine Ausschlussgründe für die Gewebespende ergeben, etwa Hinweise auf Krebs oder eine Infektion, wird über das Landeskriminalamt die Staatsanwaltschaft kontaktiert. Falls diese die Leiche freigibt, setzt sich eine Mitarbeiterin des Instituts mit den Angehörigen in Verbindung, um nach der Einwilligung zur Gewebespende zu fragen. Im Fall der Zustimmung muss eine umfangreiche Checkliste abgearbeitet werden, um die Krankengeschichte des Verstorbenen zu erkunden. Mitunter wird der Hausarzt hinzugezogen. Spricht auch dann noch nichts gegen eine Spende, kann die drei- bis fünfstündige Entnahme beginnen (s. Seite 15ff.).

Angehörigenmanagement am Institut für Rechtsmedizin

Ein Problem haben die Rechtsmediziner allerdings noch nicht gelöst. Nach den Erfahrungen der ersten zwölf Monate sind nur gut 14 Prozent der befragten Angehörigen bereit, ihre Verstorbenen für die Explantation freizugeben.[56] Im Angehörigengespräch für

---

55 Klaus Püschel, Anja Tomforde: Praxis der Gewebeexplantation in der Rechtsmedizin, in: *Rechtsmedizin*, Band 13, Nr. 6/2003
56 Thomas Karbe u.a.: Das neue deutsche Gewebegesetz unter Berück-

die Organspende stimmen etwa zwei Drittel der Befragten zu.[57] Liegt es daran, dass die Organspende häufig lebensrettend ist, während die Gewebespende zwar oft die Lebensqualität von Patienten verbessert, aber mitunter auch kosmetischen Zwecken dient? Oder irritiert es die Angehörigen, dass Unternehmen mit gespendetem Gewebe Gewinne machen können? Womöglich sind auch die ehrgeizigen Forschungsprojekte der Rechtsmedizin der Zustimmungsquote nicht förderlich. Die Angehörigen würden mit einer Vielzahl von Wünschen konfrontiert, sagt Institutsleiter Püschel: »Wir fragen nach Autopsie, wir fragen nach Gewebe, wir fragen nach weiteren Dingen wie Durchführen von Operationen an Verstorbenen.«[58]

Püschel ist dennoch überzeugt, dass sich die Zustimmungsquote steigern lasse. Man müsse nur die richtige Strategie wählen. Seit Sommer 2007 arbeitet am Rechtsmedizinischen Institut eine Ärztin, die ausschließlich für das Angehörigenmanagement zuständig ist – so heißt die Tätigkeit im Institutsjargon. Ihren Namen möchte sie nicht veröffentlicht sehen und auch ihren beruflichen Werdegang offenbart sie nicht – als handele es sich bei ihrer Tätigkeit um etwas Anrüchiges oder Konspiratives. Nur so viel gibt die Mitarbeiterin preis: Sie sei Allgemeinmedizinerin und in psychologischen Fragen erfahren: »Ich habe lange Zeit in der Beratung gearbeitet.«[59] Die Ärztin, nennen wir sie Silke K., hat in dem Call-Center eines lokalen Gewebenetzwerks in den USA hospitiert. Organisiert und bezahlt wurde der Aufenthalt vom Institut für Rechtsmedizin und dem DIZG, das von der Rechtsmedizin Knochen, Sehnen und Haut geliefert bekommt. Viele Gewebenetzwerke in den USA arbeiten mit einem solchen Call-Center. Dort sitzen speziell geschulte Kräfte, die den ganzen Tag nichts anderes tun, als

---

sichtigung des TPG-Gewebeverordnungsentwurfs hinsichtlich praktischer Umsetzung der postmortalen Gewebespende, a. a. O.

57 Öffentliche Anhörung zum Thema »Organisation der postmortalen Organspende in Deutschland« der Enquete-Kommission Recht und Ethik der modernen Medizin vom 14. 3. 2005
58 Interview mit Klaus Püschel am 28. 3. 2007
59 Interview am 5. 2. 2008

Hinterbliebene zu kontaktieren, um sie nach ihrer Einwilligung in die Organ- oder Gewebespende zu fragen.

Silke K. betont, dass die Gewebespende nur einen kleinen Teil ihrer Arbeit ausmache. Sie telefoniere mit den Angehörigen aller Verstorbenen, die ins Institut für Rechtsmedizin gebracht werden. In einem halben Jahr komme sie so leicht auf mehrere hundert Gespräche. »Ich beschäftige mich damit, den Angehörigenkontakt in vernünftiger Weise zu gestalten«, fasst sie ihre Tätigkeit zusammen. Das sieht etwa so aus: Wenn Silke K. das Familienmitglied eines Verstorbenen am Telefon hat, versichert sie sich zunächst, mit wem sie spricht. »Wichtig ist, dass Sie die richtige Nummer gewählt haben und dass Sie den richtigen Gesprächspartner haben, also tatsächlich einen Angehörigen.« Dann erkundigt sie sich, ob die Person gerade gesprächsbereit ist und ob sie weiß, dass sich die verstorbene Person in der Rechtsmedizin befindet. Sie fragt nach den Umständen des Todes und wie die Leiche aufgefunden wurde. Dabei erfährt sie einiges über die Situation ihres Gesprächspartners: »So eine schwerere akute Belastungsstressreaktion kann man auch am Telefon raushören«, sagt sie (s. auch Seite 222).

Fragen an Angehörige – 26 Seiten per Telefon

Falls der Angehörige am Telefon nicht zu schockiert ist und ihren Ausführungen folgen kann, bespricht sie allgemeine Fragen wie die Art der Abschiednahme, ob es weitere Familienmitglieder gibt oder ob die Klärung der Todesursache durch eine Obduktion gewünscht wird. In dem Zusammenhang kommt das Gespräch auf die medizinische Vorgeschichte des Toten, ob beispielsweise bei einem jung Verstorbenen eine Herz-Kreislauf-Erkrankung vorliegen könnte, die noch nicht diagnostiziert ist, aber für die übrigen Familienmitglieder von Interesse sein könnte, weil diese so von einem eigenen Risiko erfahren. Auf diese Weise erhält Silke K. zugleich Informationen, die ihr einzuschätzen helfen, ob der Tote als Gewebespender geeignet sein könnte. Erst wenn alle anderen Dinge geklärt sind, erkundigt sie sich, wie der Verstorbene zur Organ- und Gewebespende stand. Sie erklärt den Unterschied zwischen beidem, erläutert, welche Möglichkeiten es gibt, und kommt so ganz zwanglos zu der Frage, ob die Gewebespende wohl im Interesse des Verstorbenen gewesen wäre oder im Sinn der Angehörigen ist.

Lehnt der Angehörige die Spende ab, so wird dies akzeptiert. Allerdings beendet Silke K. das Telefonat an diesem Punkt auch, wenn er zustimmt – denn was jetzt kommt, braucht Vorbereitung. Silke K. verabredet sich zu einem weiteren Gespräch, das üblicherweise zwei Stunden später stattfindet. Die knappe Frist hängt mit dem Zeitrahmen der Gewebespende zusammen. Spätestens 36 Stunden nach Todeseintritt müssen Knochen und Sehnen entnommen sein[60], ansonsten ist die Leiche nicht mehr frisch genug. Sie kündigt ihrem Gesprächspartner an, dass er sich auf ein längeres Telefonat vorbereiten und an die Krankheitsgeschichte des Toten erinnern solle. So eingestimmt, verkraftet es der Angehörige eher, mit einem 26-seitigen Fragenkatalog konfrontiert zu werden, der gesundheitliche Risiken für mögliche Transplantatempfänger abklären soll. Geforscht wird auch nach intimen Details aus dem Leben des Verstorbenen – keine angenehme Situation für einen Trauernden. Fragen aus dem Katalog[61] sind beispielsweise:

– Hinweise auf erhöhtes Risiko der HIV-, Hepatitis B- und/oder Hepatitis C-Übertragung (z. B. Bluterkranke, männliche Homo- und Bisexualität, i. v.- Drogenabhängigkeit, Prostituierte, Häftlinge, Einwanderer aus Ländern mit hoher Infektionsrate, Aufenthalt in diesen Ländern innerhalb der letzten sechs Monate, Sexualkontakt mit Personen dieser Gruppen innerhalb der letzten sechs Monate ...)?

---

60 Hornhäute können – bei rascher Kühlung der Leiche – bis zu 72 Stunden nach Todeseintritt entnommen werden

61 Thomas Karbe u.a.: Die Umsetzung der postmortalen Gewebespende unter den Rahmenbedingungen des neuen Gewebegesetzes – Entwurf. Ein Modellversuch am Institut für Rechtsmedizin des Universitätsklinikums Hamburg-Eppendorf, in: *Transplantationsmedizin*, 19.Jg. Heft 2/2007

- Nadelstich-Verletzungen durch mit Blut kontaminierte Nadeln?
- Meningitis, Enzephalitis, Multiple Sklerose, Morbus Parkinson?
- Langzeitaufenthalt in UK/Nordirland im Zeitraum 1980 bis 1996 (länger als sechs Monate kumulativ)?[62]

Der Rettungsdienst und die Gewebespende

Der Prozess der Gewebespende wurde zunächst an der Hamburger Universitätsklinik selbst organisiert. Die Institute für Pathologie einiger Hamburger Krankenhäuser sollen folgen. Dort werden verstorbene Patienten untersucht, um Diagnose und Therapie des behandelnden Arztes zu überprüfen. Als erste Klinik wurde das Marienkrankenhaus einbezogen. Mobile Teams der Rechtsmedizin entnehmen dort vor Ort die Gewebe von Verstorbenen, wenn die Gewebespende möglich ist. Mit allen anderen großen Hamburger Kliniken seien bereits Absprachen getroffen worden, sagt der Institutsleiter. Doch Püschel denkt weiter: »Wenn man sich klarmacht, dass wir für Gewebetransplantationen Spender bis zu 90 Jahre haben können, dann würde man auch bei einem ganz normalen Herzinfarkt, der sich zu Hause ereignet, den Verstorbenen in das System einsteuern können.«[63] Das heißt: Auch die alte Dame, die in ihrer Wohnung im Sessel stirbt, könnte erfasst und auf ihre Eignung zur Gewebespende überprüft werden.

Aber wie soll das gehen? Hausärzte sind zwar gesetzlich verpflichtet, über mögliche Gewebespender Auskunft zu erteilen, wenn eine Gewebeeinrichtung sich an sie wendet. Allerdings hat sich dies bislang nicht auf die Praxis ausgewirkt. Püschel hat einen anderen Weg gefunden. Er bindet den ärztlichen Rettungsdienst ein. Schon vor der Ausweitung der Gewebespende an der Universitätsklinik haben Rechtsmedizin und Rettungsdienst eng zusam-

---

62 Diese Information könnte auf ein erhöhtes Risiko für eine Creutzfeldt-Jakob-Erkrankung neuen Typs hinweisen
63 Martina Keller: Über Leichen. Von der Gewinnung und Verwertung menschlicher Überreste. WDR/ORF/SR 2007. Erstsendung am 30.9.2007 in WDR 5

mengearbeitet: Unter Beteiligung von Klaus Püschel hat Hamburg als erstes Bundesland die Regelung eingeführt, dass Ärzte im Rettungseinsatz nur eine vorläufige Todesbescheinigung ausstellen. So sind die Mediziner rasch wieder einsatzbereit, und die Feststellung der Todesursache wird sicherer. Andere Bundesländer haben nachgezogen, auch dort füllt der Notarzt nur ein vorläufiges Formular aus. Danach übernehmen es allerdings im Normalfall der Hausarzt, der Amtsarzt oder der kassenärztliche Bereitschaftsdienst, die endgültige Todesbescheinigung auszustellen. Nur in besonderen Fällen wird die Rechtsmedizin eingeschaltet.

Nicht so in Hamburg. Ist ein Mensch während eines Rettungseinsatzes gestorben, informiert der Arzt stets die Polizei, und diese leitet ein Todesermittlungsverfahren ein. Das heißt, die Leiche wird beschlagnahmt. »Auch bei ganz normalen Sterbefällen im Rettungsdienst wird die Leiche auf jeden Fall ins Institut für Rechtsmedizin gebracht, wo eine umfassende äußere Leichenschau durchgeführt wird«, sagt Stefan Kappus, Ärztlicher Leiter Rettungsdienst bei der Feuerwehr Hamburg. »Deshalb hat die Hamburger Rechtsmedizin so immens viele Leichen, der akute Herztod zu Hause, der Schlaganfall, an dem jemand verstirbt, viele dieser Fälle kommen dorthin.«[64]

Bis zu 3500 Leichen im Jahr werden in die Rechtsmedizin geliefert, das ist gut ein Fünftel aller Menschen, die jährlich in Hamburg sterben.[65] Die hohe Zahl hängt auch damit zusammen, dass der Rettungsdienst häufig alarmiert wird, wenn man vermutet, dass ein Mensch bereits gestorben ist. Nur selten kommt in einer Großstadt wie Hamburg der Hausarzt, um einen Todesfall zu bescheinigen. Die Kooperation mit der Rechtsmedizin erleichtert den Rettungsärzten die Arbeit: »Wir müssen nicht mutmaßen, warum jemand gestorben ist«, so Kappus, »es findet immer eine fachlich fundierte Leichenschau statt.« Das schafft Rechtssicherheit, denn Tötungsdelikte bleiben kaum unentdeckt. Zugleich vergrößert das Hamburger System allerdings auch den Spenderpool für die Gewebeentnahme.

---

64 Interview mit Stefan Kappus im April 2008
65 Für 2006 verzeichnet das Statistische Jahrbuch Hamburg 17101 Todesfälle

Eine spezielle Verknüpfung

Die Rechtsmedizin spannt die Notärzte dafür als Helfer ein. In Hamburger Krankenhäusern hängt eine »Information an alle Notarztstandorte«. Das Papier erläutert, dass geeigneten Spendern im Institut für Rechtsmedizin »Binde- und Stützgewebe für medizinische Zwecke« entnommen würden. »Für die Spenderauswahl benötigt die Rechtsmedizin Daten der notfallmedizinischen Behandlung«, heißt es weiter. Mit den Ärztlichen Leitern der Notarztstandorte sei vereinbart, dass der diensthabende Rechtsmediziner versuche, den jeweiligen Notarzt telefonisch zu erreichen. Auf Verlangen sei eine Kopie des Notarzt-Protokolls an das Institut für Rechtsmedizin zu faxen. »Als Leichenschauer hat der Rechtsmediziner Anspruch auf die Mitteilung von medizinischen Daten.«

Tatsächlich ist die Pflicht zur Wahrung des Arztgeheimnisses aufgehoben, wenn es zu klären gilt, ob ein gewaltsamer Tod vorliegt. Allerdings fordert die Rechtsmedizin ausdrücklich im Zusammenhang mit der Gewebespende zusätzliche Daten an. »Die Rechtsmedizin ist auf Ihre Informationen angewiesen!«, heißt es im beigefügten »Informationsblatt für Notärzte zur postmortalen Gewebespende«. Es klärt die Mediziner über die Kooperation mit dem DIZG auf, nennt die Anwendungsgebiete für Gewebeprodukte und die Voraussetzungen einer Gewebespende. Welche Daten aus Notarzteinsatzprotokollen könnten wichtig sein? Zu dieser Frage verweist das Informationsblatt auf die notwendige mikrobiologische Untersuchung des Spenderblutes. »Hierbei ist es sehr wichtig, die vor dem Tod noch verabreichten Infusionsmengen zu kennen, um nicht durch eine zu starke Verdünnung des Blutes falsch negative Testergebnisse zu produzieren.« Nochmals wird darum gebeten, Notarzteinsatzprotokolle an das Institut für Rechtsmedizin zu faxen.

Die spezielle Verknüpfung missfällt der Juristin Brigitte Tag: »Das ist die Frage, ob hier ein berechtigtes Interesse an den Daten besteht und ob sie in dieser Art und Weise weitergegeben werden dürfen.«[66] Nur aus berechtigtem medizinischen Interesse oder aufgrund eines Notstands dürfe ein Mediziner Patientendaten wei-

---

66 Interview mit Brigitte Tag vom 8. 6. 2007

terleiten. »Allein dass eine Firma an der Gewebeentnahme interessiert ist, schafft keinen Rechtfertigungsgrund«, so Tag, die auf Fragen des Umgangs mit der Leiche spezialisiert ist. »Es besteht die Gefahr, dass die Leiche durch diese Art der Zusammenarbeit zum bloßen Verfügungsobjekt wird. Ob wir dies dulden oder gar fördern wollen, sollte zunächst einmal in aller Offenheit diskutiert werden. Es gilt, Grenzen aufzuzeigen.«

Workshops für die Feuerwehr

Klaus Püschel hat da offenbar weniger Bedenken. Er arbeitet daran, die Verwertung zu optimieren. »Ich persönlich habe durchaus den Ehrgeiz, in der Region Hamburg einen Schwerpunkt zu schaffen«, sagt er.[67] So wird an der Hamburger Universitätsklinik eine Gewebebank aufgebaut, die vorerst Blutgefäße, Herzklappen, Augenhornhäute und muskuloskeletale Gewebe sammeln wird, später vielleicht auch Leberzellen und Knorpel.[68] Hamburger Polizisten, Feuerwehrleute und Bestatter werden in Workshops über die Gewebespende geschult. Die Unternehmenskommunikation der Klinik soll helfen, die Bevölkerung zu überzeugen. »Die Frage, ob die Menschen völlig unversehrt in die Erde kommen wollen oder ins Krematorium, die kann man durch Diskussionen zu Lebzeiten so abklären, dass ein größerer Prozentsatz bereit sein wird, der Spende zuzustimmen«, sagt Püschel.[69]

Das Hamburger Modell ist so konzipiert, dass es auch anderswo funktionieren könnte. Alles Weitere ist ein Rechenexempel. Im ersten Jahr der Zusammenarbeit mit dem DIZG wurden 3300 Verstorbene in die Rechtsmedizin eingeliefert. Rund 470 davon kamen für die Gewebespende in Frage.[70] »Wenn man in Deutsch-

---

67 Interview mit Klaus Püschel am 28. 3. 2007
68 Telefonische Auskunft von Klaus Püschel im Juli 2008
69 Interview mit Klaus Püschel am 28. 3. 2007
70 Thomas Karbe u. a.: Das neue deutsche Gewebegesetz unter Berücksichtigung des TPG-Gewebeverordnungsentwurfs hinsichtlich praktischer Umsetzung der postmortalen Gewebespende, a. a. O.

land zwei oder drei andere Schwerpunkte hat, dann wird man ganz Deutschland mit Geweben versorgen können«, prophezeit Püschel.[71]

Die Zukunft der Gewebetransplantation: Herzklappen aus dem Bioreaktor?

Axel Haverich ist ein findiger Kopf. Der Chirurg von der Medizinischen Hochschule Hannover (MHH) hat eine Herzklappe konstruiert, die im Körper eines jungen Patienten unter Umständen mitwachsen kann. Zunächst hat das Forscherteam um Haverich im Tierversuch mit Herzklappen von Schafen experimentiert. Ausgangsmaterial für die ersten Heilversuche am Menschen sind hingegen menschliche Herzklappen, gewonnen von Leichen: Im ersten Schritt wird das gespendete Gewebe durch Spülen von sämtlichen Zellen des früheren Besitzers befreit, so dass nur ein Stützgerüst aus Kollagen übrig bleibt. Dieses wird mit Zellen besiedelt, die man zuvor aus dem Blut oder Knochenmark des Patienten, der die Herzklappe bekommen soll, gewonnen und im Labor vermehrt hat. Nach dem Einpflanzen der Herzklappe soll der Patient die mit eigenen Zellen besiedelte Klappe wie körpereigenes Gewebe annehmen.

Haverichs Herzklappe ist ein Produkt des Tissue Engineering. So nennt man eine Zukunftstechnologie, von der in den nächsten Jahren Großes erwartet wird. Beschädigtes Gewebe soll repariert oder ersetzt werden, indem man biotechnologisch bearbeitete Zellen auf ein Gerüst oder eine Matrix aufbringt und in den Körper des Patienten verpflanzt. Das Tissue Engineering, so hofft man, könnte herkömmliche Therapien wie die klassische Transplantation oder die Einnahme von Medikamenten ersetzen. Erste Produkte kamen Mitte der 1990er Jahre auf den Markt. Ausgangsmaterial waren häufig Zellen der Patienten selbst, die im Labor vermehrt

---

71 Interview mit Klaus Püschel am 28. 3. 2007

und eingepflanzt wurden, etwa Haut- oder Knorpelzellen. Zunehmend verwerten die Bioingenieure aber auch fremdes Gewebe, etwa von Leichen: »Um ihre Produktpalette zu optimieren, werden große Firmen den Fokus verstärkt auf allogene … Produkte setzen«, heißt es in einem Forschungsbericht für die Europäische Kommission[72] – allogen heißt von einem anderen Individuum derselben Art. Mit der Kommerzialisierung ihrer Produkte hatten es die Firmen bislang allerdings schwer. Weil es sich beim Tissue Engineering um eine neuartige Therapie handelt, gab es zunächst keine europäischen Zulassungsregeln. Jedes Land hatte seine eigenen Vorschriften. Erst Ende 2008 wird der Weg für die länderübergreifende Vermarktung frei. Die Europäische Kommission hat einen einheitlichen Rechtsrahmen geschaffen, der die enge Verbindung von Gewebespende und Tissue Engineering betont: Für Spende, Testung und Beschaffung des Rohmaterials gelten dieselben Standards, gemäß den Vorgaben der EU-Geweberichtlinie. Eine EU-Verordnung über Arzneimittel für neuartige Therapien regelt künftig Genehmigung, Überwachung und Pharmakovigilanz – die systematische Dokumentation unerwünschter Wirkungen von Arzneimitteln. Die Verordnung gilt ab dem 30. Dezember 2008.

Die biotechnologisch veränderte Herzklappe ist nicht das einzige Tissue-Engineering-Projekt von Axel Haverich. Er forscht an weiteren biologischen Ersatzteilen, etwa für Venen, Venenklappen und Luftröhren. Noch sind die Substitute im Stadium des Tierversuchs, doch künftig könnten sie nach dem Vorbild der mitwachsenden Herzklappe mithilfe von gespendetem menschlichen Gewebe für die Therapie weiterentwickelt werden.[73] Die Projekte sind Teil des Exzellenzclusters *Rebirth – From Regenerative Biology to Reconstructive Therapy*, das Haverich koordiniert. Bund und Län-

---

72 Anne Katrin Bock u. a.: Human tissue-engineered products: Potential socio-economic impacts of a new European regulatory framework for authorisation, supervision and vigilance. European Commission Technical Report EUR 21838 EN, European Comunities 2005

73 Auskunft von Andres Hilfiker, Koordinator Tissue Engineering der Leibniz Forschungslaboratorien für Biotechnologie und künstliche Organe der Medizinischen Hochschule Hannover, vom 9. 7. 2008

der fördern das interdisziplinäre Forschungsprogramm seit November 2006 für fünf Jahre mit durchschnittlich 6,5 Millionen Euro im Jahr.[74] Die deutsche Spitzenforschung im Tissue Engineering ist auf eine Handvoll Zentren konzentriert, die sich wie in Hannover in der Nachbarschaft einer Universitätsklinik gebildet haben. In Dresden setzte sich das Exzellenzcluster *From Cells to Tissues to Therapies* als Einziges aus den neuen Bundesländern in der ersten Runde der Exzellenzinitiative von Bund und Ländern durch. Das Programm wird seit November 2006 fünf Jahre lang mit jährlich 1,5 Millionen Euro gefördert.[75] In Leipzig wurde 2006 das Translationszentrum[76] für Regenerative Medizin gegründet. Der Bund, das Land Sachsen und die Universität Leipzig finanzieren es bis Ende 2010 mit knapp 40 Millionen Euro.[77]

Ärger um den Stiftungsrat

Eben diese drei Kliniken aus dem Spitzenfeld der deutschen Tissue-Engineering-Forschung kauften Ende Juli 2007 die Gemeinnützige Gesellschaft für Gewebetransplantation (DSO-G), eine hundertprozentige Tochter der Deutschen Stiftung Organtransplantation (DSO). Axel Haverich war ärztliches Mitglied im DSO-Stiftungsrat und dessen langjähriger Vorsitzender, als das Gremium 2007 über den Verkauf der DSO-G entschied. Dabei musste der Stiftungsrat 2005 neu gewählt werden. Um die Benennung der drei ärztlichen Mitglieder, die der Deutschen Transplantations Gesellschaft (DTG) zukommt, gab es erheblichen Ärger. Die

---

74 Pressemitteilung der Medizinischen Hochschule Hannover vom 13. 10. 2006
75 Pressemitteilung der Technischen Universität Dresden vom 3. 9. 2007
76 Der Name Translationszentrum nimmt Bezug auf den englischen Ausdruck translation – Übersetzung. Das Leipziger Zentrum will auf dem Gebiet der Regenerativen Medizin Ergebnisse der Grundlagenforschung möglichst rasch in klinische und pharmazeutische Praxis übersetzen.
77 Presseinformation des Translationszentrums und Auskunft von Manuela Lißina-Krause (Öffentlichkeitsarbeit) vom 27. 6. 2008

DTG hatte der DSO ihren Vorschlag übermittelt – Haverich und seine bisherigen beiden Kollegen. Allerdings hatte es die DTG versäumt, wie vorgesehen ihre Mitgliederversammlung zu konsultieren. Daraufhin beschloss man während der DTG-Jahresversammlung 2005 in Rostock, den Vorschlag zwar für ein Jahr zu bestätigen. Dann allerdings sollten sich die Stiftungsratsmitglieder erneut zur Wahl stellen, und auch andere Kandidaten sollten vorgeschlagen werden können.[78] Haverich erklärte jedoch bereits in Rostock mit Bezug auf den DSO-G-Verkauf, es wäre fahrlässig, wenn die Sache von jemandem übernommen würde, der weniger eingebunden sei als er. Es kam in Rostock zu tumultartigen Szenen, wie Insider berichten. Während der DTG-Jahresmitgliederversammlung 2006 in München wurden dann drei neue Kandidaten gewählt, unter anderem Roland Hetzer vom Deutschen Herzzentrum Berlin. Doch nur eines der amtierenden ärztlichen Mitglieder im Stiftungsrat trat zurück – aus Arbeitsüberlastung. Haverich und sein Kollege Johann Hauss aus Leipzig blieben im Amt. Haverich teilt dazu mit, aus Sicht der DSO und des Stiftungsrats sei die Wahl zu dem Gremium satzungsgemäß erfolgt.[79]

Hat Haverich etwa seine Position als Stiftungsratsvorsitzender genutzt, um den Verkauf der DSO-G an die Medizinische Hochschule Hannover (MHH) zu befördern? Der MHH-Chirurg verweist darauf, dass zum Zeitpunkt der Entscheidung des Stiftungsrats nur ein einziges Angebot vorgelegen habe – das des Konsortiums der drei Universitätskliniken. Diese Offerte sei für den Stiftungsrat besonders attraktiv gewesen, weil Gemeinnützigkeit klar erkennbar gewesen sei und »die Gewebespende mit der anschließenden Prozessierungsnotwendigkeit im akademischen Umfeld und damit auf dem Hintergrund wissenschaftlicher Neuerungen« stattfinden könne. »Professor Haverich hat in keinster Weise Einfluss auf den MHH-Vorstand genommen«, versichert Holger Baumann, Sprecher des Käuferkonsortiums und Vizepräsident der

---

78 Mitteilung von Heinz Angstwurm, Mitglied der Deutschen TransplantationsGesellschaft, vom 28. 7. 2008

79 Schreiben von Axel Haverich vom 15. 7. 2008; Johann Hauss hat zur Anfrage der Autorin keine Stellung genommen.

Medizinischen Hochschule Hannover. »Sie unterstellen ihm gerade, dass er seine Ämter nicht auseinanderkriegt«, sagt Martin Börgel, Ex-Geschäftsführer der DSO-G und nun auch Geschäftsführer ihrer Nachfolgerin, der Deutschen Gesellschaft für Gewebetransplantation (DGFG). Baumann und Börgel erklären dies in einem persönlichen Gespräch[80], zu dem sie die Autorin eingeladen haben, nachdem ihr und anderen Journalisten zuvor die Teilnahme an der Auftaktveranstaltung der DGFG verwehrt wurde. Bei der Tagung handele sich um eine Veranstaltung für die Fachöffentlichkeit, lautete die Begründung, Journalisten seien nicht zugelassen.

Silicon Valley des Tissue Engineering

Konsortiumssprecher Baumann ist noch neu auf seinem Posten und kommt bei der Frage nach den Pflichten der Gesellschafter ganz unbefangen auf die Intention der drei Kliniken beim Kauf der DSO-G zu sprechen. Eine Hauptmotivation der Medizinischen Hochschule Hannover sei der aus der Transplantationsmedizin heraus betriebene Forschungsschwerpunkt Tissue Engineering gewesen, »insbesondere im Herzbereich«. Die Kollegen aus Dresden seien im Hornhautbereich engagiert, die Leipziger Kollegen seien »im Prinzip ähnlich wie wir in Hannover auch im Tissue-Engineering-Bereich unterwegs«. Moment mal, hat sich Baumann da etwa verplaudert? Die DGFG soll doch wie ihre Vorgängerin DSO-G die klassische Gewebespende organisieren. Als die Autorin nachfragt, welche Schwerpunkte denn Leipzig beim Tissue Engineering setze, ergreift rasch Geschäftsführer Börgel das Wort und versichert, es gebe keinen konkreten Ansatzpunkt. Alle drei Universitäten hätten die DSO-G in dem Bewusstsein übernommen, dass es primär um die traditionellen Gewebezubereitungen gehe – Augenhornhäute, Herzklappen, Gefäße und Knochen. Das werde auch die nächsten 15 Jahre so bleiben.

Ein Kenner der Szene hat da Zweifel. »Es ist klar, dass eine

---

80 Interview mit Martin Börgel und Holger Baumann vom 14. 11. 2007

161

große Gewebebank, wie sie in Hannover gebildet worden ist, so ein Cluster der Hightech-Medizin befördert.« Man könne Forschungsprojekte im Bereich des Tissue Engineerings nur anstoßen, wenn man eine Gewebebank im näheren Zugriff habe. Universitäten, die bei der Geweberverteilung nicht zum Zuge kämen, seien in der Forschung und bei der Vergabe von Forschungsgeldern benachteiligt. Ohne den nötigen Rohstoff werde es keine Universität zu einem »Silicon Valley des Tissue Engineering« bringen. Weil ein Akteur dem anderen misstraue, komme es zur Gründung von Konkurrenzeinrichtungen.

Misstrauen kann die DGFG nicht brauchen, wenn sie ihr Gewebenetzwerk weiter ausbauen will. Die Verantwortlichen bemühen sich daher nach Kräften, die Umstände des DSO-G-Verkaufs vergessen zu lassen und der Öffentlichkeit ein neues Bild zu präsentieren: »Die DGFG arbeitet unabhängig. Somit ist ein bevorzugter Zugriff – auch von Gesellschaftern oder Kooperationspartnern – auf Gewebetransplantate ausgeschlossen«, heißt es im Jahresbericht 2007, den Vertreter des Konsortiums ein Dreivierteljahr nach dem Kauf der Öffentlichkeit vorstellten.[81] Die DGFG sei nur eine von vielen deutschen Gewebeeinrichtungen und verstehe sich »als ein offenes Netzwerk ohne Monopolanspruch«. Kernaktivitäten der Gesellschaft seien die »Organisation der Gewebespende, die Unterstützung der Gewebebanken bei der Geweberprozessierung und die Verteilung der Gewebe für Transplantationen nach medizinischen Kriterien«. Das Tissue Engineering, von Konsortiumssprecher Baumann wenige Monate zuvor noch genannt, taucht im Jahresbericht nicht auf. Vielmehr stellt die DGFG auf Nachfrage klar: »Die Gewinnung von Gewebe zu den von Ihnen formulierten Zwecken ist nicht Gegenstand der DGFG.«[82]

---

81 http://www.gewebenetzwerk.de/content/view/46/51/; DGFG – Deutsche Gesellschaft für Gewebetransplantation mbH – Gemeinnützige Gesellschaft – Jahresbericht 2007
82 Mitteilung der DGFG vom 8.4.2008

Kann man das glauben? Zumindest hat die DGFG offenbar erkannt, dass die Öffentlichkeit sensibel registriert, wofür Gewebe verwertet werden sollen. Die Zustimmung zur Gewebespende könnte abnehmen, wenn diese mit kommerziellen Aspekten in Verbindung gebracht wird. Forschungsprojekte im Bereich Tissue Engineering gehen jedoch mittelfristig fast immer mit kommerziellen Interessen einher. Axel Haverich beispielsweise hatte als wissenschaftlicher Kopf der 2001 gegründeten Firma Artiss für 2004 bereits den Börsengang vor Augen, berichtete die *Neue Presse* in Hannover zur Inbetriebnahme der Labors im Medical Park der Stadt.[83] Artiss sollte unter anderem die biotechnologisch veränderte Herzklappe von Haverich zur Marktreife bringen. Das Unternehmen war auf Empfehlung eines ehemaligen hochgestellten Politikers gegründet worden, dessen Namen Haverich nicht verraten mag – Geschäftsführer von Artiss wurde übrigens Heiko von der Leyen, Schwiegersohn des ehemaligen niedersächsischen Ministerpräsidenten Ernst Albrecht und Ehemann der heutigen Gesundheitsministerin.

Die Beteiligungsgesellschaft Pricap Venture Partners AG spendierte zur Gründung von Artiss 3,3 Millionen Euro, doch die Projekte entwickelten sich nicht so, wie der Risikokapitalgeber sich das vorgestellt hatten. 2006 kam das Aus für die Firma. Der Misserfolg von Artiss ist kennzeichnend für die Überschätzung des Tissue-Engineering-Markts. Um die Jahrtausendwende wurde sein Volumen in allgemeiner Euphorie weltweit auf 25 bis abenteuerliche 376 Milliarden Euro beziffert. Bereits 2003 korrigierte man die Schätzungen laut dem erwähnten Bericht der Europäischen Kommission auf 60 Millionen Euro. Eine jüngere Analyse prophezeit immerhin für 2007 einen Anstieg des US-Marktes auf 1,3 Milliarden Dollar.[84] Hintergrund der deutlich skeptischeren Erwartungen sind die fehlenden Wirksamkeitsbelege vieler Produkte, die

83 Ralph Hübner: Mit menschlichen Ersatzteilen Milliarden verdienen, in: *Neue Presse* vom 28. 8. 2001
84 Alle Zahlen aus Anne Katrin Bock: Human tissue-engineered products: Potential socio-economic impacts of a new European regulatory

unbekannten Risiken bei der Anwendung, die technischen Schwierigkeiten bei der Herstellung und die lange Zeit ungeklärten Zulassungsbedingungen. Aber diese Unsicherheit hat nun ein Ende. Die Voraussetzungen für einen einheitlichen europäischen Markt sind mit der Verordnung über Arzneimittel für neuartige Therapien zum Jahresende geschaffen.

Nach dem Aus für Artiss hat es die neugegründete Firma Corlife übernommen, an der Zulassung der biotechnologisch veränderten Herzklappe zu arbeiten. Insbesondere Kinder sollen einmal von dem neuartigen, womöglich mitwachsenden Klappenersatz profitieren. Die herkömmlichen Transplantate werden für sie im Laufe ihrer Entwicklung zu klein, so dass sie erneut operiert werden müssen. In der Forschungsphase will Corlife sein Rohmaterial, zum Beispiel kranke menschliche Herzklappen, auf Grundlage detaillierter Einwilligungserklärungen von Patienten in Kliniken beziehen. Wenn es in die klinische Anwendung geht, setzt man auf Zulieferung durch Gewebebanken. Geschäftsführer Michael Harder weiß, was mit der Zulassung auf ihn zukommt: »Jeder einzelne Schritt der Herstellung ist fehleranfällig und muss standardisiert werden«, sagt Harder. Das Rohgerüst der mitwachsenden Herzklappe darf keinerlei Spenderzellen mehr aufweisen, die Spül-Detergenzien dürfen nicht allergen sein, die patienteneigenen Zellen sind so homogen aufzutragen, dass die Schicht dem Blutfluss im Körper des Patienten standhält. Harder hält den Aufwand für gerechtfertigt: »Wir wollen alle sichere Produkte, und für die Sicherheit muss man einen Preis zahlen.«[85]

Hightech-Herzklappen für Moldawien

Axel Haverich ist weniger geduldig. Sein moldawischer Mitarbeiter Serghei Cebotari hatte die mitwachsende Herzklappe seit 1997 im Tierversuch entwickelt und getestet. Er war im Jahr 2002 zu der

---

framework for authorisation, supervision and vigilance. European Commission Technical Report EUR 21838 EN, European Comunities 2005
85 Interview mit Michael Harder im Oktober 2006 und Frühjahr 2008

Einschätzung gelangt, die Technik könne nun beim Menschen angewandt werden. In Deutschland wären solche Versuche allerdings nur im Rahmen von Heilversuchen möglich gewesen.[86] Corlife-Geschäftsführer Harder rechnet erst 2010 mit ersten klinischen Zulassungsstudien. Cebotari wusste einen schnelleren Weg, die Klappe in die klinische Praxis zu bringen. Er schlug Haverich vor, man könne die Herzklappen an der herzchirurgischen Universitätsklinik in Chisinau einpflanzen – der Hauptstadt Moldawiens.[87] Nun ist der ärmste Staat Europas bislang weniger als Mekka der Hightech-Medizin bekannt geworden denn als Zentrum kriminellen Frauen- und Organhandels. Laut einem Bericht des europäischen Parlaments zum Organhandel aus dem Jahr 2003 ist der körperliche Zustand moldawischer Organverkäufer stark beeinträchtigt, »weil jegliche Art medizinischer Nachsorge fehlt«.[88]

Cebotaris Gedanke war dennoch naheliegend: Der Chef der Herzklinik in Chisinau ist sein Vater. Haverich versichert, irgendwelche Unregelmäßigkeiten seien völlig auszuschließen. »Dafür lege ich beide Chirurgenhände ins Feuer.«[89] Man habe das Votum der dortigen Ethikkommission eingeholt, zu deren Mitgliedern der Präsident der Universität und der moldawische Gesundheitsminister zählten. Außerdem habe man einen Kooperationsvertrag mit der Universitätsklinik Chisinau abgeschlossen, um das Projekt akademisch abzusichern. Junge Patienten fanden sich rasch. Moldawische Kinder haben anders als ihre deutschen Altersgenossen keine Alternative. Entweder sie bekommen eine experimentelle Herzklappe spendiert oder gar keine – in Moldawien werden die Kosten für Transplantate von keiner Krankenversicherung übernommen, und selber bezahlen kann so gut wie niemand. Das monatliche Durchschnittseinkommen liegt bei 100 Dollar.

86 S. Beate Grübler: Tissue Engineering: Wenn die Herzklappe mitwächst, in: *Deutsches Ärzteblatt* 103, Ausgabe 36/2006 vom 8.9.2006
87 Interview mit Axel Haverich im Oktober 2006
88 Parliamentary Assembly. Trafficing in organs in Europe, Doc. 9822 vom 3.6.2003. Social Health and Family Affairs Committee, Berichterstatterin Ruth-Gaby Vermot-Mangold
89 Interview mit Axel Haverich im Oktober 2006

Mitte 2002 war es so weit: Haverich verpflanzte in Chisinau die ersten beiden biotechnologisch veränderten Herzklappen an ein 13-jähriges Mädchen und einen elfjährigen Jungen. Das Rohmaterial dafür, menschliche Herzklappen, wurde von toten moldawischen Spendern gewonnen. Die jungen moldawischen Patienten wurden nach der Transplantation regelmäßig kontrolliert. Nach dreieinhalb Jahren veröffentlichte Cebotari erste Ergebnisse in der renommierten kardiologischen Fachzeitschrift *Circulation:* Die Transplantate funktionierten demnach hervorragend und zeigten tatsächlich eine Art von Wachstum.[90] Mittlerweile wurden insgesamt 21 moldawische Patienten transplantiert, darunter drei oder vier Erwachsene mit angeborenem Herzfehler. Nach Auskunft von Cebotari geht es ihnen gut.[91] Dennoch gibt es kritische Stimmen: »Ich hätte derzeit noch Bedenken, solche Klappen anzuwenden«, teilte im Herbst 2006 Roland Hetzer, einer der renommiertesten deutschen Herzchirurgen, der Autorin mit: »Die Langzeitfunktion ist noch nicht so, wie wir es von anderen Substituten kennen.«[92]

Wie geht es weiter mit dem Tissue Engineering? Arlinke Bokhorst, die medizinische Direktorin der gemeinnützigen europäischen Gewebeeinrichtung Bio Implant Services, hat dazu eine entschiedene Meinung: »Das ist die Zukunft«, sagt sie. »In 50 Jahren werden die Gewebebanken als solche nicht mehr existieren. Wir werden dann die Organisationen sein, die den Tissue-Engineering-Firmen das Rohmaterial für ihre Produkte liefern.« Die Zukunft hat offenbar bereits begonnen. In den vergangenen fünf Jahren klopften bereits zahlreiche Interessenten bei Bio Implant Services an. »Wir wurden von Tissue-Engineering-Firmen angesprochen, die mit allen Arten von Gewebe arbeiten. Kommerzielle wie universitäre Gruppen wollten kooperieren.«[93]

---

90 Serghei Cebotari u.a.: Clinical Application of Tissue Engineered Human Heart Valves Using Autologous Progenitor Cells, in: *Circulation* 114 vom 4. 7. 2006

91 Mitteilung Serghei Cebotari vom 20. 4. 2008

92 Interview mit Roland Hetzer vom Oktober 2006

93 Interview mit Arlinke Bokhorst in Leiden am 18. 3. 2008

Traditionen im Umgang mit der Leiche:
Über Trauerfrauen und *Körperwelten*

Von der Hausaufbahrung
zur Abschiednahme im Krematorium:
Totenfürsorge wird zum Gewerbe

Die amerikanische Pastorin Susan Cooke Kittredge aus Vermont ist von Berufs wegen mit dem Tod wohl vertraut. Sie hat an Autopsien teilgenommen, begleitete Angehörige von Unfallopfern und stand an vielen Gräbern. Stets predigte sie den Mitgliedern ihrer freikirchlichen Gemeinde, den toten Körper nicht als wesentlich für eine verstorbene Person zu betrachten. Als 2004 ihr eigener Vater, der berühmte britisch-amerikanische Fernsehmoderator Alistair Cooke, mit 95 Jahren an Lungenkrebs starb, handelte Cooke Kittredge gemäß ihrer Überzeugung. Sie suchte einen preiswerten Verbrennungsservice und ließ den Leichnam des Vaters abholen. Die Bestattung gehöre »einfach nicht zu den Dingen, für die ich Geld ausgebe, und mein Vater hätte es einfach gewollt«.[1] Am nächsten Tag bekam die Familie die vermeintlichen Überreste von Alistair Cooke in einem Aschenbehältnis überreicht. 22 Monate später erfuhr Cooke Kittredge, dass ein krimineller Unternehmer die Leiche ihres Vaters vor der Verbrennung ausgeschlachtet und die Knochen für viel Geld an zwei gewebeverarbeitende Unternehmen verkauft hatte (s. Seite 88ff.).

Die Vorfälle haben Cooke Kittredge nachdenklich gemacht. »Die Leiche ist leer auf eine Weise, die am meisten zählt«, schrieb sie in einem Beitrag für die *New York Times*, »aber wir haben diesen Körper mit seinen Besonderheiten geliebt – vielleicht die langen Finger, die Beugung des Nackens, das schiefe Lächeln.« Seit

---

1   Interview von Cassandra Jardine mit Susan Cooke Kittredge, in: *The Daily Telegraph* vom 14. 7. 2006

sie erfahren habe, was mit den Überresten ihres Vaters geschah, seien alle ihre Gedanken um seinen Leichnam gekreist, »diese regungslose, leere Hülle«. Kulturen und Religionen hätten den Umgang mit den Toten im Laufe der Geschichte detailliert geregelt. Im ländlichen Vermont etwa seien die Menschen früher zu Hause gestorben, noch vor hundert Jahren sei es Sitte gewesen, dass die Frauen der Familie den Körper der toten Großmutter wuschen und ihm Sonntagskleider anzogen. Viele alte Farmhäuser hätten neben der Küche einen separaten Raum. Dort seien Menschen geboren worden und gestorben, nahe dem warmen Herd. »In unserer Gesellschaft packen wir den Tod bildlich und buchstäblich in eine Kiste«, merkt Cooke Kittredge selbstkritisch an, der Umgang mit den toten Körpern werde Ärzten, Pflegekräften und Bestattern überlassen. »Aber vielleicht ist dies ein Weckruf – jedenfalls für die, die noch ruhig schlafen können. Wir sollten nicht so eifrig darin sein, die Toten von unserem Herd zu entfernen.«[2]

Auch in Europa hat sich der Umgang mit Toten stark verändert, eine Entwicklung, die letztlich zur Voraussetzung dafür wurde, dass Leichen für medizinische Zwecke verwertet werden können – und nicht nur wie in der frühen Neuzeit die von Hingerichteten, Armen oder Entrechteten. Viele Jahrhunderte war der Tod ein vertrautes Element des alltäglichen Lebens. Fast jeder Mensch kam in Kontakt mit Leichen, man wusste, wie eine Leiche aussah, sich anfühlte und wie sie roch. Die meisten Menschen starben zu Hause. In der Sterbestunde eines Kranken wurde der Priester zum Versehgang gerufen – der Sterbende sollte vorbereitet, das heißt mit den Sterbesakramenten versehen sein, bevor seine Seele den Körper verließ. Nach dem Tod wurde die Leiche gewaschen und bekam ein weißes Totenhemd angezogen, die Haare wurden sorgfältig gekämmt, Männer auch rasiert. Das Herrichten der Toten wurde in Nachbarschaftshilfe geleistet, insbesondere Frauen engagierten sich dabei. Auch größere soziale Gemeinschaften kümmerten sich um die Toten, etwa katholische Bruderschaften, Gilden oder Zünfte. Waren die Handlungen am Leichnam vollzogen, wurde er of-

---

2 Susan Cooke Kittredge: Black shrouds and black markets, in: *New York Times* vom 5. 3. 2006

fen aufgebahrt – unter Umständen mehrere Tage. Eine schwarz
gekleidete Leichenfrau, auch Seelnonne, Heimbürgerin oder To-
tenpackerin genannt, ging durchs Dorf und verbreitete die Nach-
richt, dass ein Angehöriger oder Nachbar gestorben sei.[3] Verwandte und Nachbarn kamen vorbei, um sich zu verabschieden. In
anderen Regionen gab es den Leichenbitter, der von den Hinterbliebenen beauftragt wurde und von Haus zu Haus ging, um Verwandte, Bekannte und Nachbarn »zur Leiche zu bitten«. Während der Zeit der Aufbahrung gehörte der Verstorbene noch zur
Gemeinschaft, auch wenn er keine Funktion mehr ausübte und
nicht mehr kommunizieren konnte. Der Tote befand sich gewis-
sermaßen in einem Zwischenreich – nicht mehr Person, aber auch
nicht Sache. »Es fällt schwer, im Leichnam nicht mehr den Menschen zu sehen«, sagt Gerold Eppler, Mitarbeiter des Museums für
Sepulkralkultur in Kassel, »Bestattungsrituale sollen diese para-
doxe Situation auflösen.«[4]

Die Entzauberung des Todes begann im späten 18. Jahrhundert.
Bis dahin war allein die Kirche für das Friedhofswesen zuständig
gewesen. Mit den Reformen in der Folge der Französischen Revo-
lution änderte sich dies. In Preußen entdeckte die Obrigkeit in sogenannten Sanitäts-Collegien ein neues Aufgabengebiet, in anderen Regionen wurden Medizinalordnungen erlassen. Traditionell
waren Leichen in der Kirche oder auf dem Kirchhof bestattet worden, doch auf so engem Raum konnten die Toten der rasch wach-
senden Städte nicht mehr verwesen. Vor allem Gemeinschaftsgru-
ben, die für jede Bestattung neu geöffnet werden mussten, waren
zum hygienischen Problem geworden. Mehr und mehr Friedhöfe
wurden nun vor die Tore der Städte verlagert – die Hinwendung
zum Diesseits, die mit der Reformation begonnen hatten, erleich-
terte diesen Prozess. Hinzu kam ein wachsendes Bewusstsein für
hygienische Probleme. Mit einem sechsbändigen Kompendium
legte der Arzt Johann P. Frank um die Wende vom 18. zum 19. Jahr-

3 Michael Schomers: Todsichere Geschäfte. Wie Bestatter, Behörden und
   Versicherungen Hinterbliebene ausnehmen. Econ 2007
4 Interview mit Gerold Eppler am 19.12.2007 im Museum für Sepulkralkultur

hundert »ein Fundament für aufgeklärt-hygienisches Gedanken-gut«, so der Hamburger Sozial- und Kulturhistoriker Norbert Fischer.[5]

Zeitgleich entstanden die ersten Leichenhallen. Diese Ent-wicklung stand im Zusammenhang mit der im 18. Jahrhundert weit verbreiteten Furcht, als Scheintoter lebendig begraben zu werden. Die Behörden reagierten auf die Ängste der Bevölkerung durch exakte Vorschriften über den zeitlichen Ablauf von Bestat-tungen und geregelte Leichenschauen. Die Aufbahrung in Lei-chenhallen hatte zudem den Vorteil, dass die Toten bis zur Bestat-tung unter hygienisch einwandfreien Bedingungen gelagert wurden. Als in der zweiten Hälfte des 19. Jahrhunderts die Angst vor dem Scheintod an Bedeutung verlor und hygienische Aspekte wichtiger wurden, zog die Obrigkeit die Aufbahrung in der Lei-chenhalle weiterhin der im Haus unter beengten Verhältnissen vor. Für Fischer, der eine Sozialgeschichte der deutschen Friedhöfe ge-schrieben hat, sind Leichenhallen »mit ihren später immer ausge-feilteren technischen Systemen auch ein Beispiel für die wachsende Technisierung des Umgangs mit den Toten«.[6]

Mit der Aufklärung setzte sich der naturwissenschaftliche Blick auf den Leichnam durch. »Der Arzt«, so die Frankfurter Kunst-historikerin Birgit Richard, »blickt durch die Betrachtung des zer-legten, toten Körpers dem Tod ohne dazwischenliegende meta-physische Instanzen direkt ins Auge.«[7] Anatomen brauchten eine ausreichende Zahl an Körpern für ihre Untersuchungen. Weil die Leichen von Hingerichteten den Bedarf nicht mehr decken konn-ten, bediente man sich in Hospitälern, Gefängnissen und Armen-häusern (s. Seite 125). Auch Menschen, die nicht christlich waren oder aus fernen Regionen stammten, wurden als Sektionsobjekte

---

5   Norbert Fischer: Vom Gottesacker zum Krematorium – Eine Sozialge-schichte der Friedhöfe in Deutschland seit dem 18. Jahrhundert. Böh-lau 1996

6   Norbert Fischer, a. a. O.

7   Birgit Richard: Vergehen Konservieren Uploaden. Strategien für die Ewigkeit, in: Birgit Richard, Sven Drühl (Hg.): Dauer-Simultaneität-Echtzeit. Kunstforum International, April 2000

verwandt. In anatomischen Theatern konnten Bürger der Leichenöffnung beiwohnen – eine frühe Form der *Körperwelten*. Die Mediziner fertigten Exponate aus Leichen und sammelten sie in anatomischen Kabinetten.[8] Der Tod verlor das Schicksalhafte, denn die Medizin gewann Einsicht in die Ursachen von Krankheiten. Es begann die »Medikalisierung des Hauses, des Körpers, der Krankheit, der Gesundheit und des Todes«, so der Medizinsoziologe Alfons Labisch in seinem Buch *Homo hygienicus*.

Zu allen Zeiten flößte der Tod Angst ein – nun jedoch wurde der tote Körper selbst zum Gegenstand der Besorgnis. Naturforscher hatten herausgefunden, dass die Ausdünstungen der Leiche den Lebenden gefährlich werden konnten, so die Historikerin Gerlind Rüve in ihrer Studie *Scheintod*.[9] Folglich mussten die Lebenden von den Toten getrennt werden. Der tote Körper entwickelte sich zu einem problematischen Objekt, vor dem man sich schützen musste. Im Familienalltag wurde der Vorgang des Sterbens zu etwas Unschicklichem, wie die biologischen Vorgänge des menschlichen Körpers im Allgemeinen, schreibt Birgit Richard, die über Todesbilder in der Kunst geforscht hat.[10] Die Konfrontation mit dem Tod geschah nun vermittelter als früher. Alles, was mit totem Körper zu tun hatte, wurde aus Familie und Nachbarschaft ausgelagert und wanderte in die Dienstleistungsbetriebe, die sich rund um den Tod gebildet haben. Bestattungsunternehmer, Verwaltungsbeamte und Mediziner nahmen den Angehörigen den Umgang mit dem Verstorbenen zunehmend ab.

Ende des 19. Jahrhunderts setzte schließlich eine Entwicklung ein, die laut Fischer das Bestattungswesen revolutionierte: In der thüringischen Kleinstadt Gotha wurde 1878 die erste deutsche Leiche in einem Krematorium verbrannt. Anders als in vorchristlicher Zeit wurde die Feuerbestattung nicht als magisches Ritual

8 Heinz Schott: Der Leichnam in medizinhistorischer Sicht, in: Dominik Groß u.a. (Hg.): Tod und toter Körper. Kassel University Press 2007

9 Gerlind Rüve: Scheintod. Zur kulturellen Bedeutung der Schwelle zwischen Leben und Tod um 1800. Transcript 2008

10 Birgit Richard: Todesbilder. Kunst, Subkultur, Medien. Fink Wilhelm 1999

praktiziert, sondern war Ausdruck einer rational-pragmatischen Einstellung zum Tod. Mit der Feuerbestattung wurde der Leichnam einem hochtechnisierten Apparat übergeben. Sie löste die Raumprobleme auf Friedhöfen und wurde von Hygienikern als Zeichen des Fortschritts begrüßt. Die Kirchen waren weniger glücklich mit der neuen Bestattungsmethode. Sie sahen sie – nicht zu Unrecht, wie der Historiker Fischer bemerkt – als Ausdruck einer mechanistisch-materialistischen Vorstellung vom Körper. Während jedoch die protestantische Kirche die Verbrennung relativ rasch duldete, hatte das frühe Verbot der katholischen Kirche noch bis 1963 Bestand.

Die Feuerbestattung war mit technischer Innovation verbunden. Man entwickelte effiziente Verbrennungsöfen und schuf Leichenhallen mit Kühlung, in denen die Verstorbenen bis zur Begutachtung durch einen Leichenschauer aufgebahrt werden – diese wurde vorgeschrieben, weil man verhindern wollte, dass Verbrechen vertuscht werden. Bereits in der Weimarer Zeit verlor die Verbrennung ihren exotischen Charakter. Die Kommunen steigerten die Einäscherungszahlen, indem sie die anfangs sehr hohen Gebühren deutlich senkten. Während des Nationalsozialismus wurde die Feuer- der Erdbestattung gleichgestellt. Heutzutage ist sie gesellschaftlich weithin akzeptiert, in einigen deutschen Städten wie Kiel, Berlin oder Hamburg werden weit mehr als die Hälfte der Verstorbenen verbrannt. In den neuen Bundesländern ist die Einäscherungsquote deutlich höher als in den alten.

Abschiedsraum in der Industrieanlage

Ein heikler Punkt ist bis heute die Verbindung von Technik und Trauerkultur. Im Hamburger Krematorium Öjendorf liefern Bestatter die Särge stets am Hintereingang an. Die 1967 in Betrieb genommene Anlage mitten in einem idyllischen Parkfriedhof ist das größte Einzelkrematorium Deutschlands. Bis zu 14 000 Leichen werden hier jährlich verbrannt. Von montags früh um 6 Uhr bis freitags um Mitternacht befeuern Mitarbeiter des Krematoriums im Schichtdienst drei bis fünf Verbrennungsöfen – je nach Bedarf. Zeremonien am Verbrennungsofen sind selten. Pro Woche werden durchschnittlich 250 Verstorbene verbrannt, doch nur zwei bis drei Familien wünschen die Abschiednahme im Krematorium. Laut der Gebührenordnung stehen ihnen dafür 90 Minuten Zeit zur Verfügung.[11] Der erst im Jahr 2000 eingerichtete Abschiedsraum mit Sitzmobiliar aus schwarzem Leder und Blumenbild an der Wand wirkt wie ein Fremdkörper in der Industrieanlage. Hinter einer Glasscheibe schauen die Angehörigen auf den geschlossenen, bereits auf den Schienen zum Ofen stehenden Sarg, hinter dem zwei Pflanzkübel aufgebaut werden. Ein Rollo trennt bei solchen Anlässen den vorderen Ofenbereich von den beiden dahinterliegenden ab, wohl um den Eindruck des Fließbandbetriebs zu vermeiden.

Was hat all dies mit der Verwertung von Leichen für medizinische Zwecke zu tun? Laut Birgit Richard besteht die Bestattungspraxis gegen Ende des 20. Jahrhunderts in einer »praktisch-instrumentellen Entsorgung von bedeutungslosen Leichnamen«.[12] Der sterbende und tote Körper werde hygienisch und geruchlos hinter die Kulisse des gesellschaftlichen Lebens geschafft – in die Abseiten von Krankenhäusern oder Altenheimen und in die Kühlzellen von Leichenhallen. Indem man den toten Körper aus gesellschaftlichen Bezügen und sozialen Bindungen in der Familie herauslöse, werde er in einem ersten Schritt zu sozial wertlosem Abfall. Dies ist die Voraussetzung dafür, dass man ihn in einem zweiten Schritt fachkundig in seine Einzelteile zerlegen und in ein wertvolles, profitables Gut überführen kann. Völlig reibungslos funktioniert diese Transformation allerdings nicht – ein Indiz ist die niedrige Zustimmungsquote zur Gewebeentnahme im Hamburger Institut für Rechtsmedizin (s. Seite 149).

Laut Gerold Eppler, Steinhauer und Kunstpädagoge am Museum für Sepulkralkultur, spiegeln sich persönliche Beziehungen im Umgang mit der Leiche: Sind sie schon weitgehend gelöst, etwa wenn Kinder zu ihrem dementen Vater im Heim seit Langem kaum

---

11 Auskunft vom Krematoriumsleiter Rolf Kuhles im Frühjahr 2008
12 Birgit Richard: Vergehen Konservieren Uploaden. Strategien für die Ewigkeit, a. a. O.

noch Kontakt hatten, kann der Körper unter Umständen zur Verwertung freigegeben werden. Sind die Bindungen aber sehr eng,
etwa wenn ein kleines Kind gestorben ist, wäre schon die Frage
nach der Verwertung eine Zumutung – und wird im Übrigen am
Hamburger Institut für Rechtsmedizin in solchen Fällen auch
nicht gestellt. So einfach ist es also nicht mit der Entwertung und
neuen Inwertsetzung des Leichnams. Das darf es auch nicht sein,
findet der Bonner Medizinhistoriker Heinz Schott: Eine Medi-
zinethik, die es sich lediglich zur Aufgabe machen würde, überlie-
ferte Traditionen im Umgang mit der Leiche zugunsten ihrer me-
dizintechnischen Verfügbarkeit zurückzuschrauben, würde unsere
anthropologische Grundausstattung verfehlen. »Der menschliche
Leichnam ist zu keiner Zeit als absolut tote Sache angesehen worden und er wird es auch in Zukunft nicht werden.«[13]

Saubere Leichen – schmutzige Geschäfte?
Die Praktiken des Gunther von Hagens

Die Ausstellung *Körperwelten* des Anatomen Gunther von Hagens
ist ein – schauriges – Phänomen: Seit der ersten Präsentation 1996
in Japan haben mehr als 25 Millionen Besucher die Schau gesehen.[14] Die Exponate aus Leichenteilen wurden in 40 Städten
Europas, Asiens und Nordamerikas gezeigt, in Deutschland beispielsweise in Heidelberg, München, Frankfurt oder Hamburg.[15]
Damit sind die *Körperwelten* laut dem Initiator die erfolgreichste
Sonderausstellung weltweit.[16] Allerdings war das Spektakel hierzulande so umstritten, dass von Hagens es in Deutschland eine
ganze Weile nicht mehr vorgeführt hat: Die evangelische und katholische Kirche wandten sich in einer gemeinsamen Erklärung

13 Heinz Schott: Der Leichnam in medizinhistorischer Sicht, a. a. O.
14 Pressemitteilung des Instituts für Plastination vom 14. 5. 2008
15 http://www.koerperwelten.de/de/ausstellungen/beispiellose_erfolg.html
16 http://www.koerperwelten.de/de/auftakt.html

gegen die Show, die wirkliche Antworten auf Fragen nach Tod und Sterben schuldig bleibe. Der Bundesverband Deutscher Psychologen warnte vor langfristigen Folgen. Gunther von Hagens bediene »Größenwahnphantasien von Unsterblichkeit« und verlocke »mit falscher Angstbeschwichtigung im Angesicht des Todes«.[17] Die Stadt München versuchte eine Ausstellung unter Berufung auf das Bayerische Bestattungsrecht zu verbieten – zunächst erfolgreich. Allerdings hob der Bayerische Verwaltungsgerichtshof das Urteil der Vorinstanz in letzter Minute wieder auf und schloss nur einige Exponate von der Präsentation aus.[18]

Plastinator von Hagens sieht sich, ganz unbescheiden, in der Tradition des Begründers der Anatomie, Andreas Vesal, und des Renaissance-Künstlers Leonardo da Vinci. Bereits 1977 hatte der ehemalige wissenschaftliche Mitarbeiter der Universität Heidelberg das Verfahren der Plastination entwickelt und die Prozedur in den Folgejahren patentieren lassen:[19] Vereinfacht gesagt wird beim Plastinieren Leichenteilen die Gewebeflüssigkeit – Wasser und Fett – entzogen, um sie dann mit Kunststoff vollzupumpen. Die so haltbar gemachten menschlichen Überreste sind teils hart, teils elastisch wie »Schnuller«, so die Wortwahl von Hagens', und werden der Öffentlichkeit als einzelne Körperteile oder Ganzkörperplastinate präsentiert. Zu sehen sind Organe wie Herz, Hirn oder Leber, teils gesund, teils krankhaft verändert, erigierte Penisse mit Hodensäcken, transparente Körperscheiben von Hirnen, Händen und Füßen, Gesichtsmasken, Föten und Gefäßskulpturen. Die Ganzkörperplastinate wurden durch von Hagens und seine Helfer in lebendig wirkenden Posen arrangiert: Sie heißen zum Beispiel *Yoga-Lady, Golfspieler, Bogenschützin* oder *Läufer*.

Die *Körperwelten* kommen mit großem Anspruch daher. Er wolle die Anatomie demokratisieren, verkündet von Hagens. Nicht nur Spezialisten, sondern auch interessierte Laien sollen ihren Wis-

---

17 Presseerklärung der Sektion Politische Psychologie (BDP) des Bundesverbands Deutscher Psychologen vom 16. 11. 2006

18 Pressemitteilung des Bayerischen Verwaltungsgerichtshofs vom 21.2. 2003

19 http://www.bodyworlds.com/de/ausstellungen/original_kopie.html

sensdurst stillen dürfen. Im Mittelpunkt stehe dabei »die Aufklärung über den menschlichen Körper, seine Funktionen, Krankheiten und Veränderungen«, heißt es auf der Website der *Körperwelten*. Seine didaktischen Ziele verbindet von Hagens mit außerordentlichem Geschäftssinn. Dem *Spiegel* war der Leichenkommerz von *Dr. Tod* 2004 eine Titelgeschichte wert.[20] Schon seit den 1990er Jahren bot demnach von Hagens seine Produkte – vom Einzelexponat bis zum vollständig plastinierten Ganzkörper für 75 000 Euro – als »anatomisches Lehrmaterial« an, das an Medizinfakultäten, vornehmlich im islamischen Raum, versandt wurde. Seit die *Körperwelten* durch die Kontinente touren, verdient von Hagens nicht nur an Eintrittsgeldern und Katalogen. Das Institut für Plastination offeriert auch einen üppigen Warenkorb an Souvenirs wie Poster, bedruckte Rucksäcke, T-Shirts, Kappen, DVDs oder Schlüsselanhänger.[21] Kunststoffe, Geräte und Hilfsmittel zur Plastination werden ebenfalls vermarktet. Katalog und Preisliste kann man von der Website http://www.biodurproducts.com/index.html herunterladen, im Impressum steht von Hagens' Ehefrau und Geschäftspartnerin Angelina Whalley.[22] Laut von Hagens praktizieren mittlerweile mehr als 400 Labors in 40 Ländern die Plastination.[23]

Eine Scheibe von Opa in der Wohnzimmervitrine?

Allzu gern würde der Erlebnisanatom, wie er sich nennt, auch die private Nutzung der Plastinate vorantreiben. Seine jüngste Geschäftsidee offenbarte er Anfang 2008: »Mein Ziel ist es, Anatomie zu demokratisieren und menschliche Präparate an Menschen zu verkaufen.«[24] Eine Scheibe von Opa in der Wohnzimmer-

20 Sven Röbel, Andreas Wassermann: Händler des Todes, in: *Der Spiegel* 4/2004 vom 19. 1. 2004

21 https://ssl.koerperwelten.de/de/pages/shop.asp

22 http://www.biodurproducts.com/de/info/impressum.html

23 http://www.bodyworlds.com/de/institut_fuer_plastination/aufgaben_ziele.html

24 Julia Jüttner: Tote in Scheiben für jedermann, *spiegel online* vom 4. 2. 2008

vitrine? Von Hagens versicherte, seine Anwälte hätten bereits mit der rechtlichen Prüfung begonnen. Die Preisliste, meldete *Spiegel online*, habe schon vorgelegen. Wie verhindert werden solle, dass Privatpersonen Unfug mit den konservierten Überresten betreiben, wusste von Hagens allerdings nicht zu sagen. Nach heftiger Kritik zog er seine Ankündigung bereits am Tag darauf zurück.[25] Die Idee, die Plastination als Alternative zur herkömmlichen Bestattung zu nutzen, ist im von Hagens'schen Familienunternehmen nicht neu: Ende 1990 meldete sich Ehefrau Angelina Whalley laut dem *Spiegel* in einem Express-Schreiben bei der Fürstin von Thurn und Taxis und bot der jungen Witwe einen besonderen Service an: »Nach meinem Empfinden wäre die Plastination die ideale Konservierungsmethode für Ihren verstorbenen Mann.« Anderes würde seinem »Format, der Bedeutung der Persönlichkeit nicht gerecht werden«. Allerdings sei Eile geboten, denn der »Verwesungsprozess schreitet schnell und unaufhörlich fort«. Die Fürstin antwortete nicht.

Von Hagens hat ein internationales Unternehmen aufgebaut, das Leichen zeitweise in industriellem Maßstab verwertet hat. Produktionsstätten wurden dort errichtet, wo Arbeitskräfte billig sind: in Guben an der deutsch-polnischen Grenze, in der kirgisischen Hauptstadt Bischkek und in der nordostchinesischen Hafenstadt Dalian. Dort war von Hagens nach eigenen Angaben seit 1993 als Plastinator tätig.[26] Rohmaterial für seine Ausstellung bezieht er nach eigenen Angaben hauptsächlich aus dem Körperspenderprogramm, das vom Institut für Plastination e. K. in Heidelberg gemanagt wird. Das Institut wird von Ehefrau Whalley geleitet und ist, anders als der Name suggeriert, keine wissenschaftliche Einrichtung – e. K. steht für eingetragener Kaufmann. Mehr als 9200 Menschen, darunter gut 7300 Personen aus Deutschland, sollen sich im Körperspenderprogramm registrieren lassen haben, um nach ihrem Tod plastiniert zu werden.[27] Reichte das aus, um den

25 »Ich bedaure meine öffentlichen Überlegungen«, *spiegel online* vom 5.2.2008
26 Pressebrief Gunther von Hagens' vom 3.8.2007
27 Pressemitteilung des Instituts für Plastination vom 2.6.2008

Bedarf der Ausstellungen zu decken und Nachschub für die Produktion von anatomischem Lehrmaterial zu liefern? Die Autoren des *Spiegel*-Reports, die 2005 für den renommierten Henri-Nannen-Journalistenpreis in der Kategorie beste investigative Leistung nominiert wurden, entdeckten ganz andere Quellen. Demnach sollen Leichen aus Russland, China und Kirgisien über die Zentrale in Heidelberg zur Verarbeitung nach Dalian geschickt worden sein. Nur »ab und an«, so der *Spiegel*, sei »die Leiche eines echten Körperspenders aus Deutschland dabei« gewesen.

In Dalian hat von Hagens auf einer Fläche von 30 000 Quadratmetern die größte Leichenfabrik der Welt bauen lassen.[28] China bot offenbar ein günstiges Umfeld für seine Ambitionen. In kaum einem Land der Welt waren Leichen so billig zu haben. Krankenhaus-Pathologen werden schlecht bezahlt und sind offen für Nebeneinkünfte. Von 1996 bis 2004 war von Hagens Gastprofessor der Medizinischen Universität in Dalian, zeitweise soll er laut *Focus* sogar seinen Wohnsitz in der Volksrepublik gehabt haben. Der *Spiegel* zitiert aus einem Bericht (»Betreff: Analyse über die Jagd nach frischen Leichen«), in dem der Abteilungsleiter »Körperspende«, Paul Simon, seinem Chef folgende »mögliche Quellen« zur Akquise vorschlägt: »1. Polizeistationen. 2. Bestattungsunternehmen und Altenheime. 3. Gefängnisse und Leichenhallen von Krankenhäusern« sowie »4. andere medizinische Einrichtungen«. Die Rubrik »Körperspenden« rangiere an letzter Stelle, versehen mit der Bemerkung: »Fürchterlich langsam«.

Ungeachtet solcher Enthüllungen locken die *Körperwelten* Besuchermassen. In Science-Centern und Zelten, auf Messegeländen, in Markthallen und sogar in einem ehemaligen Schlachthof war die Schau zu Gast. Allein in Deutschland sahen 4,5 Millionen Menschen das Spektakel. Was macht die Anziehungskraft der Ausstellung aus? Die Enttabuisierung des Todes? Die Echtheit der Präparate? Die Hamburger Kulturwissenschaftlerin Liselotte Hermes da Fonseca weist darauf hin, dass es seit Jahrhunderten möglich sei, sich in Publikationen, Museen und neuerdings sogar im Internet

---

28 Am 3. 8. 2007 teilte Gunther von Hagens mit, er habe die Produktionsstätte in China aufgegeben

anatomisch echte Präparate anzusehen und daran zu lernen.[29] Zudem bekomme der Besucher in den *Körperwelten* keine echten Leichen zu sehen. Vielmehr werde durch die Verarbeitung des menschlichen Körpers in einer neuen Technologie etwas hervorgebracht, »das es so noch nie zuvor gegeben hat«. Tatsächlich haben die Plastinate von Hagens' nichts mit dem gemein, was er selbst als unsere »feuchte, stinkende, verwesende« Leiche bezeichnet. Die Objekte der *Körperwelten* sind haltbar, koloriert und riechen nicht – jedenfalls mittlerweile nicht mehr. Von Hagens arbeitet stetig an der Optimierung seiner Technik.

»Ich verwandle die nutzlose Trauerleiche in ein Lehrplastinat«

Für da Fonseca geht es daher nicht nur um anatomische Fragen, sondern auch um politische: Wie wird der Mensch beschrieben? Wie darf auf ihn zugegriffen werden? Mit welchem Menschenbild sollen die Besucher sich identifizieren? Die Exponate der *Körperwelten* weisen Merkmale auf, die zu denken geben. Zum Beispiel werden die Grenzen zwischen lebendig und tot verschoben: Die Ganzkörperplastinate sind in Szene gesetzt, als würden sie vertraute Aktivitäten lebender Menschen ausführen – Laufen, Stehen, Gehen oder Sitzen. Zugleich sind sie, obwohl doch als Körper ausgestellt, auf bizarre Art entsinnlicht – es gibt keinen Verfall, keinen Geruch, nichts Ekeliges. Tot oder lebendig? Nach Auffassung von Hagens' ermöglicht die Leichenkonservierung mit Kunststoffen »eine neue Form postmortaler Existenz«. Für die tatsächliche Leiche, die einmal ein Mensch war, empfindet er offenkundig wenig Respekt. »Ich verwandle die nutzlose Trauerleiche in ein Lehrplastinat und verleihe ihr damit einen neuen Zweck«, sagte er dem *Hamburger Abendblatt* in einem Interview. Die *nutzlose Trauerleiche*

---

29 Liselotte Hermes da Fonseca: »Lifeseeing« in den »Körperwelten«. Entwicklungsgeschichte »schöner Leichen ohne Verfallsdatum«, in: Liselotte Hermes da Fonseca, Thomas Kliche (Hg.): Verführerische Leichen – verbotener Verfall. Pabst Science Publishers 2006

muss als Rohmaterial herhalten, das gestaltet und verbessert wird. »Ich tue nichts anderes als ein ästhetischer Chirurg«, so von Hagens.[30]

Er selbst, aber auch manche Kritiker loben die *Körperwelten* dafür, dass der Tod enttabuisiert und die Auseinandersetzung mit dem Sterben gefördert werde. Das Gegenteil ist der Fall. Die Ausstellung vermeidet gerade die Konfrontation mit der Endlichkeit, weil ihre scheinbar für die Ewigkeit konservierten Exponate sie leugnen. Von Hagens' Plastinate produzieren »eine schreckenlose Normalität«, so nennt es die Kulturwissenschaftlerin da Fonseca, ohne Angst und Furcht, ohne Trauer, Verlust und Abschied. Denn von wem sollte man sich auch verabschieden? Menschen, die in der Ausstellung ihre plastinierten Angehörigen entdecken wollten, würden wohl meist vergeblich suchen. Wer bereit ist, sich von Schicksalen anrühren zu lassen, schaut ins Leere. Die Körper sind anonymisiert, zur Unkenntlichkeit verfremdet, nicht selten aus Teilen verschiedener Leichen zusammengesetzt, ihrer Lebensgeschichte beraubt. Es liegen Welten zwischen der Eventkultur von Hagens' und der Ausstellung *Noch mal leben vor dem Tod*, für die der Fotograf Walter Scheels Menschen kurz vor und nach ihrem Tod fotografiert hat, während die Journalistin Beate Lakotta ihre Ängste und Hoffnungen in der letzten Lebensphase festgehalten hat.

Den Zeitgeist treffen die *Körperwelten* dafür umso besser. Sie sind Teil einer Entwicklung, die sich auch in der gewandelten Bestattungskultur ausdrückt. Leichen werden verdinglicht, aus ihren sozialen Bindungen gelöst und pragmatisch-technisch entsorgt. Womöglich bleibt dies nicht ohne Folgen für das Menschenbild: »Wenn Bundeswehrsoldaten am Hindukusch mit Schädeln spielen, ist das ein Echo dieses Umgangs mit dem Körper«, warnt der Berufsverband Deutscher Psychologinnen und Psychologen: »Menschen büßen ihr Gefühl für Körpergrenzen, Intimität und Achtung vor dem Leben ein.« Dies sei nur ein Vorgeschmack auf das, was ein verachtungsvoller Umgang mit dem menschlichen Leib in der Gesellschaft anrichten werde.

---

30 Die Nackten und die Toten. Interview von Joachim Mischke mit Gunther von Hagens, in: *Hamburger Abendblatt* vom 12. 7. 2003

Exkurs

Der Leichnam in anderen Kulturen –
das Beispiel Autopsiestreit in Israel

Für manche Religionsgemeinschaften ist Respekt gegenüber dem Leichnam ein so hoher Wert, dass viele ihrer Gläubigen Eingriffe in den toten Körper ablehnen. Im Konfuzianismus beispielsweise sollte der Leichnam nach dem Tod unversehrt bleiben, da er als Ganzes in der Verbrennung dem Himmel übergeben werden soll. Für den in Japan verbreiteten Schintoismus ist die Integrität des Leichnams von großer Bedeutung und soll über den Tod hinaus bewahrt bleiben; Organentnahmen bei Verstorbenen gelten als Schändung des Leichnams.[31]

Im Islam ist das Bild uneinheitlich. Während modernere Auslegungen die Organspende erlauben, wenden sich einige geistliche Würdenträger gegen die Organspende. Traditionell erkennt das islamische Recht aber Lebenden wie Toten körperliche Unversehrtheit zu. Die Bestattungsriten zeugen davon. Ein Leichnam wird von einer Person des gleichen Geschlechts gewaschen und gesäubert. Da ihm keine üblen Gerüche entströmen sollen, werden parfümierte Stopfen, etwa Gewürznelken, in Körperöffnungen eingeführt. Schließlich wird der Verstorbene in Tücher mit Duftessenzen gewickelt und ohne Sarg bestattet. Eine Leiche zu verbrennen ist im Islam verboten. Verstorbene genießen ebenso Rechtsschutz wie Lebende, so ist es verboten, unachtsam auf ein Grab zu treten. Autopsien oder Exhumierungen sind schwerwiegende Schädigungen, die nur gerechtfertigt werden können, wenn

---

31 Deutsche Stiftung Organtransplantation (Hg.): Die Welt mit anderem Herzen sehen. Unterrichtsmaterialien zum Thema Organspende und Organtransplantation.

der Zugriff auf den Leichnam einem anderen Menschen womöglich das Leben rettet.[32]

In der jüdischen Kultur hat medizinischer Fortschritt einen besonders hohen Stellenwert. Ebenso stark sind aber die religiös geprägten Traditionen im Umgang mit dem verstorbenen Körper. »Die Leiche ist nicht einfach ein Objekt, Leichen sind menschliche Wesen, die gerade gestorben sind«, sagt der Philosoph Asa Kasher, dessen Wort in Israel bei biomedizinischen Fragen Gewicht hat. »Sie können sich nicht selbst verteidigen und sollten sorgsam behandelt werden.«[33] Als einer der höchsten Liebesdienste – hesed – gilt folglich nach jüdischer Überzeugung das Begräbnis von verlassenen Toten, um die sich weder Familie noch Freunde kümmern. Selbst der Körper eines Hingerichteten muss mit äußerster Achtsamkeit behandelt werden.

Der Wert des Leichnams ist darin begründet, dass er zu Lebzeiten das Gefäß der Seele – tzelem elohim – gewesen ist. In der Thora, dem wichtigsten Teil der hebräischen Bibel, finden sich strikte Anweisungen, wie mit dem toten Körper zu verfahren sei. So heißt es im Buch Dvarim: »Du musst ihn (den Körper) am selben Tag begraben«[34] – eine Formel, die auch im fünften Buch Mose des Alten Testaments nachzulesen ist. Allenfalls darf die Beerdigung auf den darauffolgenden Tag verschoben werden, es sei denn, der Schabat oder andere Feiertage sind der Grund der Verzögerung. Eine weiteres Gebot lautet, dass der gesamte Körper bestattet werden müsse, einschließlich des Blutes, das die Lebenskraft durch

32 Birgit Krawietz: Der Muslim und sein Leichnam, in: Hans-Konrat Wellmer, Gisela Bockenheimer-Lucius (Hg.): Der Umgang mit der Leiche in der Medizin. Schmidt-Römhild 2000
33 Interview mit Asa Kasher im Mai 2007
34 Shimon Glick: Religion, ethics and public policy in Israel, in: Berach Le' Avraham – a collection of articles in honor of Rabbi Professor Avraham Steinberg. Old city Press 2008

den Körper trage. Deshalb suchen nach einem Selbstmordattentat israelische Freiwillige in mühsamer Kleinarbeit den Tatort selbst nach winzigen Körperteilen ab, um eine vollständige Bestattung der Opfer zu gewährleisten.

Selbst Menschen jüdischen Glaubens, die sonst nicht religiös leben, befolgen Bestattungsvorschriften sehr genau. Die Angehörigen des Toten sprechen bestimmte Gebete; danach wird der Verstorbene gewaschen und in ein weißes, leinenes Totenhemd gekleidet. Dies geschieht entweder zu Hause oder in einer Leichenhalle am Friedhof. In Israel übernehmen es Bestattungsbruderschaften, den Toten zu waschen, in die Leichenhalle zu überführen und den Sarg niederzulassen. Sie nennen sich *Heilige Gemeinschaft - Chawura Kaddisch*. Findet die Bestattung nicht in Israel statt, wird dem Sarg häufig ein Säckchen Erde aus Israel beigefügt, damit der Tote symbolisch in der Erde des Heiligen Landes begraben liegt.[35]

In einen Leichnam einzugreifen, etwa im Rahmen einer Autopsie, ist nach jüdischer Überzeugung zunächst inakzeptabel. »Aus jüdischer Sicht ist es eine schwere Sünde, einen toten Körper zu entweihen«, sagt Rabbi Abraham Steinberg vom Shaare Zedek Medical Center in Jerusalem, Arzt und Spezialist für jüdisches Recht in der Medizin. Allerdings haben medizinische Therapien nach jüdischem Verständnis ebenfalls eine hohen Stellenwert. Wenn also der Eingriff in einen Leichnam das Leben eines anderen Menschen retten kann, so ist dieser erlaubt.[36] Diese Spannung zwischen den Ansprüchen der medizinischen Wissenschaft und religiös geprägten Traditionen ist keine israelische Besonderheit – sie findet sich auch in anderen Staaten, etwa Deutschland. Allerdings scheinen die Positionen in Israel besonders hart aufeinanderzuprallen: Auf der einen Seite ist Aufgeschlossenheit gegenüber der Wissen-

---

35 http://www.religion-online.info/judentum/themen/tod-bestattung.html; Bestattung im Judentum
36 Interview mit Abraham Steinberg im Mai 2007

schaft als Teil des zionistischen Erbes besonders ausgeprägt, auf der anderen Seite der Bezug zu Kultur und Religion in großen Teilen der Bevölkerung besonders eng.[37] Wie wirkmächtig solche Traditionen sein können, zeigte eine jahrzehntelange Auseinandersetzung um die Autopsie in Israel, die der renommierte Bioethiker Shimon Glick aus Beer Sheva in mehreren Publikationen aufgearbeitet hat:[38]

Bereits als das erste jüdische Krankenhaus in Palästina geplant wurde, die spätere Hadassah Universitätsklinik in Jerusalem, fanden es die Gründer unerlässlich für die medizinische Lehre, Leichen zu obduzieren. Sie verhandelten deshalb mit dem Chef-Rabbinat von Palästina über eine Lösung, die mit dem religiösen jüdischen Gesetz, der Halakhah, vereinbar sei. Der Kompromiss, der 1944 unterzeichnet wurde, erlaubte die Autopsie unter vier Umständen:

– Wenn das säkulare Gesetz es erfordert, etwa um ein Verbrechen aufzuklären
– Wenn einem Patient mit einem ähnlichen medizinischen Problem wie dem des Verstorbenen durch die Maßnahme das Leben gerettet werden kann
– Bei erblichen Krankheiten, wenn die Angehörigen einen Überlebensvorteil haben
– Wenn die Todesursache ohne Autopsie nicht festgestellt werden kann. Die Schwierigkeiten bei der Diagnose mussten drei Mediziner durch ihre Unterschrift bestätigen: der Abteilungsleiter, der Krankenhausdirektor und der Leiter der Pathologie.

1953 verankerte die Knesset diesen Kompromiss im sogenannten Anatomie- und Pathologie-Gesetz. In der Folge

---

37 Martina Keller: Alles was geht? in: *Die Zeit* Nr. 37 vom 6. 8. 2007
38 S. auch Shimon Glick: Health Policy-Making in Israel – Religion, Politics and Cultural Diversity, in: Zenon Bankowski u.a.: Health Policy, Ethics and Human Values. Council for International Organisations of Medical Sciences 1984

wurden in israelischen Krankenhäusern mehr als 90 Prozent aller Verstorbenen autopsiert. Die Mediziner hatten die Kompromissformel ihres Inhalts entleert, indem sie routinemäßig drei Unterschriften auf vorgefertigte Formulare setzten und die Voraussetzungen so formal erfüllten. Auch gegen den expliziten Wunsch von Familien wurden Obduktionen durchgeführt. Als dies publik wurde, entspann sich eine heftige Auseinandersetzung in der israelischen Öffentlichkeit. Familien hielten im Krankenhaus am Bett des Toten Wache, um den Zugriff auf den Leichnam zu verhindern. Zehntausende demonstrierten auf den Straßen. Das israelische Gesundheitsministerium reagierte, indem es die Zustimmung zur Autopsie zur Bedingung machte, bevor ein Patient ins Krankenhaus aufgenommen wurde. Daraufhin eskalierte der Konflikt vollends. Rund 400 Rabbis, darunter nahezu jeder führende Rabbi im Land, unterzeichneten eine Erklärung, die Autopsie unter fast allen Umständen untersagte.

1962 setzte das Gesundheitsministerium eine Sonderkommission ein, die mehrheitlich von Medizinern besetzt war. Das Komitee empfahl eine Art Widerspruchslösung, die Einwände von Familien berücksichtigen sollte. Damit hätten Angehörige zumindest ein gewisses Mitspracherecht gehabt. Die Ärzteschaft wies diesen Vorschlag jedoch zurück, sie war nicht zum Kompromiss bereit. In den folgenden Jahren scheiterten alle Versuche, eine Lösung zu finden.

Die Lage änderte sich grundlegend, als 1977 die Regierung wechselte. Nach drei Jahrzehnten wurde die Arbeiterpartei durch eine Koalition abgelöst, die auf die Unterstützung der religiösen Parteien angewiesen war. Diese forderten als Bedingung für den Beitritt zur Koalition, dass das Anatomie- und Pathologie-Gesetz geändert werde. Die neue Norm verlangt nun die Einwilligung von Familien. Zusätzlich wurden Bedingungen formuliert, die eine Autopsie erschweren. So ist eine fünfstündige Wartezeit nach Eintritt des Todes Pflicht, und selbst entfernte Verwandte haben ein Vetorecht.

Nicht über meine Leiche:
Das Recht der Gewebespende

Zögerliche Aufklärung:
Bürgertäuschung mit Randnotiz

Der Vorfall ereignete sich am Niederrhein: Eine junge Frau lag nach einem Unfall auf der Intensivstation, beatmet, mit schlagendem Herzen und dennoch nach den Kriterien der modernen Medizin eine Tote – die Ärzte hatten den unwiderruflichen Ausfall sämtlicher Hirnfunktionen diagnostiziert, den sogenannten Hirntod. In diesem Zustand können einem Menschen die Organe entnommen werden, vorausgesetzt, dies entspricht seinem zu Lebzeiten geäußerten oder mutmaßlichen Willen. Die Ärzte wandten sich an die Schwester des Unfallopfers, die zufällig Krankenschwester in derselben Klinik war. Nach Rücksprache mit der Familie teilte die Schwester mit, die Verunglückte habe der Transplantation positiv gegenübergestanden, die Angehörigen seien daher mit der Entnahme aller Organe einverstanden. Was dann geschah, erfuhr die Schwester später an ihrem Arbeitsplatz: Man hatte der jungen Frau nicht nur Herz, Leber und Nieren herausgeschnitten, sondern ohne weitere Rücksprache auch noch die Haut abgeschält. Die Ärzte hatten die Einwilligung in die Organspende als Freibrief verstanden, den gesamten Körper zu verwerten.[1]

Dabei war es schon vor Inkrafttreten des Gewebegesetzes im August 2007 keineswegs selbstverständlich, Gewebe ohne Zustimmung zu entnehmen. Experten der Bundesärztekammer stellten 2005 in einem *Eckpunktepapier »Zellen und Gewebe«*[2] fest, dass

---

1   Die Informationen stammen von Hartmut Kliemt
2   Bundesärztekammer: Eckpunkte und Empfehlungen zur Umsetzung der Richtlinie 2004/23/EG des Europäischen Parlamentes und des Rates vom 15. 4. 2005

über die Gewebespende eines Organspenders zwar in einem einzigen Gespräch, aber gesondert aufgeklärt werden müsse. Die sogenannte einzügige Aufklärung ist wichtig, weil es eine unzumutbare Belastung für trauernde Angehörige wäre, wenn erst die einen Ärzte kämen und nach der Organspende fragten und dann die nächsten, um sich nach der Gewebespende zu erkundigen. Die Bundesärztekammer berief sich in ihrem *Eckpunktepapier* unter anderem auf das Grundgesetz: Gemäß Artikel 1 Absatz 1 dürfe der Mensch nicht instrumentalisiert werden. Dem Transplantationsgesetz und der europäischen Geweberichtlinie, so die Experten der Bundesärztekammer, lasse sich entnehmen, dass jede Gewinnung von menschlichem Körpermaterial der Einwilligung bedürfe.

Herzklappenentnahme ohne Einwilligung

Diese Einschätzung teilten seinerzeit allerdings nicht alle Ärzte. Christoph Goetz war bis 2005 Transplantationsbeauftragter am Städtischen Klinikum Braunschweig. Der Neurochirurg stieß »mehr oder weniger zufällig darauf, dass Herzklappen entnommen wurden, ohne dass gezielt für Klappen eingewilligt worden war« – das Herz war als Ganzes gespendet worden, ohne dass der Gewebespende gesondert zugestimmt wurde. Goetz war jedoch der Überzeugung, dass ein Angehöriger wissen müsse, wofür ein Organ oder Körperteil verwandt werden soll, um rechtsgültig in die Entnahme einzuwilligen. Angehörige, so Goetz, würden zwischen der Dringlichkeit einer Spende und ihren eigenen Widerständen gegen eine Entnahme abwägen. Der Druck, ein Herz zu spenden, sei jedoch ungleich größer als der, eine Herzklappe zu spenden. Die Herztransplantation sei lebensrettend, die Herzklappe verbessere hingegen in der Regel nur die Lebensqualität eines Patienten. Zudem gebe es mit der künstlichen Klappe eine Alternative zum Transplantat.[3]

Diese Argumentation von Goetz entspricht keineswegs nur seiner persönlichen Wertehaltung. Sie ist vielmehr angelehnt an ei-

---

3   Interview mit Christoph Goetz vom 21. 12. 2006

nen Grundsatz der modernen Patientenaufklärung, der sich durch die Rechtsprechung herausgebildet hat, so die Philosophin und Biologin Sigrid Graumann vom Institut Mensch, Ethik und Wissenschaft in Berlin: Je weniger dringend ein medizinischer Eingriff ist, umso größeres Gewicht erhält die freiwillige und informierte Einwilligung, um medizinisches Handeln zu rechtfertigen.[4]

Goetz schilderte die Problematik in einem Brief an den Geschäftsführer der Deutschen Stiftung Organtransplantation (DSO) in der Region Nord und setzte sich in seiner Klinik dafür ein, dass eine gesonderte Einwilligung eingeholt wurde. Als er später feststellte, dass die Botschaft noch nicht bei allen Ärzten angekommen war, wandte er sich erneut an die DSO, diesmal an den Vorstand der Stiftung, Günter Kirste. In seinem Schreiben beklagte der Neurochirurg die »völlige Unsicherheit über die Frage, ob die Einwilligung in die Organentnahme die Einwilligung in die Gewebeentnahme einschließt«. Um schweren Schaden von der Transplantationsmedizin abzuwenden, dürfe die Gewebeentnahme ohne entsprechende Einwilligung nicht erfolgen, »solange nur die Möglichkeit besteht, dass es sich dabei um einen rechtswidrigen Eingriff handelt«. Einstweilen halte er es für das Beste, Transplantationsbeauftragte so zu instruieren, »dass sie auf den Verzicht auf Gewebeentnahmen achten, wenn keine entsprechende Einwilligung eingeholt wurde«.[5]

Goetz wies auf noch auf ein weiteres Problem hin: Der medizinische Sinn zahlreicher Gewebeentnahmen sowie der Verbleib der Gewebe sei Transplantationsbeauftragten mitunter unbekannt. »Allein aus dieser Unkenntnis ergibt sich die Konsequenz, dass in den meisten Krankenhäusern niemand in der Lage sein dürfte, ein kompetentes Einwilligungsgespräch zu führen.«

Die DSO machte sich weniger Sorgen. In einem Schreiben an den Vorsitzenden des Regionalen Fachbeirats der DSO-Koordinierungsstelle Nord, Lothar Sause, teilte Günter Kirste im April 2005 mit, er habe im Bundesgesundheitsministerium mit Ministerialrat Sengler gesprochen, der seit Jahren für Rechtsfragen in der

---

4 Auskunft von Sigrid Graumann im Frühjahr 2008
5 Schreiben von Christoph Goetz vom 29. 3. 2005 (liegt der Autorin vor)

Transplantation zuständig sei: »Aus Sicht des Bundesgesundheitsministeriums ist die Frage der Zustimmung zur Klappenentnahme eindeutig geklärt, nämlich dahingehend, dass ein Einverständnis zur Organentnahme des Herzens eindeutig die Klappenentnahme mit beinhaltet.«[6] Das heißt: Wenn ein Herz gespendet wird, aber für die Transplantation nicht taugt, dürfen die Klappen ohne weitere Nachfrage genommen werden. Der Medizinjurist Hans Lilie aus Halle, seit Ende 2006 Vorsitzender der Ständigen Kommission Organtransplantation der Bundesärztekammer, bezeichnete diese Frage zwar als juristisch nicht ganz geklärt, sah persönlich aber letztlich die Klappenentnahme ohne gesonderte Einwilligung durch den »Rettungsgedanken des Organspenders« gedeckt.[7]

»Ungünstige Ereignisse und gravierende Probleme«

Ließ es sich beim Herzen womöglich noch rechtfertigen, dass die Spende des Organs auch einen Teil des Organs, also die Herzklappen, umfasst, weil diese ebenfalls medizinisch wirksam sind, so greift diese Argumentation bei der Leber nicht mehr. Zwar können auch nicht-transplantable Lebern als Gewebe verwertet werden. Die kommerzielle Firma Cytonet stellt aus dem Rohmaterial Zellsuspensionen her, die in Zukunft eine Therapiealternative zur Lebertransplantation bei akutem Leberversagen oder angeborenen Stoffwechselstörungen werden könnten. Noch steht der Beweis für die Wirksamkeit der Therapie jedoch aus. »Bei Leberzellen sind wir mehr oder weniger noch im Forschungsstadium«, kommentierte Hans Lilie den Stand vor Inkrafttreten des Gewebegesetzes: »Die Anwendung passiert noch nicht routinemäßig, und von daher war die Einwilligung in die Leberspende nicht gleichzusetzen mit der Einwilligung in die Spende der Leberzellen.« Ende 2007 und Anfang 2008 begannen zwei klinische Studien, die die Wirksamkeit der Therapie belegen sollen (s. Seite 55).

---

6 Schreiben von Günter Kirste vom 22. April 2005 (liegt der Autorin vor)
7 Auskunft von Hans Lilie vom Oktober 2007

Bis zum Studienbeginn hatte Cytonet die Leberzelltherapie lediglich bei einzelnen Heilversuchen eingesetzt. Jedoch hatte das Unternehmen im Zeitraum von 2002 bis Ende 2006 über die DSO und ihre Tochtergesellschaft DSO-G bereits 193 nicht-tranplantable Lebern bekommen.[8] Wie schon 2007 in der Wochenzeitung *Die Zeit* berichtet[9], sollen die Gewebe teilweise unter fragwürdigen Umständen geliefert worden sein. In einem Protokoll der DSO-Organisationzentrale Nord in Hannover[10] vom Oktober 2003 heißt es: »In den letzten Monaten hat nicht nur die Gewebsentnahme und Gewebsweitergabe für die DSO-G beziehungsweise Firma Cytonet zahlenmäßig erheblich an Umfang zugenommen, sondern es haben sich auch eine ganze Reihe von ungünstigen Ereignissen und gravierenden Problemen ergeben.« Für Cytonet bestimmte Gewebe, die nicht aus der Region Nord stammten, seien nur selten mit sämtlichen Dokumenten angeliefert worden: »Häufig werden Organe ohne Vorankündigung und ohne Angabe des Absenders, mehrfach auch ohne jegliche Dokumente durch Boten angeliefert.«

Cytonet erklärt dazu: »Die Ihnen angeblich vorliegenden Informationen entbehren jeder Grundlage.« Das Unternehmen könne versichern, »dass für jede bei Cytonet angelieferte und verarbeitete Leber eine lückenlose Dokumentation vorliegt, einschließlich der Einwilligungserklärung zu einer Leberzellspende. Organe ohne Angabe des Absenders und ohne Dokumente werden bei Cytonet zu keinem Zeitpunkt zur Verarbeitung angenommen«.

In einer gemeinsamen Stellungnahme betonen der Vorstand der DSO und die Geschäftsführung der DSO-G, es sei durchaus üblich, noch fehlende Informationen in den Tagen nach Eingang einer Spende in einer Gewebebank zusammenzutragen. »Die erneute Durchsicht aller Akten aus 2003 hat bestätigt, dass alle erforderlichen Dokumente vorliegen«, heißt es darin weiter.

---

8 Auskunft von Cytonet Anfang 2007
9 Martina Keller: Frische Leichenteile weltweit, in: *Die Zeit* vom 17.2.2007, 08/2007
10 Protokoll vom 10.10.2003 (liegt der Autorin vor)

Auch der Medizinischen Hochschule Hannover (MHH) wirft das Protokoll Unregelmäßigkeiten aus dem Jahr 2003 vor. Danach hätten es die Chirurgen in der Abteilung für Herz-, Thorax- und Gefäßchirurgie mit der Dokumentation ihrer Arbeit nicht so genau genommen: »In keinem der Fälle der Gewebsanlieferungen aus der MHH lag eine dokumentierte Einwilligung des Spenders bei der DSO vor.«

Alle drei Einrichtungen – DSO, DSO-G und MHH – erklären dazu wortgleich: »Da die DSO alle Organspenden in Deutschland betreut, hat der DSO in jedem Fall eine dokumentierte Einwilligung des Spenders vorgelegen, da es sonst nicht zu einer Organ- oder Gewebeentnahme kommt.« Eine bemerkenswerte Logik: Regelwidrigkeiten kämen nicht vor, weil sie ja Regelwidrigkeiten wären.

Kliniken sorgen sich um Zustimmung zur Organspende

Wenn im heiklen Bereich der Gewebespende womöglich leger gearbeitet wird, dürfte es mit der Akzeptanz schwierig werden. Christoph Goetz, der sich seinerzeit für eine gesonderte Einwilligung in die Spende von Herzklappen einsetzte, ist heute Chefarzt der Neurochirurgischen Abteilung an der Endo-Klinik Hamburg. Er hat sich seine Gedanken gemacht, warum die gesonderte Frage nach dem Einverständnis mit der Gewebespende womöglich häufig unterblieb: »Bis sich durchgesetzt hätte, dass Angehörige nach ihrer Einwilligung gefragt werden müssen, wären sehr viele Gewebe verloren gegangen – auch vor dem Hintergrund, dass die kommerzielle Nutzung von Geweben manchen Befragten zu einer Ablehnung veranlasst.«

Seit das Gewebegesetz im August 2007 in Kraft getreten ist, kann kein juristischer Zweifel mehr bestehen, dass in die Gewebeentnahme getrennt eingewilligt werden muss. Nun geschieht genau das, was Goetz vermutet hatte: Wenn Angehörige erfahren, dass Gewebe entnommen werden sollen und was das im Einzelnen bedeutet, mögen sie nicht mehr spenden.[11] Es kommt sogar vor, dass Familien die bereits erteilte Einwilligung in die Organspende zurückziehen, wenn sie zusätzlich nach der Gewebespende befragt werden. Das Phänomen, dass Angehörigen plötzlich alles zu viel wird und sie nur noch in Ruhe gelassen werden wollen, kennt auch Wolfgang Eisenmenger, Leiter der Rechtsmedizin an der Universität München: »Je mehr Sie an Organen zu transplantieren wünschen, desto eher stoßen sie irgendwann auf negative, ablehnende Gedanken der Angehörigen, die nicht die Vorstellung des leeren Rumpfes in Erinnerung halten möchten.«[12] Einige Kliniken sind mittlerweile dazu übergegangen, gar nicht mehr über Gewebespende aufzuklären. Sie verzichten lieber auf die Entnahme von Geweben, als ihre Zustimmungsquote zur Organspende zu gefährden.

Gewebespende unter Ausschluss der Öffentlichkeit

Wenn Angehörige die Gewebespende ablehnen, kann sich darin intuitives Unbehagen gegenüber der Verwertung eines Verstorbenen als menschliches Ersatzteillager ausdrücken (s. Seite 81f.). Aufklärungsgespräche zur Gewebespende sind zudem immer schwierig – für alle Beteiligten. »Man trifft auf die unglücklichste Familie zum unglücklichsten Zeitpunkt mit der unglücklichsten Frage«, sagt Dietmar Horch, bis Dezember 2006 kaufmännischer Leiter des rechtsmedizinischen Instituts an der Universitätsklinik Hamburg Eppendorf.[13] Womöglich rächt sich nun aber auch, dass viele Verantwortliche die Gewebespende bislang nahezu unter Ausschluss der Öffentlichkeit betrieben haben. Während die Organtransplantation mit aufwändigen Kampagnen beworben wurde, weiß die weit überwiegende Mehrheit der Bundesbürger nicht einmal, dass es die Gewebespende gibt. Selbst den meisten Besitzern eines Organspendeausweises ist vermutlich nicht bewusst, dass sie auf der Rückseite kleingedruckt auch nach ihrer Einwilligung in

---

11 Mitteilung von Christoph Goetz vom 30.4.2008
12 Interview mit Wolfgang Eisenmenger vom 1.3.2007
13 Martina Keller: Projekt Gewebespende, in: *Bioskop* Nr. 37 vom März 2007

die Gewebespende gefragt werden – und sie womöglich uneingeschränkt gewährt haben.

Wie sieht es mit der Information von Angehörigen nach Inkrafttreten des Gewebegesetzes im August 2007 aus? Fest steht,
dass die Aufklärungsgespräche in Umfang und Tiefe variieren können, je nachdem, wie detailliert Angehörige informiert werden
möchten – und wie offen der Arzt mit Informationen umgeht. Der
Gesetzgeber hat darauf verzichtet vorzuschreiben, in welchem
Umfang über Art und Zweck des Eingriffs informiert werden muss.
Auch die europäische Geweberichtlinie enthält im Anhang lediglich Vorgaben für die Aufklärung von lebenden Spendern. Eine
Selbstverständlichkeit sollte es sein, dass die Angehörigen erfahren, welche Gewebe überhaupt gespendet werden können, denn
nur so haben sie die Möglichkeit, die Verwertung zu beschränken,
indem sie beispielsweise die Gewinnung von Haut ausschließen.
Es kann auch geboten sein, über die Art der Gewebeentnahme aufzuklären. Wenn beispielsweise der gesamte Augapfel herausge-
trennt wird, um die Augenhornhaut zu entnehmen, so ist dies eine
wichtige Information für die Entscheidung über die Einwilligung –
das menschliche Auge ist gefühlsmäßig stark besetzt. Auch die Tatsache, dass der Körper eines Verstorbenen nach einer Knochen-
entnahme stark verändert ist, selbst wenn er mithilfe von Prothesen rekonstruiert wird, sollte Angehörigen mitgeteilt werden – so
handhabt es beispielsweise die Hamburger Rechtsmedizin.

Information über Kommerz nur
auf Nachfrage

Unklar ist allerdings, wie weitgehend Angehörige über den Ver-
wendungszweck von Geweben und die mögliche kommerzielle
Nutzung aufgeklärt werden müssen: Viele Gewebe, etwa Herzklappen oder Augenhornhäute, werden treuhänderisch weitergegeben. Andere wie etwa Knochen können in einem aufwändigen
Herstellungsprozess zu klassischen Arzneimitteln verarbeitet
werden, die mit Gewinn verkauft werden dürfen. Wieder andere
Gewebe werden biotechnologisch bearbeitet, man spricht von Tis-

sue Engineering, Gewebezüchtung. Das Transplantationsgesetz schließt nicht aus, dass gespendetes Gewebe für die Herstellung von Tissue-Engineering-Produkten verwandt wird. Auch diese Produkte können kommerzialisiert werden.

Hinzu kommt, dass nicht alle aus Gewebe hergestellten Produkte ausschließlich medizinisch eingesetzt werden. Das gilt zum Beispiel für sogenannte azelluläre, das heißt von Spenderzellen befreite Haut, von der nur eine Bindegewebsmatrix übrig bleibt. Sie wird beispielsweise zur medizinischen Behandlung von Leistenbrüchen verwandt, aber auch in der kosmetischen Chirurgie. Die kommerzielle US-amerikanische Firma LifeCell Corporation erzielte 2007 mit ihrem Produkt Alloderm einen Umsatz von rund 167 Millionen Dollar.[14]

Auch andere US-Firmen stellen solche Produkte aus azellulärer Haut her. In der amerikanischen Presse wurde den Unternehmen vor Jahren vorgeworfen, sie kauften einen Großteil der verfügbaren Haut auf und verkauften sie teilweise mit hohen Gewinnen an die plastisch-kosmetische Chirurgie, etwa zum Aufpumpen von Lippen, deshalb gebe es zu wenig Haut für Verbrennungspatienten.[15] Vorsichtshalber richtete die Amerikanische Vereinigung der Gewebebanken eine Hotline ein, bei der Kliniken nachfragen konnten, welche Gewebebank gerade Haut oder andere dringend benötigte Gewebe vorrätig hätte.[16] Die Hotline soll allerdings kaum je genutzt worden sein.

Werden Angehörige in das Abschälen von Haut einwilligen, wenn sie solche Zusammenhänge mitgeteilt bekommen? (s. Seite 236)

Es bleibt letztlich dem einzelnen Arzt überlassen, wie offen er die Angehörigen über die mögliche Nutzung von Gewebe infor-

---

14 Pressemitteilung von LifeCell Corporation vom 7. 1. 2008
15 William Heisel, Mark Katches, Liz Kowalczyk: Lifes on the line (The Body Brokers – Part 2: Skin Merchants), in: *Orange County Register* vom 17. 4. 2000
16 Tom Tempske (California Department of Health Services): Research Tissue and California Tissue Banks. Antworten auf Fragen des California Willed Body Consortium vom Frühjahr 2003

miert. Wolfgang Ellerbeck, Oberarzt am Evangelischen Krankenhaus Oldenburg, hat in diesem Punkt eine klare Haltung. Für ihn
ist es zwingend geboten, Patienten über die Verwendung von gespendeten Organen und Geweben aufzuklären.[17] Dazu zähle auch
die Information, ob etwa eine gemeinnützige Einrichtung gespendetes Material verarbeite, ohne es zu kommerzialisieren, oder
aber eine Kapital- oder Personengesellschaft Gewebe als Ausgangsmaterial verwende, um handelbare Medikamente herzustellen und mit Gewinn zu verkaufen. Ellerbeck ist Sprecher der
Transplantationsbeauftragten in Norddeutschland. Seine Klinik
hat sich für einen anderen Weg entschieden. Aus Sorge um die
Einwilligung in die Organspende verzichtet sie grundsätzlich auf
die Entnahme kommerzialisierbarer Gewebe wie Knochen und
Sehnen. Lediglich Augenhornhäute, Herzklappen und Gefäße
werden, falls die Angehörigen zugestimmt haben, an die Deutsche
Gesellschaft für Gewebetransplantation weitergegeben.

Die Bundesärztekammer tendiert zu der Auffassung, dass über
mögliche kommerzielle Nutzungen informiert werden solle, wenn
Angehörige danach fragen. Dies setzt aber voraus, dass diese bereits sehr gut vorab informiert sind. Sonst würden sie kaum auf die
Idee kommen, dass die altruistische Gewebespende mit Kommerzialisierung einhergehen kann, und sich danach erkundigen.

Kampagnen fördern statt aufklären?

Wie wird die Öffentlichkeit künftig über das Thema Gewebespende informiert? Werden Angehörige beim Tod eines Famili-
enmitglieds so aufgeklärt, dass sie mit ihrer Entscheidung auch
auf Dauer gut leben können? Wenn es nach dem Europäischen
Gesetzgeber geht, ist dies zweifelhaft. Die EU-Geweberichtlinie
führt zur Begründung der neuen Norm an: *Es ist erforderlich,
Informations- und Sensibilisierungskampagnen über Gewebe-, Zell- und
Organspenden unter dem Motto »Wir sind alle potentielle Spender« auf*

---

17 Mitteilung von Wolfgang Ellerbeck vom 9.6.2008

nationaler und europäischer Ebene zu fördern.[18] Für den auf biomedizinische Themen spezialisierten Rechtsanwalt und Journalisten Oliver Tolmein ist diese Formulierung »extrem interessengeleitet«. Der Konflikt zwischen dem möglichen gesellschaftlichen Nutzen der Gewebespende und dem Widerstreben von Menschen, sich zu ihrem eigenen Ersatzteillager machen zu lassen, sei schwer lösbar. Es könne daher nur darum gehen, die offene gesellschaftliche Diskussion darüber zu fördern und individuelle Handlungsmöglichkeiten aufzuzeigen. »Die Gewebespende zum Thema einer Kampagne zu machen, die einseitig Spendenbereitschaft fordert, ist ethisch nicht akzeptabel.«[19]

Nicht akzeptabel ist auch, die Information über die Gewebespende wie bisher auf ein dürftiges Mindestmaß zu beschränken. Die Neugestaltung des Ausweises, mit dem jeder Deutsche zu Lebzeiten seine Haltung zur Organ- und Gewebespende dokumentieren kann, lässt nichts Gutes ahnen:[20] Nach wie vor steht auf der Vorderseite lediglich »Organspendeausweis nach § 2 TPG«. Ferner erfahren mögliche Träger wie bisher, dass sie sich mit persönlichen Fragen an das *Infotelefon Organspende* wenden könnten – kein Wort über die Gewebespende. Auf der Rückseite ist wie zuvor nur das jeweils gemeinsame Ankreuzen der Bereiche Organe und Gewebe möglich, ohne dass mitgeteilt würde, um welche Organe und Gewebe es sich im Einzelnen handeln könnte.[21] »Selbst von wohlmeinenden Transplantationsbefürwortern wird dieses Vorgehen als Bürgertäuschung bezeichnet«, kritisierte der Sachver-

---

18 Richtlinie 2004/23/EG des Europäischen Parlaments und des Rates vom 31.3.2004

19 Interview mit Oliver Tolmein von Anfang 2007

20 Bundesrat Drucksache 902/07 vom 12.12.2007. Zweite Allgemeine Verwaltungsvorschrift zur Änderung der Allgemeinen Verwaltungsvorschrift über die Festlegung eines Musters für einen Organspendeausweis

21 Die Wahlmöglichkeiten sind neben dem uneingeschränkten Ja oder Nein zur Spende von Organen/Geweben folgende Differenzierungen: *Ja, ich gestatte dies, mit Ausnahme folgender Organe/Gewebe* und: *Ja, ich gestatte dies, jedoch nur für folgende Organe/Gewebe*

ständige Gundolf Gubernatis den alten Ausweis während der öffentlichen Anhörung zum Gewebegesetz am 7. März 2007.

Die einzige Änderung beim neuen Ausweis ist am seitlichen Rand der Rückseite versteckt: Aus der *Erklärung zur Organspende* wurde eine *Erklärung zur Organ- und Gewebespende*.

Forschung in der Grauzone: Crashtests mit Leichen und Gehirne im Labor

Die kleine Lisa[22] aus Hamburg lag blau angelaufen in ihrem Bettchen. Entsetzt alarmierten die Eltern den Notarzt, der noch 40 Minuten um das Mädchen kämpfte, doch vergebens. Lisa starb im April 2000 aus ungeklärter Ursache. Wie in solchen Fällen üblich ordnete das Gericht eine Obduktion an. Überdies wurde Lisas Tod im Rahmen einer bundesweiten Studie untersucht, die das Bundesministerium für Bildung und Forschung mit mehreren Millionen Mark förderte. Von 1998 bis 2001 examinierten Rechtsmediziner an 16 deutschen Studienzentren nahezu jedes in ihrem Zuständigkeitsgebiet verstorbene Kind unter einem Jahr, um möglichen Ursachen und weiteren Risikofaktoren beim Plötzlichen Kindstod auf die Spur zu kommen. Lisas Eltern wurden durch Hamburger Rechtsmediziner über die Studie aufgeklärt. Allerdings erfuhren sie nicht, dass Lisas Gehirn nach der Obduktion nicht in den Leichnam zurückgelegt wurde, sondern im Institut blieb, wo es noch weitergehend untersucht werden sollte. Als die Mutter dies nach der Bestattung dem Obduktionsbericht entnahm, war sie schockiert und warf den Rechtsmedizinern mangelnde Aufklärung vor.

Während dieser Studie zum Plötzlichen Kindstod kam es mehrfach zu solchen Konflikten zwischen Rechtsmedizinern und den Eltern. Zwar werden verstorbene Babys bei unklarer Todesursache

22 Der Name des Kindes wurde geändert

häufig auf gerichtliche Anordnung obduziert; in dem Zusammenhang können Rechtsmediziner auch Organe entnehmen, ohne dass die Eltern zugestimmt haben, sofern dies das Todesgeschehen zu klären hilft.

Für weitergehende Untersuchungen oder eine nicht angeordnete Obduktion brauchten sie allerdings die Einwilligung der Eltern. Wie detailliert die Eltern dann über das Untersuchungsvorhaben informiert werden müssten, ließ die Studie des Bundesforschungsministeriums aber offen. Im Fall von Lisa versicherte Institutsleiter Klaus Püschel laut dem *Spiegel*,[23] grundsätzlich seien alle Untersuchungen nach Recht und Gesetz erfolgt. So seien die Eltern aufgeklärt worden. Im Einzelfall sei es aber eine Frage der Zumutbarkeit, wie weit man ins Detail gehe, wenn Eltern gerade ihr Kind verloren hätten: »Wir wollten schonend mit den Angehörigen umgehen«, sagte Püschel. Er befürchtete zudem, dass durch striktere Aufklärungsvorgaben Eltern dann die Zustimmung zu einer Obduktion verweigern könnten. »Wir brauchen aber die Erkenntnisse über den Tod der Kinder, um das Leben anderer zu retten.«

In Hamburg wird die Diagnose Plötzlicher Kindstod heute nur noch zweimal jährlich statt zwei- bis dreimal monatlich gestellt wie noch vor 15 Jahren.[24]

Die sinkenden Sterbezahlen sind zwar in erster Linie epidemiologischer Forschung zu verdanken, die Risikofaktoren wie Auf-dem-Bauch-Schlafen identifiziert hat, doch auch die Rechtsmedizin hat ihren Teil beigetragen. Zum Beispiel wurde als Todesursache bei manchen Babys eine seltene Störung des Fettsäurestoffwechsels erkannt, die sich heute, sofern diagnostiziert, leicht behandeln lässt.

---

23 Andreas Ulrich: Gefährliche Bauchlage, in: *Der Spiegel* 39/2000 vom 25.9.2000

24 Pressemitteilung der Hamburger Gesundheitssenatorin vom 24.1.2008

Entscheidungsprozesse ohne Eltern

Die Gemeinsame Elterninitiative Plötzlicher Säuglingstod (GEPS) ist deshalb nicht grundsätzlich gegen Obduktionen und weitere Untersuchungen an Organen, die dafür unter Umständen auch komplett entnommen werden müssen. Solche Maßnahmen könnten in manchen Fällen der Ursachenklärung dienen und seien auch eine Möglichkeit, Eltern von eigenen und fremden Schuldvorwürfen zu entlasten, sagt die Bundesvorsitzende Hildegard Jorch. »Was wir aber zutiefst ablehnen, ist, dass Eltern nicht in die Entscheidungsprozesse eingebunden werden, was mit den Organen geschieht, wenn die vom Staatsanwalt angeordnete Untersuchung abgeschlossen ist.«[25] Eltern sollten über weitere geplante Forschungsarbeiten an entnommenen Organen schriftlich informiert werden und ihre Einwilligung erteilen. Es müsse ihnen auch das Recht zugestanden werden, weitere Forschung mit diesen Organen abzulehnen. Dieses Vorgehen ist bis heute keineswegs selbstverständlich. GEPS-Mitarbeiterinnen erfahren mitunter noch immer von Fällen, bei denen die Organe eines Säuglings ohne Wissen und Einwilligung der Eltern in Forschungslabors zurückbehalten wurden. »Das ist seit neun Jahren eine Grauzone«, sagt Jorch, »es gibt leider keine Rechtsprechung zu dem Thema, die ein eindeutiges Vorgehen festlegt.«

Das Hamburger Institut für Rechtsmedizin hat seine Aufklärungspraxis beim Plötzlichen Kindstod aufgrund der öffentlichen Aufmerksamkeit geändert. Wenn Organe, beispielsweise das Gehirn, zurückbehalten werden, informieren die Rechtsmediziner die Eltern nun telefonisch darüber, »obwohl wir es nach meiner persönlichen Auffassung und nach den Buchstaben des Gesetzes nicht müssen«, sagt Institutsleiter Püschel.[26] Vielmehr genüge die Aufklärung über die Sektion. So würden in anderen Fällen von Sektion die Angehörigen weiterhin nicht im Detail informiert, welche

---

25 Interview mit Hildegard Jorch im Mai 2008
26 Telefonische Auskunft von Klaus Püschel vom Juli 2007

Gewebe in welchem Umfang zurückbehalten würden. Nur auf gezielte Nachfrage werde dies mitgeteilt.

Wie weit reicht der Zugriff von Medizinern auf Gewebe von Verstorbenen? Unter welchen Umständen dürfen diese aufbewahrt werden? Was müssen Angehörige über Verwendungszwecke wissen? Diese Fragen sind nur teilweise geklärt.

Das Gehirn der RAF-Terroristin

Das erfuhren auch die Töchter von Ulrike Meinhof. Erst im Herbst 2002 wurde ihnen bekannt, dass das Gehirn ihrer Mutter bei der Bestattung nicht mit beerdigt worden war. Die Leiche war 1976 nach der Selbsttötung der RAF-Terroristin auf Antrag der Staatsanwaltschaft obduziert worden, um die Todesursache zu klären. Der Tübinger Neuropathologe Jürgen Pfeiffer untersuchte das von den Kollegen herausgetrennte Gehirn jedoch weitergehend und kam zu dem Schluss, das limbische System des Gehirns, zuständig für die Verarbeitung von Gefühlen, sei beschädigt. Ulrike Meinhof war 14 Jahre vor ihrem Tod wegen eines gutartigen Gefäßtumors an der Hirnbasis operiert worden. Der Experte vertrat die Auffassung, die Schädigung könne eine Persönlichkeitsveränderung zur Folge gehabt haben, die Schuldfähigkeit von Ulrike Meinhof sei zu hinterfragen.

Nachdem Pfeiffer das Gutachten erstellt hatte, übergab er das Gehirn nicht etwa den Angehörigen, sondern bewahrte es als gerichtsmedizinisches Asservat weiter auf. Die Staatsanwaltschaft kümmerte sich nicht mehr darum, es gab keine Weisung, das Organ zu entsorgen oder zu bestatten. Gesetzliche Aufbewahrungsfristen existierten ebenfalls nicht. So ruhte das Hirn, eingelegt in Formalin, jahrzehntelang im Hirnarchiv der Tübinger Universitätsklinik.

Im Jahr 1998 übergab Pfeiffer das Organ dem Magdeburger Psychiater Bernhard Bogerts mit der Frage, ob seine damaligen Befunde durch neuere Forschungsmethoden bestätigt werden könnten. Bogerts wartete nach eigener Darstellung allerdings erst einmal ab, »wegen der besonderen zeitgeschichtlichen Brisanz der

Vorbefunde«.[27] Bis Mitte 2002 habe es »keinerlei Forschungsaktivitäten am Gehirn« gegeben. Im Juli 2002 erfuhr jedoch nach Angaben von Bogerts der *Spiegel* durch Pfeiffer vom Verbleib des Gehirns. Auf mehrmaliges Drängen habe er dem Magazin im September 2002 ein Interview gegeben, das allerdings zu dem Zeitpunkt nicht veröffentlicht wurde.

Erst im Oktober 2002 kontaktierte Bogerts den früheren Ehemann von Ulrike Meinhof, Klaus Röhl, und informierte ihn über die geplanten Untersuchungen am Gehirn. Von ihrem Vater erfuhren die beiden Töchter der Verstorbenen von der Forschung. Bettina Röhl, freie Journalistin und Autorin aus Hamburg, setzte sich umgehend mit Bogerts in Verbindung und recherchierte die Rechtslage. Sie erfuhr von der geplanten Veröffentlichung im *Spiegel* und kam ihr durch einen eigenen Artikel in der *Magdeburger Volksstimme* zuvor.[28]

Röhl problematisierte die Vorgehensweise der Wissenschaftler und setzte eine Ethikdiskussion in Gang, die bundesweit und international Beachtung fand.

Ihre Schwester Regine Röhl erstattete bei der Staatsanwaltschaft Strafanzeige gegen Jürgen Pfeiffer wegen Störung der Totenruhe. Das Verfahren wurde eingestellt. Jedoch forderte die Staatsanwaltschaft gemäß den Wünschen der Töchter das Gehirn zurück und ließ es dann einäschern. Am 22. Dezember 2002 wurde die Asche des Gehirns im Familienkreis dem Grab von Ulrike Meinhof auf dem Dreifaltigkeitsfriedhof in Berlin übergeben.[29]

---

27 Bernhard Bogerts: Darstellung der Vorgänge zu den Untersuchungen am Gehirn von Ulrike Meinhof, in: *Universitätsklinikum intern* 1/2003

28 Bettina Röhl: Das Gehirn der Ulrike Meinhof: Von Tübingen wurde das Organ heimlich nach Magdeburg gebracht, in: *Magdeburger Volksstimme* vom 8.11.2002

29 Mitteilung Bettina Röhl vom 14.7.2008

Ein stumpfes Schwert

Als die Odyssee von Ulrike Meinhofs Gehirn durch die Presse ging, war die Deutsche Hospiz Stiftung eine viel gefragte Anlaufstelle. Das Schmerz- und Hospiztelefon, ein Service der Stiftung, war ständig belegt. Zahlreiche Anrufer fürchteten, »gegen ihren Willen in Einzelteile zerlegt zu werden«, gab die Organisation in einer Pressemitteilung bekannt. Häufig berichteten die Menschen am Telefon, dass Angehörige ohne Einverständnis obduziert worden seien. Wenn die Todesursache bei einem Verstorbenen ungeklärt ist, ordnen Staatsanwalt oder Gericht die Obduktion an. Ansonsten, so die Stiftung, müsse die Einwilligung des Verstorbenen vorliegen oder stellvertretend die der Angehörigen. Die Realität sieht anders aus, auch die Körperteile von weniger prominenten Menschen lagern nach den Erfahrungen der Stiftung in den Regalen von pathologischen Instituten. »Viele Angehörige wissen gar nicht, dass dem Toten bei der Beerdigung Organe fehlen«, erklärte Eugen Brysch, der Geschäftsführende Vorstand. Meist würden die Organe auch hinterher nicht mehr bestattet. »Das ist pietätlos, für die Verstorbenen und für deren Angehörige.« Brysch forderte eine Regelung, die das Selbstbestimmungsrecht über den Tod hinaus respektiert. »Die Justizminister aller Länder müssen endlich Grauzonen abschaffen.«[30]

Zwar ist die menschliche Leiche im Prinzip durch den § 168 des Strafgesetzbuchs *Störung der Totenruhe* vor unerlaubten Handlungen geschützt. So muss mit einer Freiheitsstrafe von drei Jahren oder einer Geldstrafe rechnen, wer die Leiche oder ihre Teile unbefugt wegnimmt oder daran »beschimpfenden Unfug verübt«. Allerdings ist der Schutz des § 168 äußerst lückenhaft, ein »stumpfes Schwert«, wie es die Züricher Juristin Brigitte Tag formuliert.[31] Dies lässt sich schon am Umfang der Rechtsprechung ablesen – im Jahr 2006 wurden im gesamten Bundesgebiet lediglich acht Per-

30 Pressemitteilung der Deutschen Hospiz Stiftung vom 29. 11. 2002
31 Brigitte Tag: Menschliches Gewebe, menschliche Zellen und Biobanken: Strafrechtliche und strafrechtsethische Herausforderungen (Vortrag in Göttingen, gehalten im November 2006)

sonen wegen Störung der Totenruhe oder Störung einer Bestattungsfeier rechtskräftig verurteilt.[32] Der § 168 lässt zudem viele Fragen offen. So ist dort von unbefugter Wegnahme »aus dem Gewahrsam des Berechtigten« die Rede. Wenn ein Mensch zu Hause stirbt, so sind die Angehörigen die Berechtigten. Beim Tod im Krankenhaus ist die Leiche hingegen nach überwiegender Rechtsauffassung in der Obhut der Anstaltsleitung, bis die Angehörigen Mitteilung erhalten, der Körper könne abgeholt werden. »Dies eröffnet dem Zugriff auf den toten Körper weit die Türen – was besonders brisant ist vor dem Hintergrund, dass heute viele Menschen in Kliniken und Pflegeeinrichtungen sterben«, warnt Tag. Wenn nämlich die Anstaltsleitung damit einverstanden sei, dass ein Leichnam obduziert und Gewebe zu Forschungszwecken entnommen würden, so sei dies derzeit nicht strafbar.[33]

Sektionsklauseln in Krankenhausaufnahmeverträgen

Gesetzlich oder vertraglich nicht legitimierte Eingriffe in den toten menschlichen Körper geschehen mehrheitlich in medizinischen Einrichtungen – und werden nicht etwa durch irgendwelche Kriminelle verübt. Das hat historische Gründe. Seit dem 19. Jahrhundert gehört die Sektion zur guten medizinischen Praxis und ist eine wichtige Erkenntnisquelle der Medizin. Ethisch fragwürdig waren allerdings die Praktiken, mit denen sich die Wissenschaft in der frühen Neuzeit ihre Anatomieobjekte beschaffte (s. Seite 125). Mediziner entwickelten lange Zeit kaum ein Unrechtsbewusstsein, wenn sie eine Leiche ohne Einwilligung obduzierten. Sie betrachteten es als letzten Dienst am Patienten, durch eine Sektion beispielsweise eine Todesursache herauszufinden oder die medizini-

32 Statistisches Bundesamt: Rechtspflege Strafverfolgung, Fachserie 10
    Reihe 3, erschienen am 11. 12. 2007
33 Brigitte Tag: Menschliches Gewebe, menschliche Zellen und Biobanken: Strafrechtliche und strafrechtsethische Herausforderungen (Vortrag in Göttingen, gehalten im November 2006)

sche Forschung voranzubringen. In der früheren DDR lag die Sektionsquote 1987 bei 18 Prozent[34] – auch weil die *Anordnung über die ärztliche Leichenschau* von 1978 dem zu Lebzeiten geäußerten Willen des Verstorbenen keinerlei Bedeutung zumaß; der Wille der Angehörigen wurde ebenfalls kaum beachtet.[35] In der BRD steht die Missachtung des postmortalen Persönlichkeitsrechts im Widerspruch zum verfassungsrechtlich garantierten Selbstbestimmungsrecht des Menschen und ist nicht mehr zeitgemäß. Rechtsmediziner beklagen allerdings die niedrige Sektionsquote, die ein Dunkelfeld für Gewaltverbrechen eröffne – viele Morde bleiben unentdeckt. Die Sektionsquote lag 1999 bei 3,1 Prozent.[36]

Bis heute allerdings ist die Sektion – wie der Umgang mit der Leiche überhaupt – nur in Ansätzen geregelt. Leichenrecht ist Ländersache, und nur die Stadtstaaten Hamburg, Berlin und Bremen haben bislang Sektionsgesetze bzw. ein Gesetz über das Leichenwesen erlassen. Die übrigen Länder beschränken sich vorerst auf Bestattungsgesetze, die mehr oder weniger detaillierte Bestimmungen zur Sektion enthalten. Der Konflikt zwischen einem möglichen gesellschaftlichen Nutzen von Eingriffen in die Leiche und den postmortalen Rechten einer Person durchzieht auch diese Regelungen. So sind bestimmte Sektionen in manchen Bundesländern zulässig, wenn der Verstorbene dem zu Lebzeiten nicht widersprochen hat – oder stellvertretend nach seinem Tod die Angehörigen. Nicht wenige Rechtsmediziner fordern eine solche sogenannte Widerspruchslösung für ganz Deutschland, um die sinkende Sektionsquote zu steigern. Brigitte Tag lehnt dies ab. Die Bevölkerung sei über die Sektion kaum informiert. Man müsse davon ausgehen, dass mangels Wissens kaum jemand von seinem

---

34 Bundesärztekammer: Stellungnahme zur ›Autopsie‹ – Langfassung – vom 26. 08. 2005
35 Ernst-Wilhelm Schwarze, Jörg Pawlitschko: Autopsie in Deutschland: Derzeitiger Stand, Gründe für den Rückgang der Obduktionszahlen und deren Folgen, in: *Deutsches Ärzteblatt* 2003; 100(43)
36 Bundesärztekammer: Stellungnahme zur ›Autopsie‹ – Langfassung – vom 26. 08. 2005

Recht Gebrauch machen würde, einer Sektion zu widersprechen. Damit werde der Verstorbene in gewisser Weise bereits zu Lebzeiten »zum bloßen Objekt der Gesellschaft bzw. der an der Sektion interessierten Fachrichtungen«.[37]

Umstritten sind in diesem Zusammenhang auch sogenannte Sektionsklauseln, die in vielen Krankenhausaufnahmeverträgen enthalten sind. Sie besagen, dass sich der Patient im Fall seines Todes mit einer Sektion einverstanden erklärt. Wenn dies dem Willen des Patienten nicht entspricht, muss er der Sektion vor seinem Tod ausdrücklich widersprechen. Stellvertretend können dies auch die Angehörigen in einer kurzen Frist nach seinem Tod tun. Der Bundesgerichtshof hat solche Sektionsklauseln grundsätzlich für zulässig erklärt. Damit ist der Weg für die Rechtsmediziner frei. Allerdings wurde diese Entscheidung in der Rechtswissenschaft stark kritisiert, wie in der *Stellungnahme zur Autopsie* der Bundesärztekammer nachzulesen ist: Ein durchschnittlicher Patient müsse nicht damit rechnen, dass ihm mit dem Behandlungsvertrag die Zustimmung zu einer Sektion abgefordert werde – der Normalfall dürfte eher sein, dass ein Patient hofft, aus dem Krankenhaus geheilt wieder entlassen zu werden. Deshalb sollte die Sektionsklausel zumindest nicht im Kleingedruckten untergehen, sondern gebührend hervorgehoben werden. Ob das reicht, um das Persönlichkeitsrecht des Betroffenen zu schützen, ist fraglich.

Crash-Tests mit Kinderleichen

Nur langsam setzte sich in der Medizin die Erkenntnis durch, dass der (gute) Zweck nicht jedes Mittel rechtfertigt. Das zeigen zum Beispiel die sogenannten Crash-Tests an Leichen, die in Deutschland seit Ende der 1960er Jahre insbesondere an der Universität Heidelberg durchgeführt wurden. Die Versuche sollten zu mehr Sicherheit im Straßenverkehr beitragen. So belegten Experimente

---

37 Brigitte Tag: Rechtliche Aspekte im Umgang mit dem toten Körper. Eine thematische Einführung, in: Dominik Groß u.a. (Hg.): Tod und toter Körper. Kassel University Press 2007

in der ersten Hälfte der 1970er Jahre, dass die seinerzeit umstrittene und erst 1976 eingeführte Gurtpflicht tatsächlich das Risiko von Verletzungen mindern könnte. Allerdings machten sich die Forscher damals kaum Gedanken, ob ihre menschlichen Dummies zu Lebzeiten wohl mit den Experimenten einverstanden gewesen wären. Oftmals lag ihnen lediglich ein Leichenvermächtnis von Menschen vor, die ihren Körper der Wissenschaft gespendet hatten. Diese Spender konnten kaum damit rechnen, dass ihre Leichen bei Aufprallversuchen in schienengeführten Versuchswagen verstümmelt würden.

Nach Auskunft des heutigen Instituts leiters Rainer Mattern war die einzige Konstante, dass den Forschern die Einwilligung zur Sektion vorlag. Was den Angehörigen darüber hinaus erklärt wurde, war von Fall zu Fall verschieden. Mitunter genügte schon mal der Hinweis auf die Forschungsabsicht. Wenn kein Widerspruch kam, ging man davon aus, die Versuche seien gerechtfertigt. Das Bewusstsein, dass umfassender aufgeklärt werden müsse, entwickelte sich erst allmählich im Lauf der 1980er Jahre. Um diese Zeit wurden auch die ersten Ethikkommissionen eingerichtet – die allerdings anfangs noch gar nicht für Forschung mit Toten zuständig waren.[38] 1991 übernahm Mattern die Leitung des Heidelberger Instituts für Rechtsmedizin und Verkehrsmedizin. Er versichert, meist höchst persönlich die Zustimmung der Hinterbliebenen eingeholt und sie umfassend aufgeklärt zu haben. Auch im Falle von Experimenten mit acht Kinderleichen, die 1993 zu Schlagzeilen in *Bild* und *Spiegel* führten, habe die Einwilligung der Eltern vorgelegen. Die Öffentlichkeit bewertete die Experimente als skandalös – unrechtmäßig waren sie nicht.

Etwa seit Ende der 1990er Jahre wurde in Heidelberg keine Unfallforschung mit Leichen mehr betrieben, weil die Industrie sie nicht finanzierte – der Imageschaden wäre wohl zu groß gewesen. Erst im Sommer 2008 schrieb Institutsleiter Mattern nach eigenen Angaben wieder einen Antrag, der an einen Hersteller gerichtet sei.[39]

---

38 Mitteilung Rainer Mattern vom 4. 5. 2008
39 Mitteilung Rainer Mattern vom 29. 6. 2008

»Der Beigeschmack des Halblegalen ist nicht mehr zeitgemäß«

Die Rechtslage zur Forschung mit Leichengewebe bleibt undurchsichtig. Weder das 1997 in Kraft getretene Transplantationsgesetz noch das Gewebegesetz aus dem Jahr 2007 haben für Rechtssicherheit gesorgt. Geregelt wurde nur die Entnahme von Organen bzw. Geweben, die transplantiert werden sollen. Unter welchen Voraussetzungen mit entnommenem Gewebe geforscht werden darf, lässt sich bislang nur aus allgemeinen Grundsätzen ableiten. So legt der Europäische Gesetzgeber im Anhang der Geweberichtlinie großen Wert darauf, dass lebende Spender über mögliche Verwendungszwecke eines Transplantats aufgeklärt werden. Auch Angehörige von Verstorbenen müssten in dieser Weise informiert werden, erst recht, wenn Herzklappen oder Leberzellen für nicht-solidarische Zwecke wie Forschung gewonnen werden. In der Tat mahnt das Ministerkomitee des Europarats in seiner Empfehlung über die Forschung mit biologischem Material menschlicher Herkunft an, dem Körper eines Verstorbenen solle ohne angemessene Einwilligung oder Genehmigung kein biologisches Material für Forschungsarbeiten entnommen werden.[40] Die für Deutschland noch nicht verbindliche Menschenrechtskonvention zur Biomedizin fordert, das ein menschlicher Körperteil »nur zu dem Zweck aufbewahrt und verwendet werden darf, zu dem er entnommen worden ist; jede andere Verwendung setzt angemessene Informations- und Einwilligungsverfahren voraus«.[41]

Bundesweit verbindliche deutsche Vorschriften fehlen zu dieser Frage aber ebenso wie zur Sektion. In Anbetracht dieser Tatsache agieren manche Forscher laut Juraprofessorin Tag nach dem Motto, erlaubt sei, was nicht verboten ist. »Rechtlich gibt es da wenig

---

40 Empfehlung über Forschung mit humanbiologischem Material, angenommen vom Ministerkomitee des Europarats am 15. 3. 2006
41 Die (Weiter-)Verwendung von menschlichen Körpermaterialien für Zwecke medizinischer Forschung (2003); Stellungnahme der Zentralen Ethikkommission bei der Bundesärztekammer

Schranken«, sagt Tag. Daran ändern auch die Mindestvorgaben des ärztlichen Standesrechts nichts. Die Zentrale Ethikkommission der Bundesärztekammer hat sie 2003 in ihrer Stellungnahme zur Verwendung von menschlichen Körpermaterialien für die Forschung formuliert: Demnach sollte für die Forschung grundsätzlich eine Einwilligung des Betroffenen eingeholt werden. Ferner muss sich die Nutzung des Körpermaterials »auf die Bearbeitung derjenigen Fragestellung beschränken, für die der Betroffene seine Einwilligung erteilt hat«. Die Einwilligung könne formfrei erteilt werden, in der Regel empfehle sich aber eine schriftliche Einverständniserklärung. Eine globale Einwilligung sei legitim, wenn dem Betroffenen unterschiedlich weit reichende Vorschläge zur Einwilligung unterbreitet worden seien. Sonst riskiere sie unwirksam zu werden. Schließlich solle sich ein Forscher stets von einer Ethikkommission beraten lassen, und die Ethikkommissionen sollten sich auch »in derartigen Fragen für zuständig erklären«.[42]

Schon diese Formulierung zeigt, dass es sich hier um sogenanntes Soft Law handelt, eine Art Selbstverpflichtung, die sich die Ärzteschaft gegeben hat. Rechtsverbindlich ist sie nicht. So kann die Praxis an privaten Institutionen, die nicht durch öffentliche Gelder gefördert werden, ganz anders aussehen als an Universitätskliniken im Einflussbereich der Bundesärztekammer.

Brigitte Tag hält es deshalb für dringend erforderlich, dass im Strafgesetzbuch der § 168 Störung der Totenruhe reformiert werde. Mehr Rechtssicherheit sei nicht nur im Interesse der Bevölkerung, sondern auch der Forscher. »Das Odium des Halb- oder Illegalen, das seit dem legendären Wirken von John Hunter im 18. Jahrhundert insbesondere den Umgang mit der Leiche prägt, ist nicht mehr zeitgemäß«[43] – John Hunter gilt als Begründer der klinischen Anatomie in England. Manche Leiche verschaffte er sich auch gegen den erklärten Willen des Verstorbenen zu Lebzeiten. Eine verbindliche bundesweite Regelung ist umso wichtiger, da der

---

42 Siehe Fußnote 41
43 Brigitte Tag: Menschliches Gewebe, menschliche Zellen und Biobanken: Strafrechtliche und strafrechtsethische Herausforderungen (Vortrag in Göttingen, gehalten im November 2006)

tote Körper der Schatz des 21. Jahrhunderts zu werden verspricht, auch jenseits der Gewebetransplantation: Leberzellen werden schon jetzt als toxikologische Test-Kits benutzt und Herzklappen zur Tissue-Engineering-Forschung verwandt.

Die Überschneidungen mit der klassischen Gewebespende liegen auf der Hand. Was geschieht zum Beispiel mit Geweben, die ursprünglich zu Transplantationszwecken gespendet wurden, sich dann aber als nicht tauglich erwiesen? Werden sie verworfen? Oder für die Forschung verwandt? Wie weitgehend müssen Angehörige in diesem Fall der Gewebeentnahme zugestimmt haben? Gibt es generell erlaubte oder verbotene Verwendungszwecke? Dürfen Gewebe, die ursprünglich zur Transplantation gespendet wurden, für die Herstellung von Tissue-Engineering-Produkten verwendet werden? Noch sind viele Fragen offen.

Schweigen als Zustimmung: Die Pläne des Nationalen Ethikrats

Der Frankfurter Rechtsmediziner Hansjürgen Bratzke redet sich schnell in Rage, wenn die Rede auf die Gewebespende kommt. Bratzke, Jahrgang 46, kennt noch die Zeiten, da Rechtsmediziner Leichenteile wie selbstverständlich an klinikeigene Gewebebanken oder pharmazeutische Unternehmen weitergaben – ohne die Angehörigen zu fragen. Heute muss die Einwilligung eines Verstorbenen zu Lebzeiten vorliegen, damit ihm nach dem Tod Gewebe entnommen werden darf. Stellvertretend können auch die Angehörigen zustimmen. In der Fachsprache heißt dieses Modell erweiterte Zustimmungslösung. Bratzke macht kein Hehl daraus, was er davon hält. Er spricht von Aufklärungshysterie, eine Allianz von grünem Selbstverständnis und katholischem Denken sei da am Werk: Das naturalistische, rückwärtsgewandte Weltbild der Grünen verurteile die Sektion als Eingriff in die Natur, ähnlich wie manche katholischen Kreise die Autopsie und die Verwertung von Leichengewebe für kranke Menschen als Eingriff in das Werk

Gottes sähen.[44] Bratzke plädiert für ein ganz anderes Verfahren: »Wir leben in einer aufgeklärten Gesellschaft«, sagte er im SWR Fernsehen. »Der Mensch weiß, dass nach seinem Tod der Körper dem Zerfall preisgegeben ist beziehungsweise verbrannt wird. Und ich denke, dass jeder vernünftige Mensch nur zu gerne Organe oder auch Gewebe für kranke Menschen spenden würde. Wer das nicht will, soll das erklären. Dann muss man den Willen respektieren.«[45]

Das von Bratzke favorisierte Modell ist die sogenannte Widerspruchslösung: Wer nicht will, dass ihm nach dem Tod Gewebe oder Organe entnommen werden, muss zu Lebzeiten widersprechen. Schweigen wird als Zustimmung gewertet. Die Widerspruchslösung wird immer dann ins Gespräch gebracht, wenn die Zahl der Organ- und Gewebespender gesteigert werden soll. Prominentester Fürsprecher in jüngster Zeit war der Nationale Ethikrat, ein Beratungsgremium für die Bundesregierung, das mittlerweile vom Deutschen Ethikrat abgelöst wurde. In seiner vorletzten Stellungnahme schlug der Nationale Ethikrat im April 2007 vor, eine kombinierte Widerspruchs- und Erklärungslösung einzuführen.[46] Der Staat soll demnach verpflichtet werden, alle Bürger zu einer persönlichen Erklärung aufzufordern. Die könnte zum Beispiel auf der geplanten elektronischen Gesundheitskarte oder dem Führerschein festgehalten werden. Wenn im Todesfall auf dem Dokument kein Eintrag vorliegt, soll die Organentnahme erlaubt sein, sofern die Angehörigen dem nicht widersprechen. Dies wäre eine Umkehrung des bisherigen Prinzips: Wenn keine Erklärung für oder wider Spende vorliegt, geht man derzeit davon aus, dass der Verstorbene sie nicht gewollt hat.

44 Mitteilung Hansjürgen Bratzke vom 26. 5. 2008
45 Hans Jürgen von der Burchard: Der Organspendeskandal, in: Odysso – Wissen entdecken, SWR Fernsehen, 11. 10. 2007
46 Nationaler Ethikrat: Die Zahl der Organspenden erhöhen – Zu einem drängenden Problem der Transplantationsmedizin in Deutschland. Stellungnahme 2007

Organspende als moralische Pflicht?

Die Diskussion um die Widerspruchslösung ist nicht neu. Bereits 1975 legte eine Bund-Länder-Arbeitsgruppe einen Entwurf vor, der die Transplantation gesetzlich regeln sollte und eine Widerspruchslösung vorsah. In dem seinerzeit noch gebräuchlichen grauen Personalausweis sollte der Widerspruch handschriftlich auf Papier dokumentiert werden. 1978 empfahl das Ministerkomitee des Europarats den Mitgliedsstaaten, ihre nationalen Gesetze an der Widerspruchslösung auszurichten. Die sozial-liberale Koalition legte im selben Jahr einen entsprechenden Gesetzentwurf vor, der aber im Bundestag nicht abschließend behandelt wurde. 1994 beschloss der rheinland-pfälzische Landtag ein Transplantationsgesetz, das auf der Widerspruchslösung beruhte. Aufgrund verfassungsrechtlicher Bedenken und vielfacher Kritik wurde das Gesetz noch vor seiner Verkündigung wieder aufgehoben. Unter anderem wurde bemängelt, dass keine zentrale Registrierung der Widersprüche vorgesehen war. Später zeichnete sich im Gesetzgebungsverfahren für eine bundesweite Regelung schnell ab, dass eine Widerspruchslösung nicht konsensfähig wäre.[47]

Das sogenannte Transplantationsgesetz trat 1997 in Kraft. »Zu mehr Rechtssicherheit und Vertrauen« werde das Regelwerk führen, versprach der damalige Bundesgesundheitsminister Horst Seehofer, die Bereitschaft zur Organspende werde deutlich steigen.[48] Mehr als zehn Jahre später steht fest: Der Minister hat sich geirrt. Trotz jahrelanger Kampagnen, Fernsehspots, Aufklärungsbroschüren in Arztpraxen und dem Einsatz Prominenter wie der *Sportler für Organspende* stiegen die Spenderzahlen nur geringfügig an. Ein Zeichen für ein tief verwurzeltes kulturelles Unbehagen gegenüber der Organ- und Gewebespende? Ein Ausdruck von

---

47 Hans Lilie: Zehn Jahre Transplantationsgesetz – Verbesserung der Patientenversorgung oder Kommerzialisierung? Referat auf dem 110. Deutschen Ärztetag 2007 in Münster

48 Rede von Bundesgesundheitsminister Horst Seehofer vor dem Deutschen Bundestag zum Entwurf eines Gesetzes über die Spende, Entnahme und Übertragung von Organen am 19. 4. 1996

Ängsten und mangelndem Vertrauen in die Todesdefinition der modernen Medizin? Der Nationale Ethikrat sieht das anders. Bei Umfragen stünden 80 Prozent der Deutschen der Transplantation positiv gegenüber, zwei Drittel wären selber bereit, ein Organ zu spenden. Diese Spendebereitschaft werde gegenwärtig nicht genügend ausgeschöpft. Auch wenn die Organspende »keine moralische Pflicht im strikten Sinne« sei, könne die Verweigerung »nicht voll und ganz in das Belieben des Einzelnen« gestellt werden. Es sei legitim, wenn der Gesetzgeber unschlüssiges Verhalten als »Hintanstellen von Bedenken gegen die Organspende« werte.[49]

Kalkül mit der Unwissenheit

Namhafte Experten sehen das anders: »Eine Widerspruchslösung hofft immer auf das Schweigen aus Unwissenheit, und das finde ich unethisch«, sagt Hans Lilie, Vorsitzender der Ständigen Kommission Organtransplantation der Bundesärztekammer.[50] Der Nationale Ethikrat arbeite mit der Unterstellung, dass alle die gleiche Möglichkeit hätten, mit den öffentlichen Informationen umzugehen. »Wir wissen, dass viele Menschen in unserer Gesellschaft solche Dinge nicht zur Kenntnis nehmen, dass auch die umfassendste Aufklärungskampagne große Teile der Bevölkerung nicht erreichen wird.«[51] Zudem liege das eigentliche Defizit in der Kooperation der Krankenhäuser mit der Koordinierungsstelle für die Organspende – das ist laut Vertrag die Deutsche Stiftung Organtransplantation. Auch die Züricher Juristin Brigitte Tag weist die Vorschläge des Nationalen Ethikrats zurück. Es sei unzulässig an-

---

49 Nationaler Ethikrat: Die Zahl der Organspenden erhöhen – Zu einem drängenden Problem der Transplantationsmedizin in Deutschland. Stellungnahme 2007
50 Interview mit Hans Lilie in Halle am 5. 3. 2008
51 Hans Lilie: Zehn Jahre Transplantationsgesetz – Verbesserung der Patientenversorgung oder Kommerzialisierung? Referat auf dem 110. Deutschen Ärztetag 2007 in Münster

zunehmen, dass die gegenwärtige Spenderquote gar nicht der Willensbildung in der Bevölkerung entspreche, weil sich eine Diskrepanz zu Umfrageergebnissen auftue. »Diese Lücke, die entsteht, weil jemand seinen Willen nicht zu Lebzeiten dokumentiert hat, wird durch die Befragung der Angehörigen geschlossen.«[52] 2007 beispielsweise hatten nur 6,2 Prozent der Organspender ihre Entscheidung selber schriftlich dokumentiert, etwa in einem Organspendeausweis. In 18,4 Prozent der Fälle gaben Angehörige den mündlich geäußerten Willen des Verstorbenen weiter. In den übrigen Fällen entschieden sie selbst, gemäß dem mutmaßlichen Willen des Verstorbenen oder eigenen Werthaltungen.[53]

Laut Tag ist jedoch bereits der Zwang, sich erklären zu müssen, ein Eingriff in das vom Grundgesetz garantierte Recht des Menschen, über sich selbst zu bestimmen. »Wenn ich nicht entscheide, entscheide ich auch, und dieses Recht darf mir nicht einfach so genommen werden.« Die Züricher Juristin verweist zudem auf den Schutz, den das Grundgesetz weltanschaulichen und religiösen Überzeugungen gewährt. Viele Religionen lehnten Eingriffe in den menschlichen Leichnam ab (s. Seite 181 ff.). Wenn Angehörige dieser Glaubensrichtungen sich nicht äußern wollten und zur Gewebe- oder Organspende herangezogen würden, so stülpe man ihnen nach dem Tod fremde Wertmaßstäbe über, um die Organspendezahlen zu erhöhen. Dies sei unzulässig. »Es gibt in Deutschland keine Sozialpflichtigkeit des menschlichen Körpers.« Der Ethikrat rechtfertigt Eingriffe in die körperliche Integrität des Verstorbenen »durch die höherwertigen Rechtsgüter der Erhaltung des Lebens und der Gesundheit von Patienten«. Laut Tag könnte man dann ebensogut argumentieren, dass Erben das Vermögen eines Verstorbenen nicht für sich behalten dürften, sondern der Allgemeinheit zur Verfügung stellen müssten; in Deutschland würden viele Menschen unterhalb der Armutsgrenze leben und seien daher unterstützungsbedürftig. »Das Menschenbild des Grundgesetzes geht aber nicht davon aus, dass Mensch oder Ver-

---

52 Interview mit Brigitte Tag in Zürich am 8. 6. 2007
53 Jahresbericht 2007 der Deutschen Stiftung Organtransplantation (Zahlen bezogen auf Einwilligung in die Organspende)

mögen dem Staat gehören und dieser mit Zwang anordnen kann, wie damit zu verfahren sei.«[54]

Kaiserin Maria Theresia und die Sektion

Befürworter der Widerspruchslösung verweisen aufs Ausland. In vielen westeuropäischen Staaten gilt eine Art von Widerspruchslösung. Die strenge Variante, bei der Angehörige nicht einbezogen werden müssen, findet sich in Italien, Luxemburg, Österreich, Portugal, Slowenien, Spanien, Tschechien und Ungarn. In Belgien, Finnland und Norwegen hingegen müssen die Angehörigen befragt werden, um den mutmaßlichen Willen des Verstorbenen zu ermitteln. In Frankreich und Finnland gilt die Informationslösung, eine weitere Variante der Widerspruchslösung. Hier werden die Angehörigen über die geplante Organentnahme informiert und haben ein Vetorecht.[55] Dass die Widerspruchsregelung zu einer höheren Zahl von Organspendern führte, ist nicht belegt, wird aber häufig vermutet. So liegt die durchschnittliche Zahl der sogenannten postmortalen Organspenden in Ländern mit Widerspruchslösung wie Belgien und Österreich deutlich über 20 und in Spanien sogar über 30 pro 100 000 Einwohnern, während sie in Deutschland bei etwa 15 stagniert.[56] Möglicherweise sind die Ursachen hierfür aber woanders zu suchen. »Spanien hat europaweit zwar die meisten Organspender pro eine Million Einwohner, die Gründe dafür liegen jedoch vor allem in der strukturellen und erheblich umfangreicheren personellen Ausstattung«, teilt die Deutsche Stiftung Organtransplantation auf Anfrage mit[57] – mit struktureller Ausstattung ist wohl gemeint, dass anders als in Deutschland jedes

---

54 Interview mit Brigitte Tag in Zürich am 8. 6. 2007
55 Friedrich Breyer u. a.: Organmangel. Ist der Tod auf der Warteliste unvermeidbar? Springer-Verlag 2006
56 Nationaler Ethikrat: Die Zahl der Organspenden erhöhen – Zu einem drängenden Problem der Transplantationsmedizin in Deutschland. Stellungnahme 2007
57 Auskunft der DSO im Februar 2008

spanische Krankenhaus mit Intensivstation einen sogenannten Transplantationskoordinator hat, der für sämtliche Vorgänge im Zusammenhang mit der Organverpflanzung verantwortlich ist.

Zudem ist die Situation beispielsweise in Österreich nicht mit der in Deutschland vergleichbar. »Aus Gründen der Gesundheitspflege wurde der menschliche Körper nach dem Tod immer schon stärker instrumentalisiert als in Deutschland«, sagt der Medizinrechtler Erwin Bernat aus Graz.[58] In Österreich erlaubte bereits Kaiserin Maria Theresia (1717–1780) den Eingriff in den menschlichen Leichnam. Bis heute ist die Obduktion von Menschen, die in der Klinik sterben, Pflicht, ein Widerspruch ist nicht möglich, wenn die Obduktion aus wissenschaftlichen oder gesundheitspolitischen Gründen erforderlich ist. Der Sohn der Kaiserin, Joseph II., führte hygienisch-pragmatische Maßstäbe in das Bestattungswesen ein, so der Kulturhistoriker Norbert Fischer. Zu den radikalen Reformen des Kaisers zählte ein Dekret aus dem Jahr 1784, wonach Tote ohne Sarg, in einen Leinensack gehüllt, zu begraben seien. So könnten die Leichen schneller verwesen, und Friedhöfe wären nicht so schnell überfüllt.[59] Man konstruierte eigens wiederverwendbare Särge, deren Boden sich durch Seitenhebel öffnen ließ, so dass die Leiche herausfallen konnte. Aufgrund heftiger Proteste wurde das Dekret nach wenigen Monaten wieder abgeschafft.[60]

Gemäß dieser aufgeklärt-pragmatischen Tradition wurde 1982 die Widerspruchslösung im Krankenanstaltengesetz verankert. Um zu widersprechen, genügt in Österreich eine formlose Erklärung, sogar der mündliche Widerspruch ist zulässig, wenn er dem Arzt vom Angehörigen mitgeteilt wird. 2004 wurde beim Österreichischen Bundesinstitut für Gesundheitswesen zusätzlich ein Zentralregister eingerichtet, in dem der Widerspruch zur Organspende hinterlegt werden kann. Die österreichischen Transplan-

58 Interview mit Erwin Bernat in Halle am 5. 3. 2008
59 Norbert Fischer: Vom Gottesacker zum Krematorium – Eine Sozialgeschichte der Friedhöfe in Deutschland seit dem 18. Jahrhundert. Böhlau 1996
60 Michael Schomers: Todsichere Geschäfte. Wie Bestatter, Behörden und Versicherungen Hinterbliebene ausnehmen. Econ 2007

tationszentren sind verpflichtet, dieses Register vor der Organentnahme abzufragen. Allerdings sind weiterhin auch andere
Möglichkeiten, einen Widerspruch zu übermitteln, anerkannt.

Heikle Situationen auf Intensivstationen

Obwohl die Widerspruchslösung in Österreich auf dem Papier
strikt geregelt ist, hat es sich in der Praxis durchgesetzt, Angehörige in die Entscheidung mit einzubeziehen. »Wir würden uns
einer negativen Aussage beugen und den Spender nicht verwenden, weil ich persönlich und auch meine Kollegen in Wien und
Innsbruck glauben, dass wir mit einem Kraftakt dem Transplanta-
tionswesen mehr schaden als nützen«, sagt Karlheinz Tscheliessnigg, Leiter der Klinischen Abteilung für Transplantationschirur-
gie an der Universitätsklinik Graz. In der Anfangszeit wurde die
Widerspruchslösung angewandt, ohne die Angehörigen einzubeziehen. Dies führte zu heiklen Situationen auf Intensivstationen.
Ahnungslose Familienmitglieder wollten dabei sein, wenn die Geräte abgeschaltet würden, um ihren Angehörigen im Sterben zu
begleiten. Sie wurden dann darüber aufgeklärt, dass dieser zur Organspende vorgesehen sei und bis zur Explantation der Organe
weiter beatmet werden müsse, damit die Organe lebendfrisch entnommen werden könnten. »Das hat zu unangenehmen Auftritten
geführt«, sagt Tscheliessnigg. Seitdem werden Angehörige informiert und befragt. »Wenn Sie so wollen, ist es eine Widerspruchslösung nach dem Gesetz, aber wir leben sie nicht mehr zu
100 Prozent.«[61]
    Während die Widerspruchslösung in Österreich abgeschwächt
wurde, arbeiten Befürworter des Modells in Deutschland hartnä-
ckig auf eine Gesetzesänderung hin. Schon vor der Stellungnahme
des Nationalen Ethikrats hatte sich eine interdisziplinäre Projektgruppe der Europäischen Akademie in Bad Neuenahr-Ahrweiler
zu Wort gemeldet. Die Akademie ist eine gemeinnützige GmbH,
die Folgen wissenschaftlich-technischer Entwicklungen unter-

---

61 Interview mit Karlheinz Tscheliessnigg am 26. 3. 2008

sucht und Politikberatung zu ihren Aufgaben zählt. Sie wird durch das Land Rheinland-Pfalz, das Deutsche Zentrum für Luft- und Raumfahrttechnik sowie das Bundesministerium für Bildung und Forschung finanziert. Zu den Mitgliedern der interdisziplinären Projektgruppe zählten der Ökonom Friedrich Breyer und der Philosoph Hartmut Kliemt, die für neoliberale Positionen bekannt sind und seit Jahren mit der Kommerzialisierung der Organ- und Gewebespende sympathisieren (s. Seite 80). Die Analyse der Experten wurde in der Studie *Organmangel* vorgelegt, die zahlreiche Vorschläge enthält, wie sich die Zahl der Spender erhöhen ließe. Unter anderem plädiert die Professorenrunde für staatlich regulierten Organhandel und die Widerspruchslösung, die jedem Einzelnen zunächst einmal Organspenderstatus zuschreibe: »Diese Zuschreibung erscheint als Ausdruck der moralischen Pflicht zu helfen vertretbar.«[62]

Prüfauftrag vom Ärztetag

Vorerst hat die Widerspruchslösung in Deutschland wohl keine Chance, durchgesetzt zu werden. So wurde der Nationale Ethikrat für seinen Vorstoß von den Ethikexperten der Parteien nahezu einhellig kritisiert. Der Mensch dürfe nicht zum Objekt gemacht werden, sagte der Unionsfraktionschef im Bundestag, Volker Kauder.[63] Die Grünen bezeichneten den Vorschlag als »Anschlag auf das verfassungsrechtlich garantierte Selbstbestimmungsrecht des Menschen«.[64] Für Hans Lilie, Vorsitzender der Ständigen Kommission Organtransplantation der Bundesärztekammer, läuft die Widerspruchslösung darauf hinaus, »das Schweigen eines Menschen als Zustimmung zu interpretieren«. Ein solches Prinzip kenne die deutsche Rechtsordnung anders als die österreichische nicht. In die grundsätzliche Ablehnung mischen sich pragmatische

---

62 Friedrich Breyer u.a.: Organmangel. Ist der Tod auf der Warteliste unvermeidbar? Springer 2006
63 Pressemitteilung der CDU/CSU-Fraktion vom 25. 4. 2007
64 Pressemitteilung von Bündnis 90/Die Grünen vom 25. 4. 2007

Erwägungen. Eine erneute Auseinandersetzung über die Widerspruchslösung »würde dazu führen, dass das gesamte System der Transplantationsmedizin in Frage gestellt wird«, befürchtet der Medizinjurist aus Halle – die langwierigen Diskussionen um das Transplantationsgesetz sind nicht vergessen.[65] Auch die Deutsche Stiftung Organtransplantation plädiert deshalb dafür, »dass erst einmal die Potenziale des bestehenden Gesetzes konsequenter ausgeschöpft werden sollten, bevor man an eine politische Lösung im Sinne einer Gesetzesänderung denkt«. Allerdings erteilte der Deutsche Ärztetag 2007 in Münster der Bundesärztekammer den Auftrag, »Vor- und Nachteile einer – gegebenenfalls modifizierten – Widerspruchslösung« zu prüfen.[66]

Organspendeerklärung im Notfalldatensatz

Mittelfristig sucht man nach anderen Möglichkeiten, die Zahl der Organ- und Gewebespender zu erhöhen. Eine Möglichkeit könnte die Elektronische Gesundheitskarte für gesetzlich Versicherte sein, die voraussichtlich ab Ende 2008 schrittweise die bisherige Krankenversichertenkarte ablösen soll. Nur wenige Daten werden auf der Karte selbst gespeichert, ansonsten ist sie ein Schlüssel, der den Zugriff auf Datenbestände über zentrale Server eröffnet. Bereits der Nationale Ethikrat hatte vorgeschlagen, die Haltung der Bürger zur Organspende in einem zentralen Register oder auf der Elektronischen Gesundheitskarte zu vermerken.[67] Das Bundesgesundheitsministerium sieht für die Testphase der Elektronischen Gesundheitskarte vor, dass die Haltung zur Organspende freiwil-

---

65 Hans Lilie: Zehn Jahre Transplantationsgesetz – Verbesserung der Patientenversorgung oder Kommerzialisierung? Referat auf dem 110. Deutschen Ärztetag 2007 in Münster
66 Optimierung der Organspende – Prüfauftrag
67 Nationaler Ethikrat: Die Zahl der Organspenden erhöhen – Zu einem drängenden Problem der Transplantationsmedizin in Deutschland. Stellungnahme 2007

lig im Notfalldatensatz gespeichert werde. Datenschutzrechtlich wäre dies allerdings höchst problematisch, wie die Bundesärztekammer monierte: Die Willenserklärung zur Organspende sei für Notärzte bei der Erstversorgung irrelevant. Außerdem könne eine Vermischung der Bereice Organspende und Notfallmedizin beim Patienten zu Irritationen führen.

Womöglich werden Ängste wieder wach, die Ärzte würden nicht alles tun, um das Leben des Patienten zu retten, weil sie schon die Organgewinnung im Kopf hätten. Die Bundesärztekammer plädiert daher dafür, entsprechende Daten in einem neu einzurichtenden Fach »Organspende« abzulegen.[68] Ob sich der Registrierungsaufwand aus Sicht der Spendebefürworter lohnt, ist allerdings fraglich. Nach internationalen Erfahrungen zeigen nationale Register keine Wirkung. In Österreich beispielsweise hat man es zwar an Bemühungen um Aufklärung der Bevölkerung nicht fehlen lassen. »Wir könnten Zimmer damit tapezieren, was da an Broschüren publiziert wurde«, sagt der Grazer Transplantationsmediziner Tscheliessnigg.[69] Allerdings ließen sich in Österreich bislang gerade einmal 0,2 Prozent der Bevölkerung ins Widerspruchsregister eintragen – selbst wenn man in Österreich von einer höheren Akzeptanz für die Organspende als in Deutschland ausgehen muss, kann eine so geringe Zahl die Ablehnung der Organspende nicht realistisch widerspiegeln. »Die Leute wollen sich nicht registrieren lassen«, sagte Håkan Gäbel, ein schwedischer Experte, der weltweit Spenderverzeichnisse untersucht hat, der Wochenzeitung *Die Zeit*.[70]

Die bayerische Sozialministerin Christa Stewens will die Bundesbürger deshalb zwingen, eine Aussage über ihre Bereitschaft zur Organspende zu machen. »Zu den Pflichtangaben auf der Elektronischen Gesundheitskarte sollte eine Auskunft darüber gehören, ob der Besitzer der Karte bereit ist, nach seinem Tod Or-

---

68 Heike Krüger-Brandt: Organspendeausweis und Gesundheitskarte: Klärungsbedarf, in: *Deutsches Ärzteblatt* 2008; 105 (16)
69 Interview mit Karlheinz Tscheliessnigg am 26. 3. 2008
70 Martin Spiewak: Mein Herz ist dein Herz, in: *Die Zeit* Nr. 19 vom 3. 5. 2007

gane zu spenden oder nicht«, sagte die Ministerin *Welt Online*.[71]
Stewens schlägt drei Optionen vor – *ja, nein* und *weiß nicht*. Wenn
eine Person *weiß nicht* angegeben habe, solle ein Transplantationsbeauftragter nach dem Tod »«ein sensibles Gespräch mit dessen Angehörigen« führen.

Wie die Pflichterklärung mit dem Recht auf Selbstbestimmung
zu vereinbaren wäre, ist eine andere Frage.

71 Matthias Kamann: Bayern will Organspende völlig neu regeln, in: *Welt
Online* vom 3. 6. 2007

»Die Belastung lässt sich nicht wegreden«
Wie Angehörige die Gewebespende verarbeiten

Interview mit Vera Kalitzkus

Vera Kalitzkus ist wissenschaftliche Mitarbeiterin am Lehrstuhl für Medizintheorie und Komplementärmedizin der Universität Witten/Herdecke. Sie forscht unter anderem zur Arzt-Patienten-Kommunikation und zu kulturellen Konzeptionen von Körper, Selbst und Tod. In ihrer Dissertation hat sie untersucht, wie Angehörige die Erfahrung der Organspende verarbeiten.

Welche Ängste sind mit der Entscheidung von Angehörigen über die Organ- oder Gewebespende verbunden?
Angehörige fürchten zum Beispiel, dass der Eingriff entwürdigend sein könnte, dass die körperliche Integrität des Verstorbenen verletzt wird, im ersten Moment können Assoziationen von Leichenfledderei hochkommen. Zudem gibt es Phantasien zur Entnahme, die Menschen haben Bilder im Kopf…

… die Gewinnung von Geweben oder Organen ist ja tatsächlich ein tiefer, mitunter blutiger Eingriff
Ganz zentral bei diesen Ängsten ist die Körper-Leib-Problematik. Es gibt den Körper als medizinisches Objekt und den Leib, der vom Leben und Erleben durchdrungen und eng mit der Identität des Menschen verbunden ist (s. Seite 86f.). Wenn nach der Organ- oder Gewebeentnahme gefragt wird, stehen die Hinterbliebenen vor der Aufgabe, diesen Leib, der ihnen wichtig war, den sie geliebt haben, in einen Körper umzuwandeln, ein Objekt, das mit der Person nichts mehr zu tun hat. Das so zu trennen ist sehr schwierig. Bei manchen Aufklärungsgesprächen zur Gewebespende ist es für die Angehörigen besonders schwer.

Warum?
Im Interesse der Transplantatempfänger sind mitunter sehr detaillierte Gespräche nötig. Wenn beispielsweise ein Verstorbener in der Rechtsme-

221

dizin als Knochenspender in Frage kommt, geht der Arzt am Telefon mit dem Angehörigen einen 26-seitigen Fragebogen durch, in dem detailliert auch nach sehr intimen Dingen gefragt wird, etwa der sexuellen Orientierung oder Reisen in Länder, die für Sextourismus bekannt sind, um mögliche Infektionsrisiken zu ermitteln. Der Angehörige muss sich also das Leben des Verstorbenen wieder vergegenwärtigen, die Objektivierung bricht auf. Hinzu kommt, dass diese Fragen, die scheinbar an der intimen Geschichte des Verstorbenen Interesse zeigen, gar nicht der Person gelten, sondern dem Interesse Dritter dienen. Das ist ein großes Problem, gerade bei Fragen, die auf gesellschaftlich womöglich anstößiges Verhalten zielen. Im Empfinden der Angehörigen wird der Verstorbene nicht nur nicht gewürdigt, sondern sogar infrage gestellt.

Einwilligungsgespräche zur Gewebespende werden im Unterschied zu denen zur Organspende häufig am Telefon geführt. Macht das einen Unterschied?
Dass die Gespräche am Telefon stattfinden, erleichtert die Sache nicht gerade. Wenn Arzt und Angehöriger sich gegenübersitzen, gelingt es dem Arzt eher, eine Atmosphäre des Vertrauens aufzubauen. Über das Telefon zu kommunizieren ist kälter und unpersönlicher. Wie kann es da gelingen, schmerzhafte Reaktionen aufzufangen und auf Gefühle einzugehen? Eine andere Frage ist, wie sich überprüfen lässt, ob das, was man erläutert hat, auch verstanden wurde. Angehörige von Hirntoten auf der Intensivstation haben mir erzählt, sie hätten zwar irgendwelche Worte gehört, aber gar nicht wirklich aufnehmen können, was da gesagt wurde. Ich fände es wichtig, dass der Arzt, wenn er solche Probleme heraushört, an Stellen verweist, die weiterhelfen.

Was bedeutet es für Angehörige von Organspendern, nicht dabei sein zu können, wenn die Geräte am Ende der Entnahmeoperation abgeschaltet werden?
Bei der Organspende kommt der Moment, wo man entscheiden muss, jetzt gehe ich und lasse den Hirntoten beatmet auf der Intensivstation zurück. Es wurde mir wiederholt von Hinterbliebenen gesagt, dass dieser Moment ganz schrecklich ist. Man geht und weiß, jetzt geschieht noch etwas. Das ist häufig mit dem Gefühl verbunden, den Partner oder das Kind im schwersten Moment im Stich gelassen zu haben. Es ist ja kein

natürlicher Moment, sondern man muss sich entscheiden zu gehen, ob-
wohl der Organspender noch lebendig anmutend vor einem liegt – die
Brust hebt sich, das Herz schlägt, der Körper ist warm.

Transplantationsmediziner beklagen häufig die hohen Ableh-
nungsquoten bei der Organ- oder Gewebespende. Fehlt es an Auf-
klärung?

Die hohen Ablehnungsraten lassen sich nicht dadurch begründen, dass die
Menschen nicht begriffen hätten, was etwa der Hirntod ist. Das ärgert
mich an den Diskussionen, es wird häufig so getan, als sei alles nur eine
Frage der hinreichenden Information, dann sei die Zustimmung zur
Organ- oder Gewebespende keine Frage mehr. Das geht an der existen-
tiellen Problematik vorbei, mit der die Angehörigen konfrontiert wer-
den. Das Grundproblem ist, dass der Leichnam zur Ressource der Medi-
zin wird. Die Belastung, die Angehörige dadurch auf sich nehmen, lässt
sich mit noch so viel Erklärung und kluger Gesprächsführung nicht be-
seitigen. Ein Witwer, der seine Frau für die Organspende freigegeben
hatte, drückte es einmal so aus:

Es lässt sich leicht sagen, mir ist es völlig egal, was mit mir nach
meinem Tod passiert, ich merke davon ja nichts. Man lässt dabei
die Hinterbliebenen völlig außer Acht. Und für die kann es wichtig sein, dass sie wissen, da liegt kein ausgeweideter Kadaver, sondern da liegt der Mensch, den wir kannten, wie er zumindest äußerlich jetzt auch noch so in etwa erkennbar war.[72]

Die Situation der Angehörigen wird oft ausgeblendet. Gerade Medizi-
ner sehen mitunter nur den materiellen Aspekt. Aber die Hinterbliebe-
nen müssen mit ihrer Entscheidung weiterleben. Das kann leicht zu
einem Fluch werden.

---

72 Aus: Vera Kalitzkus: Leben durch den Tod. Die zwei Seiten der Organtransplantation. Eine medizinethnologische Studie. Campus, 2003. Die
Projektpublikation »Der geteilte Leib. Die kulturelle Dimension von
Organtransplantation und Reproduktionsmedizin« wurde im Sommer
2008 in einer überarbeiteten Fassung online über den Göttinger Uni-
versitätsverlag neu aufgelegt.

Bei der Gewebespende liegt die Ablehnungsquote noch deutlich höher als bei der Organspende. Wie erklärt sich das?

Das könnte mit der Angst vor der Kommerzialisierung des Leichnams und der damit verbundenen Anonymisierung und Entgrenzung zusammenhängen. Wenn ein Herz für die Transplantation gespendet wird, weiß man, es geht an einen bestimmten Patienten. Wenn aber Knochenteile zu Arzneimitteln verarbeitet werden, weiß man gar nicht mehr, wo das alles hingeschippert wird und auf wie viele Personen die Überreste des Verstorbenen verteilt werden. Das konkrete Wissen lässt sich deutlich besser ertragen als der Gedanke, der Körper wird zur Ware und geht einmal um die Welt.

Hilft den Angehörigen das Argument, der Tod erhalte durch die Organ- oder Gewebespende wenigstens noch einen Sinn?

Dieses Argument liegt nahe und wird leider auch verwandt, aber ich halte davon nichts. Der Tod ist eine Grundbedingung der menschlichen Existenz, die keiner zusätzlichen Sinnzuschreibung bedarf. Mit dem Verweis auf die Sinngebung erzeugt man lediglich zusätzlichen Druck. Etwas anderes ist es, wenn Angehörige der Spende bereits zugestimmt haben. Dann kann es für manche im Nachhinein fraglos ein tröstlicher Gedanke sein und ein gutes Gefühl geben, dass anderen geholfen wurde. Wenn Hinterbliebene sehr stark trauern, kann der Verweis auf Sinngebung den Schmerz und Verlust nicht aufwiegen. Es besteht eher die Gefahr, dass sie sich in ihrer Situation nicht gesehen fühlen. Ihnen geht es in dem Moment nur um den einen Menschen, dessen Tod sie begreifen müssen.

Der Nationale Ethikrat schrieb in seiner Stellungnahme zur Transplantationsmedizin, die Entscheidung zur Organspende sei »ethisch als die objektiv vorzugswürdige Alternative anzusehen«. Teilen Sie diese Auffassung?

Ich sehe darin eine deutliche moralische Bewertung und Verurteilung. Wenn dann andererseits behauptet wird, die Einwilligungsgespräche seien ergebnisoffen zu führen, ist das ein Lippenbekenntnis. Der Nationale Ethikrat behauptet auch, es sei keine menschlich befriedigende Antwort, den Gedanken an den eigenen Tod oder die Entscheidung für oder gegen eine Organspende fernzuhalten. Da kann ich nur sagen, das fällt in einen Bereich, der so intim ist, dass niemand zur Auseinandersetzung gezwungen werden kann. Wenn dann mit moralischem Unterton gesagt wird, es gehe um Lebensrettung, müsste man mit gleicher Vehemenz erst einmal andere lebensrettende Maßnahmen einfordern, etwa Geschwindigkeitsbegrenzungen.

Auch viele Mediziner empfinden Einwilligungsgespräche als Belastung – und plädieren dafür, die Widerspruchslösung einzuführen. Sie deutet Schweigen zu Lebzeiten als Zustimmung. Angehörige müssen dann nicht mehr gemäß dem mutmaßlichen Willen des Verstorbenen oder eigener Werthaltung entscheiden. Ist das die Lösung?
In diesem Vorschlag kommt das alte paternalistische Verständnis von Medizin wieder zum Vorschein. Für mich ist das keine Alternative, weil die Menschen ein Recht darauf haben zu wissen, was passiert. Dass die Einwilligungsgespräche Angehörige zusätzlich belasten, lässt sich nicht ändern, wenn die Gesellschaft sich dafür entscheidet, mit dem Material von Leichen zu arbeiten. Aus Sicht der Angehörigen wäre die sogenannte enge Zustimmungslösung die optimale Lösung. Nur die Einwilligung des Verstorbenen zu Lebzeiten würde dann zur Organspende führen. Im Idealfall hätte man die Entscheidung in der Familie besprochen und könnte das gemeinsam tragen.

Wie wirkt es sich aus, wenn Angehörige eine Entscheidung getroffen haben, die sie später bereuen?
Das kann zu einer dauerhaften Belastung werden. Angehörige entwickeln dann Schuldgefühle dem Verstorbenen gegenüber, sie bleiben in ihrem Trauerprozess stecken, es kann in Familien und Ehen zu Zerwürfnissen kommen, wenn der eine klarkommt, der andere nicht. Wenn diese Konflikte nicht angesprochen und verarbeitet werden, können psychosomatische Störungen wie Schlaflosigkeit, Albträume oder Herzkreislaufprobleme die Folge sein.

Zwischen Lifestyle und Lebensrettung: Der Markt schafft den Bedarf

Alternativen zur Leichenverwertung: Keramik, Kunststoff, Rinderknochen

Die Gewebemedizin bietet eine Vielzahl von Therapien, die Patienten zu neuer Lebensqualität verhelfen oder – in seltenen Fällen – sogar das Leben retten können. Manche Anwendungen sind alternativlos. Zum Beispiel kann nur eine menschliche Augenhornhaut die Sehfähigkeit eines Patienten retten, dessen eigene Hornhaut sich eingetrübt hat. Wenn durch einen Unfall oder eine Krebserkrankung ein kompletter Knochen zerstört wird, sind gespendete Knochen von Leichen häufig die einzige Alternative zur Amputation. Bei der sogenannten Endokarditis, einer Entzündung der Herzinnenhaut, kann ein menschliches Transplantat lebensrettend sein – aus Gründen, die Mediziner noch nicht durchschauen, trägt das natürliche Gewebe zur Ausheilung bei, ohne selber zerstört zu werden. Das Gleiche gilt, wenn ein großes Gefäß, etwa eine Bauchschlagader, sich infiziert hat. Auch hier hat menschlicher Gewebeersatz womöglich lebensrettende Vorteile. Bei schwersten Brandverletzungen kann Leichenhaut als vorübergehender Wundverband vor Infektionen schützen und Flüssigkeitsverlust verhindern.

Doch in vielen Fällen sind Gewebetransplantate von Verstorbenen nur eine von mehreren Therapiealternativen. Welche sich durchsetzt, ist mitunter eine Frage medizinischer Schulen – und des Marktes. In den USA, wo kommerzielle Firmen die Gewebemedizin profitabel organisiert haben, werden Gewebe weitaus häufiger transplantiert als in Europa, nicht immer zum Nutzen der Patienten. Neben medizinischen Therapien finden sich Anwendungen, die in den Bereich des Lifestyle fallen. Azelluläre Haut, bei der nur noch die Kollagenschicht der Leichenhaut übrig ist, wird in großem Umfang in der kosmetischen Chirurgie eingesetzt, um Lippen zu verschönern, den Umfang von Penissen zu vergrößern oder Falten durch Unterfüttern zu glätten. Die Zahnimplantologie verschafft Patienten gegenüber Gebissträgern mehr Lebensqualität, gewinnt aber auch aus kosmetischen Gründen an Bedeutung. In Deutschland werden 2008 voraussichtlich nahezu eine Million künstliche Zahnwurzeln gesetzt.[1] In schätzungsweise der Hälfte der Fälle muss vor der Implantation der Kieferknochen aufgebaut werden. Eine von mehreren Optionen ist, menschliche Knochenersatzprodukte einzusetzen.

»Allografts sind in Deutschland kaum ein Thema«

Welche Therapien wirklich sinnvoll sind, ist für den Laien mitunter schwer zu durchschauen. Wer beispielsweise auf der Website des gemeinnützigen Deutschen Instituts für Zell- und Gewebeersatz (DIZG) auf die Menüpunkte *Gewebetransplantate* und *Sportmedizin* klickt, findet gefrierkonservierte, sterilisierte Sehnen gelistet: Tibialis-Sehnen vom vorderen und hinteren Schienbein, Kniescheiben-Sehnen, Semitendinosus-Sehnen von der Innenseite des Oberschenkels, Gracilis-Sehnen vom hinteren Oberschenkel, Achilles-Sehnen.[2] Welchen Stellenwert haben solche Transplantate – in der Fachsprache auch Allografts genannt – in der deutschen Sportmedizin? Die Nachfrage bei renommierten Experten ergibt ein ernüchterndes Bild: »Wir verwenden keine Allografts. Sind in Deutschland auch kein oder fast kein Thema«, lautet die knappe Mail von Bernd Lasarzewski, Chefarzt an der Sportklinik Hellersen und seit 1999 Mannschaftsarzt der Fußball-Nationalmannschaft der Frauen.[3] Das bestätigt Oliver Dierk, Mannschaftsarzt des Fußballbundesligisten Hamburger Sport-

---

1 Pressemitteilung der Deutschen Gesellschaft für Implantologie vom 30.5.2008
2 http://www.dizg.de/start_dizg.htm (Stand 18.6.2008)
3 Mail Bernd Lasarzewski vom 24.3.2008

Verein: »In 99 Prozent der Fälle nutzen wir Eigengewebeersatz.« (s. Interview, S. 242).

In den 1980er und 1990er Jahren sah das mancherorts noch anders aus. Damals wurden vermehrt Sehnen von verstorbenen Spendern eingesetzt, um beispielsweise gerissene Kreuzbänder zu ersetzen – einer der häufigsten Eingriffe am Kniegelenk. Die Transplantation von Fremdsehnen schien gegenüber der von patienteneigenem Material deutliche Vorteile zu bieten. Die Patienten haben nach der Operation weniger Schmerzen und können unter Umständen rascher mit der Rehabilitation beginnen. Außerdem wird ihr übriger Sehnenapparat nicht durch eine Entnahme geschwächt. Ein wichtiges Argument gegen die Fremdtransplantate von menschlichen Spendern ist allerdings ein Restrisiko, dass dem Empfänger Infektionen übertragen werden können (s. Seite 40). Deutsche Hersteller müssen ihre Sehnenprodukte deshalb sterilisieren. Beim DIZG geschieht dies durch eine physikalisch-chemische Prozessierung. Auf die sonst vielfach übliche Bestrahlung wird verzichtet.[4] Allerdings gibt es bis heute wohl keine Verfahren, das die Transplantate sicher sterilisiert, ohne ihre biomechanischen Eigenschaften zu verschlechtern. Wie verschiedene Untersuchungen zeigten, wurden kurzfristige Vorteile bei Transplantation eines Allografts oft durch mittel- oder langfristige Fehlschläge erkauft.

Sechs Jahre nach Transplantation: Sehne wieder gerissen

Dies belegte zum Beispiel eine Studie unter Federführung von Ottmar Gorschewsky, Chefarzt der Sportorthopädie Bern und Vizepräsident der Deutschen Vereinigung für Orthopädische Sporttraumatologie. Die an 265 Patienten mit Kreuzbandriss durchgeführte Untersuchung wurde 2005 in der renommierten Fachzeitschrift *The American Journal of Sports Medicine* veröffent-

---

4   Auskunft des DIZG-Geschäftsführers Hans-Joachim Mönig vom Juni 2008

licht.[5] Die Autoren verglichen zwei beziehungsweise sechs Jahre nach der Operation die Situation von Patienten, die von Verstorbenen stammende Transplantate (Tutoplast) der Firma Tutogen Medical GmbH in Neunkirchen am Brand erhielten, mit der von Patienten, die körpereigenes Gewebe verpflanzt bekamen. Tutoplast-Sehnen werden physikalisch-chemisch behandelt, gefriergetrocknet und strahlensterilisiert. Auf dem deutschen Markt sind die Tutoplast-Sehnen nicht im Angebot, der Hersteller besitzt keine Zulassung – wie die Tutogen Medical GmbH überhaupt einen Großteil ihrer in Deutschland gefertigten Produkte exportiert. Bei beiden Patientengruppen bestanden die Transplantate jeweils aus Kniesehnen, an denen oben und unten noch ein Stück Knochen hing, so dass sich der Sehnenersatz besser im verletzten Bein befestigen ließ.

Zwei Jahre nach der Operation war bei 20 Patienten aus der Gruppe mit Fremdtransplantat das Kreuzband erneut gerissen, jedoch nur bei fünf Patienten der anderen Gruppe. Nach sechs Jahren fielen die Unterschiede noch weitaus deutlicher aus: 38 Patienten aus der Allograft-Gruppe hatten einen neuerlichen Sehnenriss, das entspricht 44,7 Prozent, also nahezu der Hälfte der nach sechs Jahren erfassten Studienteilnehmer aus der Allograft-Gruppe. Hingegen waren nur sechs Patienten aus der Gruppe mit körpereigenem Ersatz betroffen, das sind lediglich 5,9 Prozent. Wenn in der Allograft-Gruppe eine Sehne wieder gerissen war, geschah dies in mehr als der Hälfte der Fälle nicht etwa unter starker Belastung, zum Beispiel beim Sport, sondern bei alltäglichen Verrichtungen. Auch wenn das Transplantat gehalten hatte, war das nicht in jedem Fall ein medizinischer Erfolg. In der Allograft-Gruppe hatte eine deutlich erhöhte Zahl von Patienten ein ausgeleiertes Sehnentransplantat. In der Gruppe mit Sehnenersatz aus dem eigenen Körper klagte zwar rund die Hälfte der Patienten über geringe bis starke Beschwerden in dem Bein, dem die Sehne

---

5 Ottmar Gorschewsky u. a.: Clinical Comparison of the Tutoplast Allograft and Autologous Patellar Tendon (Bone – Patellar Tendon – Bone) for the Reconstruction of the Anterior Cruciate Ligament), in: *The American Journal of Sports Medicine*, Vol. 33, No. 8 2005

entnommen wurde. Doch nur drei Prozent berichteten, sie seien dadurch in sportlichen oder beruflichen Aktivitäten deutlich eingeschränkt.

Leichensehnen sparen teure OP-Zeit

Das Fazit der Autoren fällt klar aus: »Wir nehmen Abstand vom routinemäßigen Einsatz des Knochen-Patellarsehne-Knochen-Allografts (Tutoplast) als Ersatz für das vordere Kreuzband, weil es zu stetig zunehmender Sehnenlockerung und hohen Rissquoten kommt.« Die Mediziner mochten den Gebrauch von Tutoplast nicht einmal für Patienten über 45 Jahren empfehlen, solange alternative, auf körpereigenen Sehnen basierende Möglichkeiten zur Verfügung stünden. Andere Wissenschaftler hatten vermutet, dass Allografts zumindest bei dieser Patientengruppe nützlich sein könnten, weil Menschen mit zunehmendem Alter weniger Sport treiben und die Sehnen daher weniger belastet sind. Die Studie hat in Fachkreisen Aufsehen erregt. »Gefriergetrocknete Sehnen sollten eigentlich nicht mehr auf dem Markt sein«, fordert der renommierte Heidelberger Orthopäde Hans Pässler.[6] Axel Pruß, Leiter der Gewebebank der Charité, hat die Ergebnisse ebenfalls zur Kenntnis genommen und daraus Konsequenzen gezogen. Pruß gibt die sterilisierten Sehnen seiner eigenen Gewebebank nur noch in Grenzfällen heraus, wenn er die medizinische Notwendigkeit persönlich geprüft hat. Das komme lediglich zwei- bis dreimal im Jahr vor, sagt er.[7]

Einen Markt für Sehnentransplantate gibt es dennoch, zumindest in den USA. Dort wird allein das vordere Kreuzband zwischen 60 000- und 100 000-mal im Jahr repariert, und anders als in Deutschland erhalten viele Patienten Transplantate eines verstorbenen Spenders: »Amerikanische Kreuzbandoperateure nutzen Allografts auch gerne als Erstpräparat«, sagt Pässlers jüngerer Praxiskollege Rainer Siebold, der an verschiedenen amerikanischen

---

6   Schriftliche Mitteilung von Hans Pässler vom 9. 6. 2008
7   Persönliche Auskunft von Axel Pruß im Frühsommer 2008

Zentren Erfahrungen gesammelt hat. Siebold sieht die Verwendung von Fremdtransplantaten nicht so skeptisch wie Pässler: »Insbesondere bei komplexen Knieverletzungen kann ein Allograft ein großer Vorteil sein.«[8] Dazu zählt beispielsweise ein erneuter Riss desselben Kreuzbands oder Verletzungen an mehreren Sehnen des Kniegelenks zugleich. Eine routinemäßige Anwendung hält Siebold nicht für sinnvoll. Er verwendet Allografts, die nach neuen, gewebeschonenden Methoden sterilisiert wurden, so dass die biomechanischen Eigenschaften kaum beeinträchtigt sind.[9] Solche Transplantate werden in Deutschland nicht hergestellt und müssen im Bedarfsfall über eine Apotheke eingeführt werden (s. Seite 40).

Allerdings wachsen Allografts langsamer ein als körpereigene Sehnen, weil sie vom Körper als biologisches Fremdmaterial erkannt werden. Für Fußballer beispielsweise verzögert sich die Rückkehr aufs Spielfeld um einige Monate. Wer zu früh wieder Sport treibt, riskiert, dass sich das Transplantat lockert oder sogar geschädigt wird. Zudem bleibt ein – allerdings sehr geringes – Risiko für Infektionen.

Dass gespendete Fremdsehnen in den USA dennoch oft die erste Wahl beim Kreuzbandersatz sind, könnte auch mit dem Budget so mancher Klinik zu tun haben: Die Transplantation eines Allografts braucht weniger Operationszeit als die einer körpereigenen Sehne. Wenn eine Minute Operationszeit mehrere hundert Dollar kostet, lohnt sich schon eine Verkürzung um 15 Minuten.

Knochenersatz vom Rind

Gute Geschäfte verspricht auch die Implantologie, ein boomender Sektor der Zahnmedizin. Statt nach Zahnverlust womöglich ein Gebiss anzupassen, werden künstliche Zahnwurzeln im Kiefer verankert, die als Basis für später darauf befestigte Kronen dienen. Bis vor rund 15 Jahren beherrschten nur wenige hoch spezialisierte

---

8   Schriftliche Mitteilung von Rainer Siebold vom 10. 6. 2008
9   Schriftliche Mitteilung von Rainer Siebold vom 21. 6. 2008

Ärzte die Technik. Seither ist die Entwicklung rasant vorange-schritten. Es gibt neue Materialien und verfeinerte Methoden, und längst werden Implantate auch in vielen normalen Zahnarztpra-xen angeboten. Patienten mit Implantaten haben gegenüber Ge-bissträgern den Vorteil, dass sie kräftiger zubeißen können. Über-dies wird der mit Zahnverlust einhergehende Knochenabbau im Kiefer gemindert oder gestoppt. Damit künstliche Zahnwurzeln im Kieferknochen verankert werden können, muss allerdings ge-nügend Knochensubstanz vorhanden sein. Bei vielen Patienten hat sich der Kieferknochen zurückgebildet und muss erst wieder auf-gebaut werden. Das ist nicht ohne Risiken. »Aufwändige Knochen aufbauende Maßnahmen, sogenannte Augmentationen, im Zu-sammenhang mit einer Sofortversorgung und Sofortbelastung von Implantaten weisen auch heute noch eine erhöhte Komplikations-oder Verlustrate auf«, sagt Martin Bonsmann, Leiter einer Fach-tagung der Deutschen Gesellschaft für Implantologie in Düssel-dorf. »Wenn die Kieferhöhle nach einem Knochenaufbau und frü-her Belastung vereitert, bedeutet dies für betroffene Patienten einen unglaublichen Leidensweg.«[10]

Der beste Knochenersatz stammt vom Patienten selbst. Man entnimmt den eigenen Knochen wenn möglich aus dem Mundbe-reich, zum Beispiel dem Kieferwinkel, dem Kinn oder dem Ober-kiefer hinter den letzten Zähnen. Wird viel Material gebraucht, kann man auch Knochenmaterial vom Beckenkamm gewinnen. Manche Patienten scheuen allerdings die zusätzliche Operation, die bei der Beckenkammentnahme erforderlich ist, oder die Schmerzen, die nach dem Eingriff mitunter länger anhalten, falls Nerven verletzt wurden. Als Alternativen stehen in diesen Fällen verschiedene Knochenersatzmaterialien zur Verfügung – sterili-sierte Knochenpartikel aus Leichen sind nur eines von ihnen und werden in Deutschland keineswegs am häufigsten eingesetzt. Der Hamburger Implantologe Christian Bläul beispielsweise verwen-det eine Mischung aus patienteneigenem Knochen und Ersatz vom Rind, wenn größere Aufbaumaßnahmen nötig sind. Wegen der

---

10 Pressemitteilung der Deutschen Gesellschaft für Implantologie vom
    18. 4. 2008

BSE-Problematik wird dieses Material von isolierten Herden in Europa oder australischen Rindern gewonnen, die eigens für diesen Zweck gehalten werden.[11]

Gute Ergebnisse lassen sich aber auch mit synthetischen Stoffen erzielen, beispielsweise dem vollständig resorbierbaren Tricalciumphosphat. Wie entscheiden? »Wichtig ist, dass der Patient umfassend und schriftlich aufgeklärt wird«, sagt der Hamburger Implantologe Jürgen Sprang.[12] So sollte ein Patient wissen, welchen Ursprung das verwendete Material hat, welche Komplikationen damit verbunden sein können und wie die Prognosen für den Behandlungserfolg sind.

Tierische Herzklappen nach Norm

Mehr als 15 000 Patienten werden jährlich wegen einer Herzklappenerkrankung operiert. Sie bekommen in der Regel eine mechanische Klappe oder eine sogenannte biologische – vom Rind oder Schwein. Menschliche Herzklappen, in der Fachsprache auch Homografts genannt, werden in Deutschland nur sehr selten transplantiert, schätzungsweise einige hundert Mal im Jahr – in diesen Fällen sind sie allerdings mitunter lebensrettend. Dass menschliche Herzklappen kein Massenprodukt sind, liegt nicht nur an der begrenzten Verfügbarkeit. »Homografts bieten in ihrer Haltbarkeit gegenüber tierischen Klappen keine Vorteile«, sagt Roland Hetzer, Ärztlicher Direktor des Deutschen Herzzentrums Berlin und einer der renommiertesten deutschen Herzchirurgen. »Wie lange sie halten, ist bei Homografts sehr viel weniger vorhersagbar als bei tierischen Klappen, die industriell hergestellt sind.« So ist die Variabilität der menschlichen Herzklappen viel größer als die von tierischen. Sie weisen mitunter bereits sklerotische Ablagerungen auf und sind nicht in jeder Größe verfügbar. »Die tierischen Klappen sind industriell hergestellte, optimale Produkte von

11 Auskunft von Christian Bläul vom Juni 2008
12 Interview mit Jürgen Sprang Ende 2007

einer bestimmten Rasse, die nach bestimmten Kriterien gehalten und nach stringenten Kriterien ausgesucht wird«, sagt Hetzer.[13]

Den idealen Klappenersatz gibt es noch nicht. Menschliche oder biologische Herzklappen müssen nach durchschnittlich 15 Jahren ausgewechselt werden, weil sie degenerieren. Hingegen halten künstliche Prothesen im Prinzip zwar unbegrenzt, so dass die Patienten nicht erneut operiert werden müssen. Auch das unangenehme Klappergeräusch, das früher mit einer mechanischen Klappe verbunden war, ist bei neueren Modellen kaum noch ein Problem. Allerdings muß ein Patient mit mechanischer Klappe lebenslang ein blutverdünnendes Mittel einnehmen, weil er ein erhöhtes Risiko für Blutgerinnsel hat. Bei Patienten mit Magengeschwüren oder Frauen mit Kinderwunsch ist wegen der Gerinnungshemmung von mechanischen Klappen abzuraten – Geschwüre bluten vermehrt, bei Schwangeren kommt es häufiger zu einer Fehlgeburt. Menschen mit chronischer Niereninsuffizienz wiederum sollten keine biologischen oder menschlichen Transplantate bekommen – sie verkalken bei dieser Patientengruppe sehr schnell. Menschen ab dem 70. Lebensjahr sind am besten mit biologischen Klappen versorgt, weil diese in höherem Alter langsamer degenerieren. Bei Kindern und Jugendlichen ist es genau umgekehrt. Biologische Klappen verkalken sehr schnell. Muß die weniger belastete Pulmonalklappe eines jungen Menschen ersetzt werden, ist eine gespendete Klappe deshalb die erste Wahl. Wenn es um die stärker belastete Aortenklappe geht, führen spezialisierte Zentren die komplexe Ross-Operation durch, einen doppelten Klappentausch: An die Stelle der Aortenklappe wird die patienteneigene Pulmonalklappe transplantiert, die wiederum durch eine menschliche Spenderklappe ersetzt wird.

Wer keine spezielle Risikokonstellation hat, kann wählen. Am Deutschen Herzzentrum Berlin ist es üblich, dass die Patienten gemeinsam mit dem Operateur Vor- und Nachteile abwägen und gemäß ihren Wünschen und ihrer besonderen Lebenssituation entscheiden. Menschliche Herzklappen werden in Berlin nur für bestimmte Indikationen verwandt, zum Beispiel wenn sich die

---

13 Interview mit Roland Hetzer im November 2007

Herzinnenhaut entzündet hat. Allerdings ist der Eingriff an-
spruchsvoll und wird nicht von vielen Zentren durchgeführt. Eine
Alternative, wenngleich nicht ebenso gut wie menschlicher Ersatz,
sind in solchen Fällen tierische Klappen ohne jeglichen Kunst-
stoffanteil. Bei sonst gesunden Menschen ist die Entzündung der
Herzinnenhaut selten geworden. Ein erhöhtes Risiko haben hingegen Patienten, die bereits einen Herzklappenersatz implantiert
bekommen haben.

Vollere Lippen dank Leichenhaut

Klaus Püschel, Leiter des Hamburger Instituts für Rechtsmedizin,
findet, die Gewebetransplantation werde nicht ausreichend wert-
geschätzt.»Denken Sie an Hautübertragungen bei schweren Brandverletzungen, das kann durchaus lebensrettend sein.«[14] Püschels
Institut ist eine der Einrichtungen in Deutschland, die durch Abschälen die Haut von Verstorbenen gewinnen. Die Rechtsmediziner liefern das Gewebe an ihr Partnerunternehmen, das gemeinnützige DIZG in Berlin. Das Institut hatte eine Zulassung des
Paul-Ehrlich-Instituts für gefriergetrocknete Humanhaut, die
als vorläufiger Wundverband bei schweren Brandverletzungen eingesetzt werden kann.[15] Allerdings taucht dieses Produkt im aktuel-
len Präparate-Katalog des DIZG nicht auf.[16] Im Juni 2007 wurde
die Zulassung in eine für gefriergetrocknete azelluläre Haut umgewandelt[17] – das ist eine Kollagenmatrix, von der alle Zellen des
Spenders entfernt wurden. Auf der Website des DIZG wird das
Produkt, Markenname Epiflex, unter dem Menüpunkt Verbren-
nungsmedizin/Rekonstruktive Chirurgie aufgeführt. Doch wel-

---

14 Martina Keller: Über Leichen. Von der Gewinnung und Verwertung
   menschlicher Überreste. WDR/ORF/SR 2007. Erstsendung am
   30. 9. 2007 in WDR 5
15 Tabelle Gewebezubereitungen des Paul-Ehrlich-Instituts
16 Präparatekatalog auf der DIZG Website, Stand Februar 2008
17 Mitteilung vom DIZG-Geschäftsführer Hans-Joachim Möning im Juli
   2008

chen Stellenwert hat azelluläre Haut für die Verbrennungsmedizin? Geht man nach der Literaturliste, die das DIZG selber angibt, keinen sehr großen. Nur neun von 74 Veröffentlichungen beschäftigen sich mit Verbrennungsmedizin.[18]

Tatsächlich wird azelluläre Haut in der Verbrennungsmedizin nur begrenzt verwandt, etwa wenn bei schwersten Brandverletzungen tiefere Hautschichten wieder aufgebaut werden müssen. Ein vorläufiger Wundverband aus gering prozessierter Haut wird häufiger benötigt. Solche Transplantate beziehen deutsche Verbrennungszentren jedoch meist von der Euro Skin Bank im niederländischen Beverwijk, die im Jahr mehr als 200 Quadratmeter Haut prozessiert und an Kliniken in Europa, aber auch in asiatischen und arabischen Ländern verteilt. Wofür hat das DIZG dann sein Produkt Epiflex entwickelt? Welcher medizinische Bedarf soll befriedigt und welcher Markt primär bedient werden?

In den USA boomt die Verwendung von azellulärer Haut. Besonders erfolgreich wird Alloderm der kommerziellen Firma LifeCell Corporation vermarktet (s. Seite 194). Ursprünglich wurde Alloderm insbesondere für die Anwendung in der Verbrennungsmedizin getestet, doch das Schwergewicht hat sich verschoben. Haupteinsatzgebiete von Alloderm sind heute die rekonstruktive und die plastische Chirurgie. Beispielsweise wird das Produkt verwandt, um Leistenbrüche, in der Fachsprache Hernien, zu verschließen. In der plastischen Chirurgie geht es vielfach um kosmetische Operationen. Cymetra, eine zerkleinerte, injizierbare Version von Alloderm, wird beispielsweise zur Unterspritzung von Falten und zum Auffüllen von Lippen eingesetzt. Alloderm-Streifen finden sogar bei der Penisvergrößerung Verwendung.[19]

---

18 Datenblatt zu Epiflex auf der DIZG-Website
19 http://www.penisdoctor.com/enlargepenis.htm

»Man muss nicht in jede Lücke
einen Flicken nähen«

In Deutschland muss der Markt für azelluläre Haut wohl erst noch
geschaffen werden. Bei der Hernienchirurgie beispielsweise spiel-
ten solche Produkte hierzulande derzeit keine Rolle, sagt der Chirurg Lutz Steinmüller, Chefarzt am Allgemeinen Krankenhaus in
Eilbek. Vielmehr würden häufig Kunststoffnetze verwandt, um
körpereigenes Gewebe nach einem Bauchdeckenbruch zu verstär-
ken.[20] Allerdings setzte man in den Anfangszeiten dieser Technik
sehr kräftige Netze ein, die zu starken Abstoßungsreaktionen und
Verwachsungen führten. Mittlerweile wurden die Produkte verfei-
nert, und starke Verwachsungen sind selten geworden. Klaus Exner,
Chefarzt im Frankfurter Markus Krankenhaus, weist dennoch auf
mögliche Risiken von künstlichem wie gesependetem menschlichen Gewebeersatz hin:»Wenn man in ein Lebewesen ein Fremdmaterial einbringt, muss man immer mit einer nicht vorhersehba-
ren Gewebereaktion rechnen.« Der erfahrene Chirurg, 20 Jahre im
Vorstand der Vereinigung der Deutschen Plastischen Chirurgen,
vermeidet es daher, wenn immer möglich, künstlichen oder von
einer Leiche gewonnenen Ersatz zu verwenden:»Man muss nicht
in jede Lücke einen Flicken einnähen. Wenn da ein Defekt ist, kann
man den Muskel wieder zusammennähen.«[21] Auch bei kosmetischen Eingriffen wie der Faltenunterfütterung bevorzugt Exner patienteneigenes Material, zum Beispiel eigene Haut (Dermis), eigenes Fettgewebe oder eigene Faszien, also Muskelhüllen. Geeignet
sei auch Hyaluronsäure, eine Grundsubstanz des Bindegewebes, die
heutzutage vorwiegend biotechnologisch hergestellt wird.

Was wird wirklich gebraucht? Wo gibt es Alternativen? Die
Frage ist schwierig zu beantworten. Beispiel Knochenersatz in der
Orthopädie: Durch Knochenbrüche, Tumore oder Entzündungen
entstehen Defekte im Knochen, die Unfallchirurgen und Orthopäden mitunter nur schwer behandeln können. Um die Defekte
aufzufüllen, brauchen sie Knochenersatz. Das beste Material ist

20 Auskunft von Lutz Steinmüller vom 2./3. 5. 2008
21 Interview mit Klaus Exner im Juli 2008

körpereigener Knochen, weil er vom Körper komplett umgebaut und integriert wird. In der Regel wird Material aus dem Beckenkamm entnommen. Allerdings kann es dabei Komplikationen geben, hin und wieder haben Patienten noch nach Jahren Schmerzen an der Entnahmestelle. Deshalb verpflanzte man in den 1980er Jahren verstärkt die kaum bearbeiteten Knochen verstorbener Spender – und übertrug damit teils lebensgefährliche Infektionskrankheiten wie Hepatitis C oder HIV.

Konkurrenz durch synthetischen Knochenersatz

Seither sind die Sicherheitsanforderungen an Knochentransplantate gestiegen. Heutige Hersteller wie das gemeinnützige DIZG oder die Tutogen Medical GmbH produzieren sterilen Knochenersatz, der dem Körper Leitstrukturen bietet, um körpereigenen Knochen neu aufzubauen. Die Integration in den Körper gelingt allerdings nicht so gut wie bei kaum prozessierten Knochen, die wiederum mit einem höheren Infektionsrisiko verbunden sind.

Auch die synthetische Industrie war nicht untätig und hat Materialien für die orthopädische Anwendung entwickelt. »In der Unfallchirurgie haben wir heute viele Alternativen«, sagt Johannes Rueger vom Universitätsklinikum Hamburg Eppendorf, der über künstliche Knochenersatzstoffe habilitiert hat.[22] Zu ihnen zählen beispielsweise Kalziumphosphatkeramiken, darunter Hydroxylapatit, ein anorganischer Bestandteil des Knochens, der zu einer Keramik umgewandelt wird. Nach den Erfahrungen von Rueger wurden insbesondere mit Kalziumphosphat-Verbindungen in den letzten Jahren gute klinische Erfolge erzielt. Den idealen künstlichen Knochenersatz gibt es allerdings noch nicht. Die Materialien sind teilweise brüchig. Orthopäden verwenden sie deshalb nur in sogenannten selbsttragenden Defekten, auf denen kein Körpergewicht ruht. Außerdem werden sie vom Körper nicht vollständig durchbaut und, wenn überhaupt, nur langsam resorbiert.

---

22 Auskunft von Johannes Rueger im Juni 2008

Häufig wird künstlicher Knochenersatz daher mit Knochen gemischt. In der Regel verwendet man dabei in Deutschland patienteneigenes Material, selten auch gespendeten Knochen. Es gibt zwar auch abbaubare Implantate, die sogenannten Polylaktide, deren Ausgangsstoff Milchsäure ist. Allerdings werden beim Abbauprozess Säuren frei, die Infektionen befördern können. Dennoch sind die Hersteller von künstlichen Knochenersatzprodukten ernst zu nehmende Konkurrenten für die Firmen, die aus Leichenknochen Arzneimittel fertigen.

Wie umkämpft der Markt ist, zeigte sich, nachdem Ende 2005 in den USA die Methoden einer kriminellen Gewebebeschaffungsfirma bekannt geworden waren. Seinerzeit hatten fünf Verarbeitungsfirmen das dubiose Rohmaterial angekauft, prozessiert und daraus Produkte gefertigt. Alle fünf riefen ihre Transplantate in Absprache mit der amerikanischen Gesundheitsbehörde FDA vom Markt zurück (s. Seite 92). Zu den Verarbeitungsfirmen zählte auch die Firma Tutogen Medical Inc. aus Alachua, Florida. Für Karl Koschatzky, Geschäftsführer des deutschen Tochterunternehmens, der Tutogen Medical GmbH in Neunkirchen bei Erlangen, waren die Ereignisse in den USA insbesondere unter einem Aspekt ärgerlich: »Ja natürlich, man lernt aus diesen entsetzlichen Vorfällen, die ja im Wesentlichen dadurch schädigen, weil sie Patienten verunsichern und woanders hinbringen, dort wo wir sie nicht haben wollen, nämlich in den Einsatz von Kunststoffmaterialien, Keramiken und Metallen. Wir wollen ja zeigen, das ist das beste Material, das du haben kannst. Und die werden hier vertrieben aus Angst und Unsicherheit, dass hier was schiefläuft.«[23]

---

23 Martina Keller: Über Leichen. Von der Gewinnung und Verwertung menschlicher Überreste. WDR/ORF/SR 2007. Erstsendung am 30.9.2007 in WDR 5

In einem Segment des Gewebeersatzmarkts spielen menschliche Transplantate bereits so gut wie keine Rolle mehr. Noch Anfang der 1990er Jahre wurden in Deutschland rund 2000 Gehörknöchelchen jährlich transplantiert. Sie stammten aus klinikeigenen Banken oder wurden aus dem Ausland eingeführt.[24] Empfänger waren Patienten, bei denen im Verlauf einer chronischen Mittelohrentzündung Hammer, Amboss und Steigbügel zerstört wurden, die sogenannte Ossikelkette des Mittelohres. Damit die Schallübertragung vom äußeren Ohr über das Trommelfell zum Innenohr wieder funktionieren kann, muss die Ossikelkette in einem solchen Fall rekonstruiert werden. Neben den Gehörknöchelchen von Leichen nutzten die Chirurgen auch Implantate, die sie aus menschlichen Zähnen fertigten. Im Zusammenhang mit möglichen Infektionen wurden beide Verfahren allerdings zunehmend unpopulär. »Inzwischen rekonstruieren wir die Ossikelkette in der Regel mit Implantaten aus Titan oder Gold«, sagt Klaus-Wolfgang Delank, Direktor der Hals- Nasen-Ohrenklinik des Klinikums der Stadt Ludwigshafen.[25] Die europäische Gewebeeinrichtung Bio Implant Services hat seit Oktober 2007 keine Gehörknöchelchen mehr im Angebot, die routinemäßige Gewinnung wurde bereits 2006 beendet. Zur Begründung heißt es im Jahresbericht 2006 der Stiftung, Gehörknöchelchen würden durch Transplantationszentren kaum nachgefragt.[26]

Patienten haben, wenn sie allein auf sich gestellt sind, kaum eine Möglichkeit, den Nutzen von Gewebetransplantationen einzuschätzen. Sie sind darauf angewiesen, dass der Arzt ihnen erklärt, ob eine Behandlungsmethode medizinisch zwingend ist, welche Alternativen es womöglich gibt, welche Risiken das eine oder das andere Verfahren birgt und welche Erfolgschancen dem gegen-

---

24 Eine Vorgängerin der Tutogen Medical GmbH hatte Gehörknöchelchen im Ausland angeboten. In Deutschland besaß das Unternehmen lange Zeit keine Zulassung. Die Tutogen Medical GmbH erhielt eine Zulassung im Jahr 2006
25 Auskunft von Klaus-Wolfgang Delank vom 20. 6. 2008
26 BIS Annual Report 2006

überstehen. Wenn Patienten um die Herkunft eines Materials wissen, könnte auch dies für ihre Wahl der Behandlungsmethode den Ausschlag geben. Die Information durch den Arzt ist deshalb bei der Gewebetransplantation besonders wichtig. In welchem Umfang der Arzt verpflichtet ist, aufzuklären, ist allerdings nicht abschließend gesetzlich geregelt. Es gibt lediglich Leitlinien, die dem aus dem Grundgesetz abgeleiteten Selbstbestimmungsrecht des Patienten Rechnung tragen sollen. Das bedeutet, dass Ärzte gewichten müssen, wie bedeutsam beispielsweise die Herkunft eines Transplantats für das Selbstbestimmungsrecht des Patienten ist. Handelt es sich um eine Bagatelle, müssen sie nicht darüber aufklären.

Nach Auffassung der Züricher Juristin Brigitte Tag kann davon bei der Gewebespende oft keine Rede sein. Es sei »absolut zentral, dem Patienten mitzuteilen, woher das Gewebe stammt, denn es ist wichtig für die Entscheidung des Patienten, ob er später mit dem Gewebe eines Verstorbenen leben möchte oder ob er das ablehnt und sagt, dann möchte ich lieber auf ein künstliches Implantat zurückgreifen«.[27] Dass dies in der Praxis stets so gehandhabt wird, hält Brigitte Tag für fraglich. Vielleicht wüssten manche Ärzte selber nicht, was der Ursprung eines Transplantats sei, und selbst wenn sie es wüssten, hielten viele es vielleicht nicht für relevant, weil für sie nur zähle, dass sie dem Patienten ja helfen wollten. »Vor diesem Hintergrund würde ich die Einschätzung wagen, dass nicht bei jedem Arzt-Patienten-Gespräch diese Aufklärung stattfindet.«

---

27 Interview mit Brigitte Tag in Zürich am 8. 6. 2007

»Körpereigenes Material hat deutliche Vorteile« Wie der Mannschaftsarzt des HSV einen Kreuzbandriss behandelt

Interview mit Oliver Dierk

Oliver Dierk ist seit dem Jahr 2000 Mannschaftsarzt der Profifußballer des Hamburger Sport-Vereins (HSV), betreut überdies die Handballer des Clubs sowie Kaderathleten des Olympiastützpunkts Hamburg/Schleswig-Holstein. Dierk, Jahrgang 1969, spielte als Jugendlicher selbst beim HSV Fußball. Als er sich in der A-Jugend einen Kreuzbandriss zuzog, beschloss er, Sportmediziner zu werden.

Sie sind Spezialist für Kreuzbandrisse. Welchen Stellenwert haben Fremdtransplantate bei der Therapie?
Fast keinen. Wenn Sie auf einen Kreuzbandkongress fahren, handelt von 20 Vorträgen vielleicht einer von Fremdspenden.

Wie behandeln Sie Fußballprofis des Hamburger SV oder andere von Ihnen betreute Sportler, wenn sie sich das Kreuzband gerissen haben?
In 99 Prozent der Fälle verwende ich Eigengewebe als Ersatz. Körpereigenes Material hat deutliche Vorteile: Es wird vom Körper nicht abgestoßen und birgt keine Infektionsgefahr.

Woher nehmen Sie denn die Sehnen beim Patienten?
Jeder Mensch hat mehrere Sehnen, die man verwenden kann, um das Kreuzband zu reparieren: Die Semitendinosus-Sehne von der Innenseite des Oberschenkels, die Patellarsehne, die mit der Kniescheibe verbunden ist, und die Quadrizepssehne aus dem mittleren Drittel des Oberschenkelmuskels, jeweils am rechten und linken Bein.

Hat der Patient dann nicht eine weitere Wunde?
Äußerlich nicht. Die Operation dauert zwar länger, als wenn man ein Fremd-Transplantat verwendet, aber wir legen nur einen Schnitt. Der Schnitt wird strategisch so gewählt, dass man die Sehne des Patienten mit entnehmen kann. Allerdings ist das Bein, an dem die Sehne entnommen wurde, dadurch zunächst geschwächt. In der Rehabilitation baut man jedoch die Muskeln gezielt auf, um das Bein wieder zu stärken.

Gibt es überhaupt eine Verwendung für Sehnen von verstorbenen Spendern?
Wenn ein Kreuzband schon einmal gerissen war, macht jede weitere Operation den Eingriff schwieriger. Dann überlegt man schon, ob man auch das gesunde Bein schwächt, indem man dort eine Sehne entnimmt. Ich persönlich habe noch kein Fremdtransplantat verwenden müssen und würde das auch nur tun, wenn keine eigene Sehne mehr zur Verfügung steht. Sportler sind junge Menschen, die brauchen das in der Regel nicht.

Sie selbst haben als Jugendlicher 1988 einen Kreuzbandriss erlitten. Wie wurde der seinerzeit behandelt?
Ich bin seit der Operation beschwerdefrei. Bereits damals wurde minimalinvasiv mit körpereigenem Sehnenmaterial das Kreuzband ersetzt.

Der tote menschliche Körper ist nicht nur Mittel zum Zweck

Die vorangegangenen Kapitel haben es deutlich gemacht: Die Gewebetransplantation ist ein Markt, der einer aufstrebenden Industrie beachtliche Profite verschafft. Die Gewebespende ist hierzulande überwiegend gemeinnützig organisiert. Ein Gewinnstreben muss damit allerdings nicht ausgeschlossen sein. Auch gemeinnützige Anbieter kalkulieren, expandieren und bewegen sich auf demselben Markt wie die profitorientierte Konkurrenz. Zudem arbeiten in Deutschland zahlreiche Tissue-Engineering-Firmen an Produkten, die später kommerziell vermarktet werden sollen.

Damit liegt die Gewebespende im Trend. Der gesamte menschliche Körper ist längst kommerzialisiert. Sperma, Eizellen und Organe werden weltweit gehandelt, Leberzellen als Test-Kits für toxikologische Untersuchungen verwandt, menschliche Krebszellen für die Medikamentenproduktion patentiert. Dass der deutsche Gesetzgeber wichtige Teile der Gewebespende im Arzneimittelrecht reguliert hat, bestätigt noch einmal. Auch die Gewebemedizin ist von dieser Entwicklung nicht ausgenommen.

Womöglich haben die Schattenseiten der Gewebetransplantation genau damit zu tun. Der Rohstoff Leiche ist so begehrt, dass er – auch hierzulande – teils unter fragwürdigen ethischen Voraussetzungen aus dem Ausland beschafft wird. In den USA deckte die Kriminalpolizei 2005 sogar einen Skandal auf, der an die Praktiken mittelalterlicher Leichenschänder erinnert. Im Juni 2008 wurde der Hauptangeklagte zu einer Gefängnisstrafe von 18 bis 54 Jahren verurteilt.

Auch unabhängig von solchen Auswüchsen bewegt sich die Gewebetransplantation in einem Grenzbereich.

Appelle an die altruistische Spendebereitschaft der Bevölkerung werden dem nicht gerecht. Es braucht keine Kampagnen nach dem Motto »Wir alle sind potentielle Spender«, wie sie der Europäische Gesetzgeber vorschlägt. Auch Aufklärung löst nicht alle Probleme, denn wo anfangen bei dieser komplizierten Materie und wo aufhören? Fest steht: Das dringend nötige Minimum an Information wurde bislang meist unterschritten. Sowohl über den Vorgang der Entnahme als auch über die geplante Verwendung von Gewebe sollte informiert werden. Dazu gehört auch, dass manche Gewebe kommerzialisiert werden können, selbst wenn diese Information manchen Angehörigen dazu veranlassen wird, sich noch genauer zu überlegen, ob er einen Verstorbenen für die Gewebespende freigibt. Wie umfassend aufgeklärt wird, ist auch nach Inkrafttreten des Gewebegesetzes nicht sicher. Der Inhalt des Angehörigengesprächs ist gesetzlich nicht vorgeschrieben. Er bleibt dem Ermessen des einzelnen Arztes überlassen.

Es kann viele Gründe haben, warum Angehörige zögern, der Verwertung einer Leiche zuzustimmen. So mag es dem Empfinden von Menschen widersprechen, den Körper eines geliebten Menschen umfassend ausbeuten zu lassen, selbst wenn Transplantatempfänger davon medizinischen Nutzen haben. Der tote menschliche Körper ist eben nicht einfach eine leere Hülle, der achtsame Umgang mit der Leiche ein Jahrtausend alter Bestandteil menschlicher Kultur. Emotionale Widerstände gegen eine Spende haben ihre Berechtigung. Wenn Hinterbliebene einer Gewebespende zustimmen, stehen sie vor der schwierigen Aufgabe, einen Leib, der ihnen wichtig war und den sie geliebt haben, in einen Körper umzuwandeln, in ein Objekt, das mit der Person nichts mehr zu tun hat, sagt die Medizinanthropologin Vera Kalitzkus in diesem Buch. Das ist viel verlangt. Nicht umsonst verzichten manche rechtsmedizinische Institute darauf, die Eltern verstorbener Kinder nach einer Gewebespende zu fragen. Die Auseinandersetzung wäre einfach zu schmerzlich.

Eine Zumutung bleibt es immer, wenn Angehörige in der Trauersituation mit der Frage konfrontiert werden, ob sie einer Spende zustimmen. Die Belastung, die Hinterbliebene mit der Einwilligung auf sich nehmen, lässt sich mit noch so viel Aufklärung und kluger Gesprächsführung nicht wegnehmen. In der öffentlichen Diskussion, auch um die Organtransplantation, geht dieser Aspekt oft unter. Mitunter wird die Weigerung zu spenden gar als unaufgeklärt oder archaisch abqualifiziert. Wenn selbst der Nationale Ethikrat die Entscheidung für eine Organspende als die ethisch »objektiv vorzugswürdige Alternative« bezeichnete, ist es zur Sozialpflichtigkeit der Leiche nicht mehr weit. In diese Richtung zielen auch die zunehmend häufigeren Vorstöße, in Deutschland eine sogenannte Widerspruchslösung einzuführen: Wer nicht widerspricht, dem dürfen Organe und Gewebe entnommen werden. Schweigen bedeutet Zustimmung. Kritiker halten dem zu Recht entgegen, das verfassungsmäßig garantierte Selbstbestimmungsrecht werde damit beschränkt. Die Auseinandersetzung mit dem eigenen Tod ist eine sehr intime Angelegenheit – sie darf einem Menschen nicht aufgezwungen werden.

Noch gehört der Tod einer Ordnung an, die sich den Kategorien des geschäftigen Lebens entzieht, wie es die Sozialwissenschaftlerin Erika Feyerabend formuliert. Die umfassende Verwertung der menschlichen Leiche mag bei vielen Anwendungen medizinischen Nutzen bringen. Doch man sollte nicht übersehen, dass sie auch anderen Zwecken dient: der Forschung, aber auch der Lifestyle-Medizin. Grenzen lassen sich kaum ziehen. Märkte drängen auf Wachstum, Wissenschaftler neigen nicht zur Selbstbeschränkung, Mediziner vergessen mitunter, dass sich menschliche Transplantate nicht unbeschränkt produzieren lassen wie Pillen in der Fabrik.

Vielleicht hilft es, sich klarzumachen, dass Menschen immer noch an ihren Krankheiten leiden und sterben. Nicht an der Nicht-Verfügbarkeit eines Organs oder Gewebes. Die Medizin soll Patienten nach Kräften helfen. Aber nicht um jeden Preis. Wenn die Politik die Körperverwertung zur moralischen Pflicht erhebt, wird das weitreichende Folgen für unser Menschenbild haben. Den toten Körper nur als Mittel zum Zweck zu betrachten, hat Auswirkungen auf unseren Umgang mit dem lebenden Menschen.

Dank

Viele haben mir bei diesem Buch geholfen: An erster Stelle danke ich meinem Kollegen Jochen Paulus, der jeden Abschnitt des Buchs als Erster gelesen und mit ebenso kritischen wie hilfreichen Kommentaren versehen hat, ganz so, als säßen wir noch in unserem kleinen Frankfurter Journalistenbüro und nicht in verschiedenen Städten. Herbert Stelz vom Hessischen Rundfunk überließ mir großzügig eigene Recherunterlagen zum Hirnhäute-Skandal. Erika Feyerabend und Ingrid Schneider begleiteten die Recherche mit wertvollen Anregungen und ihrem Wissen zum Thema Verwertung von Körpersubstanzen. Brigitte Tag verdanke ich Orientierung in den komplexen rechtlichen Fragen der Gewebemedizin. Andererseits erwies sich mancher Gesprächspartner als zugeknöpft. Umso dankbarer bin ich jenen Wissenschaftlern und Branchenkennern, die ihr Wissen offen mit mir teilten, mir Einblicke in die Praxis eröffneten und auf deren Publikationen ich zurückgreifen konnte. Sven Krüger danke ich für die sorgfältige juristische Prüfung des Manuskripts. Meine Agentin Heike Wilhelmi hat mir in jedem Stadium der Produktion Mut gemacht und das Projekt mit ihren Ideen begleitet. Gudrun Jänisch vom Econ-Verlag ließ sich durch nichts aus der Ruhe bringen und gestaltete die Zusammenarbeit engagiert und angenehm. Besonders danke ich meinem Freund Leo Schulte für Unterstützung vielfältiger Art – und das schöne Leben trotz der monatelangen Schreibtischarbeit.

Sachwortregister

Profit statt Pietät

Michael Schomers · **Todsichere Geschäfte**
Wie Bestatter, Behörden und Versicherungen Hinterbliebene ausnehmen
288 Seiten, Klappenbroschur
€ [D] 16,90 · € [A] 17,40
ISBN 978-3-430-30038-4

Michael Schomers hat in Bestattungsunternehmen gearbeitet, sich in Leichenhallen, Krematorien und auf Friedhöfen umgesehen. Er hat den Alltag der
(un)menschlichen »Entsorgung« hautnah miterlebt. Der Autor deckt die
empörenden Zustände einer scheinbar seriösen Branche auf.
Er zeigt aber auch, wie sich Hinterbliebene vor den skrupellosen
Machenschaften aller, die am Tod mitverdienen, schützen können.

»Ein Buch mit hohem Erkenntnisgewinn über ein Geschäft,
dem letztlich keiner entgehen kann.«
Süddeutsche Zeitung

Ein beklemmender Insiderbericht über die Ausbeutung von Ärzten und Pflegepersonal

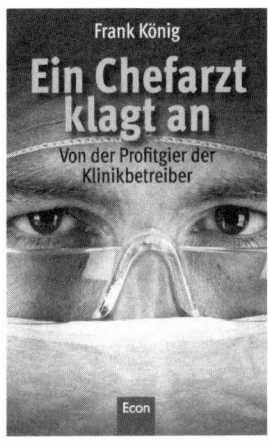

Frank König • **Ein Chefarzt klagt an**
Von der Profitgier der Klinikbetreiber
272 Seiten Klappenbroschur
€ [D] 16,90 • € [A] 17,40
ISBN 978-3-430-30035-3

Die Profitgier im Gesundheitswesen hat bedrohliche Ausmaße angenommen. Nicht das Heilen steht im Vordergrund, sondern das Kassemachen. Als Chefarzt muss sich Frank König täglich zwischen ärztlicher Verantwortung und betriebswirtschaftlichen Vorgaben der Klinikleitung entscheiden. Er soll dafür sorgen, dass Betten zum geringsten Pflegesatz ausgelastet werden. Krankenversicherungen und Patienten werden mit geschönten Therapieangeboten betrogen. Immer weniger Fachkräfte betreuen immer mehr Patienten. Erstmals enthüllt ein leitender Arzt die katastrophalen Auswirkungen auf Patienten und Personal.

Markus Breitscheidel

Abgezockt und totgepflegt

Alltag in deutschen Pflegeheimen

ISBN 978-3-548-36901-3

www.ullstein-buchverlage.de

Dahinsiechende Bewohner, ausgebeutete Arbeitskräfte, fragwürdig verwendete öffentliche und private Gelder – das, was Markus Breitscheidel während seiner Tätigkeit in verschiedenen Alters- und Pflegeheimen erlebte, sprengte nicht selten die Grenze der Menschenwürde und Rechtschaffenheit. Sein Buch ist ein erschütterndes Protokoll der katastrophalen Zustände in unserem Pflegesystem.

»Über die Reform des Pflegesystems wird seit langem diskutiert. Wie notwendig sie wirklich ist, zeigt dieses Buch.« *Welt am Sonntag*

»Dieses Buch schockiert Deutschland.« *TV Hören und Sehen*

ullstein

US254